INVENTED BY LAW:
Alexander Graham Bell and the Patent
That Changed America

亚历山大·贝尔的专利战

电话发明与美国专利法变革

[美]克里斯托弗·比彻姆◎著

肖尤丹　许永建◎译

中国科学技术大学出版社

安徽省版权局著作权合同登记号:第12212016号

INVENTED BY LAW: Alexander Graham Bell and the Patent That Changed America by Christopher Beauchamp Copyright © 2015 by the President and Fellows of Harvard College.Published by arrangement with Harvard University Press through Bardon-Chinese Media Agency.Simplified Chinese translation copyright © 2022 by University of Science and Technology of China Press.ALL RIGHTS RESERVED.
本翻译版获得Harvard University Press授权,仅限在中华人民共和国境内(不包括香港、澳门特别行政区及台湾地区)销售,版权所有,翻印必究。

内 容 简 介

本书全面而细致地回顾了历史上法律制度、司法体制和法律文化对于电话通信这一新兴技术发展至关重要且无可替代的推动作用,深入揭示了法律视角下制度与新兴技术发展的生动互动,是了解美国现代信息技术发展背后法律文化和制度观念的优秀读物,也是学习美国知识产权法发展历史相关知识的优秀科普读物。

图书在版编目(CIP)数据

亚历山大·贝尔的专利战:电话发明与美国专利法变革/(美)克里斯托弗·比彻姆著;肖尤丹,许永建译.—合肥:中国科学技术大学出版社,2022.1
ISBN 978-7-312-05257-6

Ⅰ.亚… Ⅱ.①克… ②肖… ③许… Ⅲ.电话—创造发明—关系—专利权法—司法制度—体制改革—研究—美国 Ⅳ.① D971.23 ② TN916

中国版本图书馆CIP数据核字(2021)第193976号

亚历山大·贝尔的专利战:电话发明与美国专利法变革
YALISHANDA BEIER DE ZHUANLI ZHAN: DIANHUA FAMING YU MEIGUO ZHUANLI FA BIANGE

出版 中国科学技术大学出版社
安徽省合肥市金寨路96号,230026
http://press.ustc.edu.cn
https://zgkxjsdxcbs.tmall.com

印刷 安徽国文彩印有限公司
发行 中国科学技术大学出版社
经销 全国新华书店

开本 710 mm×1000 mm 1/16
印张 13.25
字数 252千
版次 2022年1月第1版
印次 2022年1月第1次印刷
定价 50.00元

译　者　序

还原颠覆性创新背后真实的法律战争

我们注定是要参与并见证历史的。2020年初迁延至今的新冠肺炎疫情，历经数次反复仍然在全球范围内持续大范围流行。难以控制的疫情蔓延、快速出现的病毒变种，都反复冲击并挑战着人类对病毒的认知与社会治理模式，并且真实而不可逆地改变着每一个人的生活方式。在人类对抗疫病的"战场"上，原本只是作为替代选项或者补充方案的远程办公、网络会议、虚拟课堂、在线购物等数字化生活，已经成为了严峻防疫形势下的主体形态和必然选择；而以移动通信网络为基础的个人行程大数据与防疫健康码，也迅速成为了对抗疫情的标配武器。信息技术对于人类社会及其发展的影响，以这样突如其来的方式加速达到了前所未有的新高度。甚至可以反过来说，人类生存对于信息技术的依赖几乎到了须臾不可缺少的程度。

而在另一个"战场"上，一场围绕着5G技术的创新竞争和战略对抗，则让新一轮科技革命和产业变革正在重构全球创新版图、重塑全球经济结构的宏观论断，变得极为紧迫而真实，让我们更加清醒地意识到通信技术发展的某种必然趋势，也更加直观地提醒着我们当下所处的百年未有之大变局。被西方媒体称为5G战争的通信技术对抗在过去5年间快速升级，从技术、知识产权到产业，从个人、企业到国家，从技术标准、商业惯例、国际规则到国家法律，甚至直接导致了世界经济体量排名前两位的经济体之间从经济贸易、科技创新到政治外交的全面博弈和冲突。而华为孟晚舟从被捕到安全回国的全过程[①]，不但反映这一斗争的惨烈程度，更彰显了在数字时代通信技术创新优势对于世界性大国竞争的极端重要性。因此，站在这样特殊的历史时点上，如何理解和应对围绕着颠覆性通

[①] https://www.ccdi.gov.cn/toutiao/202109/t20210926_251235.html.

信技术创新的竞争与对抗,就必然成为我们迫切需要学习和研究的课题。

幸运的是,我们今天所面临的挑战和冲突虽然是里程碑式的,但却并不是人类发展历史中独一无二或者毫无经验可资借鉴的。科技革命和产业变革背景下的技术斗争和冲突,实际上更像是技术发展历史的正常延续和周期循环,第二次工业革命期间颠覆性技术的商业竞争与跨国冲突就已经相当激烈,并且塑造了绝大多数我们今天关于竞争和冲突的观念、概念和基本框架,在复杂性、持续性和重大影响方面甚至还要超过当下的情形。其中,第二次工业革命中最具代表性的颠覆性技术——电话,就是一个相当不错的参照物。本意只是对电报技术的改进,却无意间创造了一个前所未有的全新产品——电话,提出了即时远距离交流技术方案,不但由此颠覆性地改变了人类信息交流的方式,缔造了持续至今的支柱性通信产业,也使得世界政治经济格局发展的全球化、信息化成为可能。

但是,在以往大多数的创新著作和科普读物中,电话发明往往被简化为英雄式的发明家亚历山大·贝尔在某种偶然的机缘巧合中,得益于灵光一现的帮助而实现的人类智力突破。将电话技术的巨大成功和深远影响全部归因于贝尔一人的技术研发,往往有意或者无意地忽视了"贝尔发明电话"这一结论所依赖的法律制度、技术渊源、商业竞争和社会观念(舆论)的前提,更忘记了贝尔发明电话时所处的时空环境(19世纪的美国)与今天的巨大差异。这样简化的论述,在营造尊重创新、尊重人才的社会氛围,激发年轻人立志创新方面固然意义卓然,但是对于更加全面地理解技术创新成功,特别是颠覆性技术创新成功的条件时,却明显是以偏概全、存在重大遗漏的。因为,按照这样的简化论述,我们就很难理解中国的华为公司在取得了5G技术全球领先优势后,非但没能为公司发展带来好运反而是陷入了竞争对手甚至是世界头号强国举国家之力的全面打压、遏制与制裁,在技术优势转化为经济优势的过程中,法律制度、技术渊源、商业竞争甚至是社会舆论似乎都成为了新的拦路虎。

其实,贝尔发明电话背后真实的冲突和斗争也同样极端而激烈。不但有旷日持久的权利争夺诉讼战,竞争对手的舆论攻势,更有政府高官的干预介入和打压丑闻,以及在跨国运营时所遭受的陷阱、无奈与失败。暂且不剧透后文,仅就贝尔取得第174465号美国专利(俗称电话发明专利)授权126年后,2002年美国国会众议院通过的一份正式决议案,就可以显见电话发明作为颠覆性技术创新背后各方势力、利益和因素博弈之剧烈、影响之久远。这份2002年6月11日由众议院以无异议方式通过的决议案(House Resolution),名称为"美国众议院向19世纪意大利裔美国发明人安东尼奥·梅乌奇的人生、成就和电话发明工作致敬"(H.Res.269)①,决议案中澄清了当时美国政府和司法机关确认贝尔发明电话时存在的种种制度问题和管理不当,否认贝尔发明电话的事实,转而认可了梅乌奇发明电话的创新工作,并代表美国众议院对此予以正式确认。而这份迟来的决议案通过时,当事人梅乌奇已经去世了113年。但这显然还不是终点,在美国众议院通过重新确认电话发明人的决议案之后10天,6月21日加拿大第37届国会第一次会议一致通过一项针锋相对的动议案(Parliamentary Motion),重申贝尔是电话的发明者②。

美国布鲁克林法学院(Brooklyn Law School)教授克里斯托弗·比彻姆(Christopher Beauchamp)这本由哈佛大学出版社于2015年出版的专著,正是少有的从竞争、冲突到对抗的视角,引入法律因素研究和分析第二次工业革命中贝尔发明电话何以可能、何以成功的历史研究著作。通过对19世纪美国、英国的法庭判决、媒体报道、立法材料和其他历史档案的系统爬梳和整理,比彻姆挑战了科技创新视角下贝尔是电话唯一发明者的主流观点,并以此为切入点,通过对旷日持久的法律战、舆论战过程的详细描述,揭示了贝尔发明电话这一观点背后真实的法律逻辑,全面复原了19世纪美国专利制度立法、司法和行政的真实状况。正是法院将贝尔奉为电话之父,授予他专利垄断权的行为,决定性地塑造了美国未来一个世纪的电信业发展。此外,比彻姆在这本书中也生动诠释了专利法视角下技术创新的世界,展示了早期美国专利制度对于颠覆性新技术、新产品保护的巨大弹性,以及新大陆美国与欧洲旧世界(包括英国)的专利制度在19世纪时存在的重大差异,用事实和证据强调了专利法对于颠覆性技术创新的成功具有不可替代的基础作用。

---

① https://www.congress.gov/bill/107th-congress/house-resolution/269/text.
② https://www.ourcommons.ca/DocumentViewer/en/37-1/house/sitting-211/hansard.

此外,与目前大多数介绍美国专利制度的教材式作品不同,本书并没有枯燥、复杂的美国专利法规则介绍,而是在具体的故事情节中展示美国专利制度的特殊性、复杂性与动态性。比如书中就以流传极广的关于伊莱沙·格雷(Elisha Gray)电话专利申请时间的传说为例,介绍了美国不同于人们熟悉的"先申请主义"(First-to-file),而采取"先发明主义"(First-to-invent)或者"发明人先申请主义"规则的事实。在这个说法中格雷就是因为比贝尔晚了几小时提交申请所以没有获得授权,这在当时的美国法上实际上是并不成立的。再比如,现代专利法中绝对固定的专利保护期,使得多数中国读者可能很难想象19世纪美国专利法中居然有许多不断延展专利保护期的制度,而恰恰是这些制度才最终造就了许多今天仍然为中国读者所熟悉的美国发明。这种基于特定时空环境和时代变迁视角下的制度介绍,将更有利于中国读者补充对美国专利制度背后的经济、文化和社会因素的理解。有美国读者在评论中就特别提到,"这是一本引人入胜、文笔优美、研究透彻的书,作者讲述了一个引人入胜的故事,你不必是律师、科学家或工程师,也能参与其中"。

本书之所以能够在科技史和知识产权法制史之间架起一座实属不易的智识桥梁,主要有赖于克里斯托弗·比彻姆本人较为丰富的知识背景和对此问题长达十数年的持续研究。他在英国剑桥大学取得文学学士、哲学硕士和博士学位,毕业后获得纽约大学法学院Samuel I. Golieb学者计划资助在该校专职从事法律史研究,此后比彻姆又加入了普林斯顿大学法律与公共事务项目中心,主要围绕知识产权与规制开展技术、商业与法律史研究。这本书就是他在普林斯顿大学期间,以其博士论文《电话专利》为基础修订完善而成的。其博士论文先后获得美国法律史学会的克伦威尔论文奖,并入围了商业史学家协会的科尔曼奖和商业史会议的克鲁斯奖。

本书的翻译计划既是因缘际会的偶然,可能也是一种必然。10年前,我以博士论文为基础完成的第一本专著《历史视野中的著作权模式——作者主体与权利文化》正式出版,知识产权制度史研究就成为我学术研究的基点。后续由于工作关系,我的研究重点从知识产权基础理论和著作权研究更多转向了专利制度领域,但是对知识产权制度史的关注却始终没有停止。很遗憾国内知识产权制度史的专著和译著相比于知识产权其他领域显得更少，不多的译著也主要集中在著作权和知识产权总体方面，专利领域的制度史研究则主要集中在国内制度沿革的研究上。2018年后国际形势风云变幻，大国之间从合作向竞争甚至对抗转变的风险不断加大，知识产权再次成为冲突的焦点，而充分了解和认识对手显然是妥善应对冲突和降低不确定性的首要条件。随着战略博弈和冲突的深入，了解和认识也需要从浅表向深层迈进，而历史往往是回答和解释现实最有利的工具。在这样的背景下，我与作者通过电邮取得了联系，并在得到了肯定的答复后，着手制定翻译计划。

本书翻译的完成得益于许永建老师雪中送炭的全力加盟，正是由于许老师敬业、专业的翻译能力使得本书译文的高质量按时完成最终成为了可能。译文初稿完成后，由我负责对全书进行了统稿、校对，增加了译者注，我的同事与朋友孙晋、肖冰、朱喆琳、侯燕、华欣也对译文初稿进行了审读修改。中国科学技术大学出版社在突发疫情等特殊情况下克服困难，为我们在版权取得、出版安排等诸多方面给予了最大的便利和帮助。没有大家的帮助和共同努力，实在很难想象能够在这么短的时间内完成译文出版。此外，这一翻译计划还有幸得到了中国科学院发展规划局、中国科技部政策法规司、北京市科委、北京市知识产权局、中国科学院科技战略咨询研究院和中国科学技术大学知识产权研究院的各位领导、同志们的高度关注，得到了中国科学院战略研究与决策支持系统建设专项项目"科技法规的相关研究"、北京市科技计划项目"优化职务科技成果权利归属及激励机制研究"和"国际科技创新中心立法前期工作支撑任务"等项目的支持，在此一并表达我最崇高的敬意。

唯译事艰难，学艺不精，挂漏不当恐难避免，凡有不当之处均为本人之失，衷心希望读者予以批评指正。

肖尤丹

2021年12月24日

目 录

译者序 …………………………………… (i)

引言 ……………………………………… (001)

第1章
律师世界的发明 ………………………… (009)

第2章
电话的发明 ……………………………… (028)

第3章
电话诉讼案 ……………………………… (044)

第4章
美国政府与贝尔的对抗 ………………… (064)

第5章
横渡大西洋 ……………………………… (081)

第6章
地球都可申请专利?! …………………… (096)

第7章
专利、公司和系统 ……………………… (118)

第8章
专利和电话系统互联的国家 …………… (133)

结语 ……………………………………… (148)

参考文献 ………………………………… (154)

档案资料及来源 ………………………… (198)

致谢 ……………………………………… (199)

引　言

1891年4月8日是美国第一部专利法通过100周年纪念日[1]，首都华盛顿贵宾云集来纪念这一里程碑事件。筹备的庆祝活动持续三天，活动安排包括正式晚宴、招待会、白宫阅兵式、发明家和制造商的盛大集会，以及600人乘坐埃克塞尔西奥号豪华蒸汽船拜谒弗农山华盛顿陵墓的环节。活动第一天下午两点是庆祝盛典开幕式，参议员、内阁官员、律师和发明家，齐聚坐落于白宫和国会大厦之间的林肯音乐厅。《华盛顿邮报》称之为许多"有头脑的人"共聚一堂，尽管《华盛顿邮报》暗指"有头脑的人"是观众中的发明家，而不是演讲台上的政治家。[2]美国最高法院的大法官们身着黑袍，跟在首席大法官后，在经久不息的欢呼声中落座主席台。[3]当时任美国总统的本杰明·哈里森登上主席台致开幕词时，晚来的人仍在排队入场。他宣称："当法律开始关注到思想成果中的财产权时，意味着人类文明发展的进程又向前迈进了一大步。"[4]

掌声平息之后，一众受邀嘉宾起身演讲，娓娓道来专利法律与美国发明的故事。他们逐次向伟大的发明家和具有划时代意义的技术致敬：英国工业革命时期的詹姆斯·瓦特（James Watt）、理查德·阿克赖特（Richard Arkwright），以及轧棉机名人伊莱·惠特尼（Eli Whitney），汽船先驱詹姆斯·拉姆齐（James Rumsey）、约翰·菲奇（John Fitch），橡胶制造商查尔斯·古德伊尔（Charles Goodyear）和电报发明家塞缪尔·莫尔斯（Samuel F. B. Morse）。[5]不言自明的是，发明家精神的传承者们也出席了本次开幕式。记者报道的出席人包括加特林机枪的发明人理查德·加特林（Richard Gatling）、铁路工程师和电气发明家乔治·威斯汀豪斯（George Westinghouse）、留声机之父埃米尔·柏林纳（Emile Berliner）。尽管如今大家已对这些名字略感陌生，但铁路、电报、采矿和机械制造等领域的这些顶尖技术专家都是当时美国工业时代显赫的人物，他们在庆典上与钢笔的发明人沃特曼（L. E. Waterman）和现代轮滑之父詹姆斯·普林顿（James L. Plimpton）等名人交谈甚欢。[6]

然而，事实证明，另一位知名人士是"观众更感兴趣的对象"。[7]这位名人就是亚历山大·格雷厄姆·贝尔（Alexander Graham Bell）。他的电话专利即将届满17

年的保护期①,而电话专利是那个时代最出名的专利。引用一位发言者的话来说,这就是贝尔的名字"确实响彻整个文明世界"的原因。[8]聚集在华盛顿庆祝专利制度纪念活动的人中,贝尔教授还拥有一个荣誉职位:他是这次纪念活动组织委员会的四位副主席之一。对于一位"消灭了空间并使全国各地紧密簇拥在同一个炉火边"的人来说,这一职位再适合不过了。[9]

然而,当时间来到下一个美国专利制度百年庆典时,在远离军乐队和白宫招待会的音乐厅外,很多人或许会对贝尔教授和他的专利权恶语相加。多年来,法院和媒体一直在攻击贝尔对电话专利的权利主张,宣称此项专利权并不合法:它建立在盗窃、贿赂和腐败的基础上,支撑它的仅仅是"欺诈和毫无依据的司法判决构成的坚固围墙"。[10]就连美国政府自身也曾对贝尔的专利发起过法律攻击,那是一次引人注目但又令人反感的干预,最终使得发明人和政府双方都名誉受损。不管贝尔本人保持了怎样的好名声,也都无法与他的同名公司——美国贝尔电话公司(American Bell Telephone Company)的声誉割裂开。此刻,美国贝尔电话公司垄断着全国范围内的市场,但却又四面受敌。仅仅在获得百年专利荣誉的几个月后,就连贝尔的律师也评价:"贝尔公司的垄断比任何专利产生的垄断都更加有利可图、更具控制力,当然也更让人痛恨"。[11]

§

如今,亚历山大·格雷厄姆·贝尔于1876年发明的电话成为了美国历史的一块试金石。相比于其他任何单一事件。在向美国人讲述国家富有创造性的历史上,它更具有典范意义。无论是由历史学家推选还是通过网络调查,贝尔都经常位列"最伟大"或"最具影响力"的百位美国人名单之中。[12]他那句兴奋的呼喊——"沃森先生,过来,我想你",尽管经常被不合时宜地引用,却仍是历史上最知名的呼喊之一。[13]学术界和科普作家一样,都曾借用贝尔的电话发明来剖析发明的本质。[14]商业作家们则将贝尔的电话发明视为创造了伟大通信产业的源头。[15]从美国历史频道到学术殿堂,对于一项技术突破的重大意义,很少有如此高的共识。

对于这熟悉的历史场景,本书后面的章节会带来新的视角。这本书是关于法律视角的,中心主题不是贝尔的发明,而是他的专利:19世纪最有价值的知识财产,而且很可能也是有史以来被授权的最重要专利。贝尔专利权的历史,在部分

---

① 译者注:1861年3月美国通过修正案将1836年《专利法》规定的14年专利保护期修改为了17年,并且规定期限届满后不得再延展。此后,美国专利法始终维持了17年这一保护期限,直到1999年才再次修改为国际通行的20年保护期,并于2011年通过美国发明法(America Invents Act)所确认。

意义上,就是关于"谁发明了电话的激烈争论"的故事——一段充满着不可思议的发明主张者和科学争论的著名传奇。电话专利的故事本身就足够精彩,它讲述了发明家和江湖骗子、资本家和政客的故事,展现了一个商业帝国的崛起,并涉及最高法院置自身于风口浪尖的决定以及镀金时代政府和司法部门高层的腐败丑闻。但同时它也是一个关于法律如何塑造技术、经济和社会的故事。最重要的是,这更是一个关于专利法的故事,而专利法正是工业化世界中最晦涩难懂但又最有影响力的法学分支之一。

从某种意义上说,法律在发明史上的作用是显而易见的。任何一个关注到1891年那场浮华无味的专利法百年庆典的人,都会清楚地看到,专利制度既是美国工业界的首要关注点,也是美国政府的重要制度机制。但是,即使没有这些庆祝活动,专利法也一直处于风口浪尖,备受关注。美国工业时代的许多主要科技,从电报、电灯到汽车、飞机,都曾深陷专利之争。在调查了这些专利之争后,历史学家丹尼尔·布尔斯汀(Daniel Boorstin)发现"任何新技术在改变美国人生活方面的重要性,都可以通过它所召唤的律师战斗力的量级来粗略衡量。"[16]但是,历史学家并没有成功地解释个中缘由。

本书试图从以下路径来揭示专利法隐秘的运行机制。首先,本书将解释贝尔是如何通过法院被选定为电话发明人的,以及这对由他助力开创的技术有何重要意义。在此过程中,本书将重建19世纪美国专利法和专利诉讼所构建的世界,去理解专利法是如何真实运作的,也从更广泛的意义上再现专利法在美国法律史上的应有地位。同时,电话专利的故事也为我们提供了一次管中窥豹的机会,可以借此来认识19世纪末20世纪初"第二次工业革命"这个特殊的技术和经济时刻。最后,本书将视角扩展到大西洋彼岸,将贝尔的专利置于国际法律框架中予以审视。上述方法将会分别挑战一些先前的历史假设。而且,通盘思考后,会形成这样一个观点:专利法——通常被认为是法律实践中晦涩难懂的小众领域,却在美国的历史进程中发挥了积极而又饱受争议的作用。

将专利法置于分析这一公案的首要位置,将颠覆我们对谁发明了电话这个长期争议问题的看法。汗牛充栋的传记作品都将贝尔誉为电话装置的发明人。不过与之相对,也有卷帙浩繁的论著支持贝尔的那些竞争对手,质疑贝尔对电话的发明优先权。近些年来,这种揭穿传统、挑战定论的做法颇为盛行,比较有代表性的作品包括:爱德华·艾文森(A. Edward Evenson)论证缜密的《1876年电话专利的阴谋》(*The Telephone Patent Conspiracy of 1876*)和赛斯·舒尔曼(Seth Shulman)广受关注的《电话诡计:追查亚历山大·格雷厄姆·贝尔的秘密》(*The Telephone Gambit:*

Chasing Alexander Graham Bell's Secret）。[17]

不过,关于是谁"真正"发明了电话的科普和学术文献都忽略了重要的一点,即这个问题本身是一个基于法律的人工产物。我们究竟为什么还在纠结谁是电话的发明人,而不关注冰箱或电视的发明人呢?原因就在于早期的专利之争。由于围绕这项技术的高风险以及诉讼案的充分曝光,"谁发明了电话?"在19世纪80年代第一次成为一个人尽皆知的问题。1876年,贝尔的电话试验取得了成功。仅仅几年之后,贝尔公司的律师们就通过一系列官司,试图将整个电话技术置于贝尔公司的法律控制之下。而他们的行动遭到了激烈的抵抗,大部分反制措施都直接针对贝尔专利的有效性,并支持其他发明人对电话发明的优先权。对攻守双方来说,宣传是一种有力的武器:对贝尔的赞颂成为贝尔公司提出诉讼的正当性策略;同样,对于那些挑战贝尔专利权的公司来说,也必须把他们的反诉理由广而告之。

而且更为本质的是,"谁发明了电话"本就是一个由法律来界定的问题。法律规则不仅规定了证明标准,也规定了证明条件:明确界定了什么是第一个、真正的发明人的法律内涵,并且规定了伟大发明申请人描述自己发明成就的方式,以便使其获得一项最大范围保护的专利权。在法律确定的这些概念范围内,律师们充分准备争讼对抗的立场,收集整理证据,并就诉争现有技术和创新点技术特征公开进行激烈的法庭辩论。

律师们对历史时期有着深远影响。今天,我们可能会理所当然地认为电话是一个人发明的,而且仅是一项发明,它对当时的技术作出了颠覆性的重大突破。然而,这种说法事实上都是贝尔和他的律师们在试图获得一项可以控制整个电话行业的专利权时故意提出的夸大之辞。在当时的法庭上和在后人的评判里,这些论点取得了惊人的成功。因此从这个意义上说,正是这些律师们"发明"了电话,而不是其他人。

§

电话专利战的故事之所以远比电话发明人的公案更重要,是因为它为我们打开了一扇了解那个时期法律的窗口。贝尔的电话专利案是19世纪最大的法庭争端之一。然而,在阅读关于这一时期的一般法律史读物时,我们却很难读到这一内容。这种缺失令人震惊,因为数十年来探讨法律的经济影响以及法律制度在经济发展中的作用是这些美国法律史学家关注的核心问题之一,[18]而专利法所涉及的议题显然应当是这些学术争论的焦点。然而,当我们在有关法律与经济关系的经典著作中寻找关于专利法的讨论时,却往往仍是徒劳无功的。[19]专利法的光环不仅被制宪、战争、种族问题和奴隶制等大事件所遮挡,甚至被一些更实际的议题所掩盖,如保险和意外事故法、水道法、破产法和行政规制法等。

猜出专利法被一般法律史所忽视的原因其实并不难。长期以来,专利法实践的名声不外乎"难以接近、专业化和仅针对特定事实的法庭裁判"。所有这些因素都促使专利法偏离了历史主流。近年来,在关于专利制度的社会学、政治学和思想体系研究方面出现了一些重要的学术进展。[20]即便如此,关于专利的历史法学研究很大程度上依然未被充分发掘,专利法与更宽泛的法律和政治制度之间的关系也尚未被厘清。专利法的这种籍籍无名的状态令人遗憾,因为专利法绝非法律上一成不变的死水,正好相反,它在技术快速发展的进程中无处不在,是美国工业化进程中一股令人瞩目的力量,也是法律体系不可分割的有机组成部分。

这一时期有着数量庞大的重大技术发展牵扯到专利权诉讼。比较知名的争取专利法律控制权的纠纷案件,包括贝尔电话案、莫尔斯电报案、爱迪生电灯案,以及莱特兄弟飞机案,然而这些官司还仅仅是个开始。其他受到广泛关注的法律纠纷还包括水车、缝纫机、机械收割机、铁丝网、小苏打、钢笔、打字机、收银机、留声机、自行车和汽车等。这些纠纷不仅仅是发明人和制造商之间的业内争端,通常也是高度曝光的公共事件,与如日中天的政治垄断紧密相连,也常常引发政治丑闻、社会骚动和国会介入。

同时,专利法实践是法律体系中至关重要且完整成熟的分支领域。在联邦法院涉及主要工业领域的裁判案件中,专利案件所占比例高得惊人:在某些法院,专利案件占公开判决的三分之一,甚至一半。[21]在19世纪的大部分时间里,专利业务一直是精英律师的主要活动。国会参议员和总统府内阁官员在美国最高法院及其下级法院就专利诉讼进行辩论成为家常便饭。林肯总统的内阁中至少有三人牵扯到了备受瞩目的专利诉讼,其中还包括林肯本人,这也是专利领域影响力和知名度的一个缩影。

因此,专利法早就应该成为历史的焦点。对于非专业人士来说,接下来的故事提供了一个关于法庭活动和诉讼策略的指南。时至今日,学习科技史的学生们仍然普遍对专利诉讼主题感到困惑,而不是深受启发。专利诉讼将不再是一个"黑匣子"——一种技术人员用于描述观察到的输入输出、却无法了解内部运作机制的专业术语。对于法律爱好者来说,这种描述为思考旧问题提供了一个新的视角。专利法涉及的许多主题与传统法律史领域的主题不谋而合,包括法律在经济发展中的作用、法律制度对广泛的社会变革的反馈机制,以及法律理论与法律实践之间的紧张关系等。贝尔的故事表明,专利制度和经济变革之间并没有明确的直接关系。不过,专利制度在产业经济转型中所起的部分作用揭示了其他某种联系。

从我们所处的这个科学时代和大规模企业化研发时代抚今追昔,有时我们将贝尔视为独立发明人的鼻祖,而专利制度就是为这类人设计的。现代法律学者认为,由于"专利法所设想的典型创新是由单个发明人独立完成的,亚历山大·格雷厄姆·贝尔在许多方面都是专利制度的象征。"[22]然而,对贝尔同时代的人来说,贝尔和他的专利却代表着完全不同的东西——大企业越来越多地利用知识产权来实现行业垄断和技术控制。

贝尔在快速发展的产业变革时期获得了专利权。19世纪末出现了一波新发明创造和新商业形式不断涌现的浪潮,这一浪潮往往被视为"第二次工业革命"的肇始。就像第一次工业革命时期涌现出的铁、蒸汽、股份公司和工厂体制一样,第二次工业革命也是技术性进步和制度性发展相互关联的产物。一方面,新工业部门开始出现,尤其是在以科学为基础的领域,如电灯、电力、通信、机动交通工具和合成化学物质等。另一方面的发展主要体现在企业组织规模的迅速扩张,也就是"大企业"的崛起,这使公司具备了新的能力来控制市场和管理技术。正是由于处于这两种趋势的交汇点,专利权对于新经济下的组织就变得尤其重要。

评价专利权对社会的影响需要审视专利如何在实践中被商业化利用,而不仅仅是看专利权在法庭诉讼中的作用。因此,贝尔专利权的故事将带我们进入美国商业历史上最伟大的故事之一,即美国贝尔电话公司的崛起,也就是后来更广为人知的美国电话电报公司。该公司主导控制了美国电话服务业长达一个世纪,直到20世纪80年代才解体。美国贝尔公司是一家以专利权为根基的企业,它的商业战略、公司组织结构和财务前景在很大程度上取决于对关键发明的法律专有权利,至少在公司初始阶段是这样的。从1880年左右到19世纪90年代初,美国贝尔公司通过行使对电力传输语音技术的独占权利对电话行业实行了垄断控制,并将所有潜在的竞争者赶出了该领域。此时,专利的力量实实在在地成为了焦点。1887年,贝尔的专利权诉讼被提交到美国最高法院时,专利权实际上支撑了一家价值"一亿美元"的公司,此案也成为规模空前、耗资巨大、错综复杂和充满争议的一次审判。[23]

如果没有贝尔公司对电话业早期的主导,美国通信行业的发展轨迹可能会完全不同。本书是第一本全面探究贝尔电话专利权在这一发展过程中所起到的作用的专著:不仅分析了造成垄断的法院判决,也追溯了专利权在新兴的电话产业形成中所扮演的角色。有观点认为：在高科技产业的战略和结构中，专利权的深度嵌入似乎是显而易见的，但它实际上代表着历史上电话和"大企业崛起"的一个转折点。历史学家倾向于将专利权视为创新过程的一个方面，或者是市场竞争中偶尔使用的笨拙武器。他们正确地指出：没有专利权的组织可以造就伟大的公司；而没有组织后盾的专利权公司却难以成功。然而，人们在接受这些观点的同时，也更充分地认识到专利权作为契约、联盟、资本形成和技术合作的工具，在不断发展的企业经济中发挥着多种作用。诚然，专利权并没有让大企业变得更大，但却在推动塑造新兴工业巨头的发展方式中发挥了至关重要的作用。

最后，如果不将目光投向美国以外更广阔的世界，贝尔的故事将是不完整的。第二次工业革命发生在全球化时代，其特点是贸易、资本、劳动力和技术的国际流动日益增加。通过旅行、贸易以及逐渐兴起的跨国工业企业，发明很容易在国家之间传播。持续不断的人员、技术和思想交流形成了国家的重要创新资源。就电话而言，这些跨国因素是不可忽视的。这一美国发明不仅在诞生后的几年就跨越了国境，它的发明人、商业先驱、商业模式和相关专利权也走出了国门。这些国际联系和变革，与它们创造出的电话产业一样，都是值得深入研究的课题。它们都经由法律塑造，这也是本书的主要关注点所在。

全球电话业的历史不在本书的研究范畴之内。本书将把国外篇幅重点放在一个国家，这个国家电话专利故事细节足以获得比较研究的效果，并能充分体现跨国影响力。这个国家就是英国。英国是目前为止电话行业最赚钱的海外市场，也是另外一场电话专利之争的战场，其戏剧化和激烈程度足以与美国的电话专利故事相媲美。专利权人之间（在英国，主要是贝尔和托马斯·爱迪生）为了争夺垄断的商业冒险，更加清晰地揭示了美国和英国由于不同的法律制度、政治和文化的差异而产生的鲜明对比。虽然两国的基础技术是相同的，但两国法院对此的理解却大不相同，这为研究两国专利制度提供了一种实验性"控制"的对照效果。

因此，专利法提醒我们，无论工业革命的传播多么全球化和无缝衔接，国家在这一过程中仍然发挥着中心作用。相同的基础发明可以在不同国家形成不同的专利权配置方式（或无专利权配置方式），并且帮助企业决定在不同的竞争条件下采取不同的技术商业化路径，而这些权利的构建和行使则取决于具体各国的法律制度。尽管重要技术和企业组织很快就可以在国际层面扩散，但是第二次工业革命却仍受到各国国内法律环境的极大影响。

在过去一百年的大部分时间里，让人们相信专利法是一个充满戏剧性的话题颇具挑战性。但是如今,世易时移,这一挑战已变得不那么有难度了。21世纪初专利申请和专利诉讼的大规模扩张产生了一系列广受诟病的结果:数十亿美元的判决、机会主义的"专利流氓"、昂贵但又不可预知的诉讼和持续泛滥的专利洪流(有些专利微不足道,有些利润丰厚,有些则两者兼而有之)。尽管将专利制度的社会效益作为创新政策的工具加以解释和颂扬仍有可能,但一种更为悲观的观点已广为流传。专利法制度曾经因"给天才之火添上利益之油"而备受赞誉,但现在却变得异常罪恶,正如一位美国专利制度的批判者警告的那样,"法官、行政官僚和律师们将创新者置于危险之中"。[24]

无论是专利制度的捍卫者还是批判者,都无法在本书中找到明确的立场。本书描述的专利权激励了发明创造,保护了新的颠覆性技术不受既得利益者的恶意侵犯,使得大型工程计划和企业建设成为可能。同时,专利权也垄断了一个行业,让法院无所适从,并将一项革命性通信技术的命运交到律师手中。对于任何想从这个故事中汲取对当下有益启示的人而言,这条启示可能很简单:所有这一切以前都发生过,可能具体细节会不同,但至少总体上大致相似。在美国,专利制度内部的冲突和围绕专利制度的冲突由来已久,令人欣慰抑或令人不愉快的是,与我们的时代相比,此前的这种冲突可能更令人纠结。

第1章　律师世界的发明

1836年,一座雄伟的建筑在华盛顿市中心拔地而起。这座建筑的选址位于白宫以东七个街区,是皮埃尔·朗凡特(Pierre L'Enfant)最初版城市设计中所预留的。朗凡特建议建一座爱国教堂,"为国家层面服务,如公共祈祷、感恩、葬礼演说等等",并规定了不面向特定教派的用途,平等地对所有人开放的原则。这一罗马万神殿式的建筑原计划还包括纪念碑,用来纪念美国独立战争的英雄们以及"这个国家心怀感激颁布法令确认的其他英雄们"。[1]最终,国家教堂没有建立起来,几十年来,这片土地一直被用作果园。[2]最后,有些人认为这块地方适合作为新专利局(Patent Office)的建筑选址。

几年之内,专利局足有两个街区宽的南侧翼楼和巨大的希腊复兴式门廊建设完成,俯瞰着周围低矮的砖木建筑。1840年,专利局的专利审查员们开始搬到了这里。此后,大楼挤满了陆续入驻的职员和搬来的文件、技术图纸,以及专利申请人在提交申请时必须提供的木制和黄铜模型。众多国家重点藏品也被转移到这座布局细致、具备防火功能的大楼,其中包括《独立宣言》(Declaration of Independence)的原件。《独立宣言》被装裱起来,自1841年到1876年,挂在三楼的一个陈列柜里,但是由于暴露在阳光中,文字慢慢变得模糊不清。[3]19世纪中叶,据说每年有10万人来参观这些展品。[4]大楼周围的建设也持续不断地进行。整栋建筑直到内战结束后才最终完工。据报道,当时专利局大楼综合体是美国最大的办公区。[5]

如果说19世纪的美国政府是一股看起来低调的力量,如一位学者所称的"看不见的政府",那么专利制度就是其存在感最明显的表现之一。[6]位于首都的庞大专利局只是冰山一角。在其他地方,专利制度也无处不在。无论联邦法院设在哪里,专利律师就在哪里办公。发明人可以选择将专利申请文件连同30美元或35美元的申请费一起寄到华盛顿。[7]1790年至1900年间,数十万美国人申请了美国专利,获得授权的专利总计约65万项,而数百万人则使用上了专利技术。尽管"美国专利"字样出现在缝纫机、各种工具、枪支和火车车厢以及食品和药品的包装上,但毫无疑问,大部分人都没有注意到或压根不关心他们日常用品里所包含的知识产权。[8]不过,也有一些人由于身边发生的专利争端而注意到了这些专利权的存在。

在这些争端中,关于电话的专利之争可能异常巨大和复杂,但它们仍然只是专利诉讼战这一个更宽泛现象的一部分。在19世纪的美国,主要的新技术通常都获得了专利权。"伟大的发明家"(当然,这是一个主观的术语,但在这里指的是那些后来被历史学家和传记作家誉为"伟大发明家"的人)作为一个阶层,与专利制度密切相关。[9]天才人士并不是专利法律的唯一受益者。任何有利可图的新行业都会招来机会主义的专利权主张者或专利权买手,他们也纷纷走上前台,以期获得暴利。因此,新技术无一例外地经历了诉讼缠身、专利权交易和专利投机活动频繁的阶段,同时该技术领域的各种先驱和追随者也都致力于厘清各自的法律权利。全美范围内的大规模专利诉讼战并不少见:贝尔公司提起了大约600起诉讼,以维护其基础专利的独占权利,但这远非最大规模的专利维权行动。

发明创造的行为和它们的发明人一样类型多样。发明出现在城市和穷乡僻壤,产出大大小小的技术,它们既可能来源于业余的修补匠,也可能来源于受过高等教育的科学家。只有一种情况能概括这种多样性,经由一起又一起的法律案件,发明被引入了律师的世界。

§

1790年,美国通过了第一部专利法。这项法律源自一种实用主义的逻辑。对这个新生国家的领导人来说,发展独立的国家工业能力是燃眉之急。长期以来,像本杰明·富兰克林(Benjamin Franklin)这样的大人物,一直都是"实用技术促进协会"的组织者。而作为美国首任财政部长的亚历山大·汉密尔顿(Alexander Hamilton)也雄心勃勃地促进工业企业的发展,他们鼓励企业优先从欧洲获取技术并建立国内制造基地。[10]美国独立战争后,英国进口产品如洪水般涌入,印证了独立战争领袖本杰明在独立前夕所作出的警告,"一个食物或衣服完全依赖外国供给的国家,必定无条件受制于外国"。[11]按照这种观点,本国工业增长将为受重商主义和战争干扰的大西洋世界提供确保经济安全的堡垒。

在英国,授予发明专利是一种促进产业发展的常用手段,具体而言,就是皇室对一项新技术的发明或引进授予专有权作为回报。新近的革命者通常厌恶垄断和君主特权,但发明的"专利证书(letters patent)"却是一种深得人心的老传统。英国议会于1624年颁布《垄断法》(Statute of Monopolies),明确禁止了皇室继续发放垄断特权,但是国王授予发明的专利垄断却不受此限制。[12]17世纪的专利授予很大程度上仍是一种皇室政策工具,但到了18世纪专利授予就已进入到更加侧重实用主义的阶段。英国的法官开始参与发明人和公众之间的讨价还价,包括公开发明以获取临时性的独占权。[13]正如一位法学家所指出的:"之所以赋予专利权人某种垄断,主要考虑的就是专利期满后公众能从他的发明中受益。"[14]随着工业革命的持续进行,人们很容易把专利制度与英国工业的迅速发展联系起来。在独立后,美国的几个州已经基于个案审查的原则通过私人特别立法①授予了专利权。[15]詹姆斯·麦迪逊(James Madison)在给托马斯·杰斐逊(Thomas Jefferson)的信中谨慎地提到:专利只是一种温和的垄断。他承认,"垄断毫无疑问应被视为政府最令人讨厌的行为之一,但是很显然,作为对文学作品和独创性发现的鼓励,他们的存在仍有价值","难道要完全放弃吗?"[16]

基于此,在费城召开的制宪会议将授予国会一项联邦专利权力的提案与其他提案一同进行了讨论,其中包括建立国立大学、对发明人进行奖励、对作者的著作权给予保护,以及其他有利于有用知识增长的物质激励等。[17]大多数提案条款都在起草阶段就被剔除了,仅留下了关于专利和版权的国会权力内容。最终,制宪会议将其写入宪法第一条第八款第八项,赋予国会"为促进科学和实用技艺的进步,对作者和发明人的作品和发明发现,在一定期限内给予独占权利保障"的权力。[18]在华盛顿总统的推动下,1790年美国第一届国会审议通过了美国联邦专利法,从而落实了这项宪法保障。[19]

1790年专利法与现代行政式②的专利制度有很大不同。申请人需要向美国联邦政府内阁级别的委员会提交专利申请,该委员会由国务卿、战争部长和司法部长组成。其中任意两位高级官员同意就可以向发明人"之前不为人知或从未使用过的有用技艺、工业品、发动机、机器或设备"的发明授予最长14年的专利权,条件是他们"确信这一发明对社会足够有益并且重要"。[20]委员会成员积极行使其专利审查权,仔细审查每一份专利申请,只批准了不到一半的申请。[21]但是,很快事实证明,让国家主要领导人审查专利的做法是不切实际的。1792年,担任国务卿的托马斯·杰斐逊抱怨自己感受到了"无以复加的巨大压力",因为专利审查要求他针对自己没时间来了解的事项发表"不恰当和不了解情况的意见"。[22]此外,杰斐逊后来指出,委员会作为一个整体在制定专利授予规则或程序上"几乎没有"做出成绩。[23]

仅仅过了不到3年,在批准了57项专利后,1790年专利法就被一个更加开放

---

① 译者注:私人特别立法是早期英美法传统中非常重要的议会立法形式,也是专利议会立法的重要组成部分。根据英国议会的官方解释,不同于公共法律对不特定的全部主体均产生法律效力,私人特别立法主要针对特定人士、群体或区域发生效力。在专利法范畴中,私人特别立法主要针对专利权人的请愿,而延展特定专利权保护期限、扩大特定专利权人的权利保护范围。英国专利法学者菲力普·约翰孙(Phillip Johnson)在其专著《私人立法改革-私人特别立法中的专利法历史(1620-1907)》中就广泛研究了私人特别立法对于专利法制度产生与发展的重大意义。

② 这里主要是指现代专利制度具备高度完整的行政流程和按部就班的审查体系。

的专利制度所取代。1793年专利法引入了专利注册制。[24]专利授权之前不需要任何审查;申请人只需提交描述其发明的申请书,并宣誓自己是真正的发明人,支付30美元(在当时相当可观的)费用后就可以获得一项专利权。这一注册程序仅由几位国务院职员来负责处理。从1802年开始,这些职员开始由专职的专利事务总监威廉·桑顿(William Thornton)领导,他也成为美国专利制度早期的关键行政人物。桑顿是一位有着深厚政治人脉关系的博学之士:他与麦迪逊和杰弗逊关系密切,同时他也是知识分子、医生、建筑师、早期蒸汽船推广者,并且是负责在华盛顿规划新联邦城市的委员之一。[25]在掌管专利局的25年里,桑顿热衷于促进真正发明人的利益,他认为专利法就是单纯为了发明人的利益而设计的。他主导的很多程序性创新都是为了给发明人带来更大的权利保障。他偶尔推翻已授予的专利权也是出于此目的。比如,他拒绝向外界提供任何仍然有效的专利权副本,尽管人们普遍认为提前公开是专利权社会契约的应有之义。[26]

尽管还处于萌芽阶段,早期的专利制度很快就引发了专利权纠纷。第一场重大纠纷发生在蒸汽船的发明上,约翰·菲奇(John Fitch)、詹姆斯·拉姆齐(James Rumsey)和其他一些专利权主张者对蒸汽船发明的权属产生了争议。[27]18世纪80年代,菲奇和拉姆齐都曾试验过蒸汽动力航行,也同时在争取政府的支持。两人都申请并获得了一些州的专利授权。[28]在联邦专利法通过之前的几年里,这两人都曾与联邦政府有过接触。拉姆齐是第一个向大陆会议(Continental Congress)提交专利申请的人,并在华盛顿尚未全心关注专利领域时获得了他的支持。[29]相比之下,菲奇则更雄心勃勃,所图甚大,他把汽船开到费城,停到了1787年制宪会议与会者面前,并要求国会授予他"将蒸汽动力应用于航行"这项权利要求极为宽泛的专利权。[30]

这些权利主张的最终命运反映了新联邦专利法正处在探索阶段。在1790年专利法通过后,菲奇和拉姆齐都提出了新的申请,并争取到了专利委员会的听证机会。然而,杰斐逊和他的同事们由于缺乏确定发明优先权的明确标准,而拒绝在两项申请中做出选择,结果两位申请人都很不满意。[31]菲奇和拉姆齐没有得到他们所希望的独占权,失去了前进的方向。拉姆齐走遍了欧洲,以寻求资金投入;而菲奇则愤愤不平,打了退堂鼓,完全放弃了他的发明。由此导致蒸汽船技术在美国停滞不前,直到1800年罗伯特·富尔顿(Robert Fulton)进入这一领域,蒸汽船技术才重新焕发生机。[32]

另外两个值得注意的专利争议也凸显了早期专利法的混乱。1793年,在佐治亚州,新英格兰人伊莱·惠特尼(Eli Whitney)制作了一种改良版的轧棉机,虽然这并非第一台轧棉机,但这种轧棉机基于新原理,生产效率远超当时市面上的轧棉机。此后,他回到康涅狄格州大规模生产这种新式轧棉机,以实现大范围使用。他于1794年初取得了一项联邦专利权,之后长达数年,他努力试图在美国南方维护其专利权,尽管当时新的轧棉机(并非全部采用惠特尼的轧棉机模型)已经开始为棉花种植业带来革命性的变化。在佐治亚州提起的一系列专利诉讼从一开始就给惠特尼带来了挫败感。惠特尼的合伙人菲尼亚斯·米勒(Phineas Miller)曾公开说"美国各地都有偷偷摸摸私下使用轧棉机的情况,但是奥古斯塔的陪审员们彼此之间达成了共识,那就是不管案件的是非曲直如何,他们永远不会做出对我们有利的判决"。[36]

更糟糕的是,专利法规定的措辞很明显并不利于专利法的有效实施。1793年专利法禁止任何人"制造、设计、使用或销售"受保护的发明,否则需要支付损害赔偿金。[37]在惠特尼专利案一审时,法官认为专利侵权的构成要件是:必须制造并同时使用该设备。而被告只是购买和使用他人制造的轧棉机。[38]直到1800年,美国国会才修改了专利法,将侵权的要件修改为未经授权使用了受专利保护的发明即为侵权。[39]惠特尼在1807年的几次诉讼中大获全胜,但那时他的专利只剩一年就到期了。最终惠特尼和米勒从这项专利中获得的收益主要是通过谈判将专利权出售给各州政府来实现的。[40]

正当惠特尼在美国南方焦头烂额时,另一位雄心勃勃的专利权人也正试图在美国中部各州维护自己的专利权。这个人就是出生在特拉华州自命不凡的发明家奥利弗·埃文斯(Oliver Evans)。他在面粉加工和蒸汽机技术方面都取得了重大进展。在18世纪80年代,他通过州立法机构获得了很多专利;而随着联邦专利法的出台,他也积极寻求联邦层面的专利保护。[41]埃文斯获得了自1790年专利法实施之后授权的第三项专利,权利保护范围涉及面粉加工的机械系统。尽管该专利对埃文斯机械系统的大部分组件都是现成的、已有的东西。但他的贡献在于将各个组件重新组合的创意,以及一个叫作"翻搅器"的旋转耙机的发明。起初,他的商业运作并没有取得多少成功。他在六个州都雇用了专利许可代理人,但磨坊主们不愿意采用这种节省劳动力的机器。[42]

由于专利保护期的延展埃文斯的专利成为美国早期最臭名昭著的专利。埃文斯的专利在1805年到期,但留下了一堆仍然悬而未决的诉讼案件。1807年,费城的联邦巡查法院裁定:由于最终版专利文件公开不完整,该专利应当自始无效。不过显然,导致专利无效的"公开不充分"并不是专利权人的过错,而是由于专利局官员未能把埃文斯申请时提供的细节描述作为专利文件的一部分。[43]于是,埃文斯很快设法活动让时任美国总统杰斐逊写下了一项声明:这是官僚主义导致的事件,应当遵守专利法的要求,"发明人无过错的情况下,不能使其专利权无效",并且说服国务卿詹姆斯·麦迪逊告知国会,根据1790年专利法,联邦法院的说法将导致"承认通过类似形式授予的专利均为无效专利"。[44]这种法令上的混乱对于埃文斯的过期专利来说是一个巨大的利好。1808年,富有同情心的国会批准了一项"救济奥利弗·埃文斯法案",重新授予了他长达14年的专利权。[45]

随后,埃文斯开始了第二轮专利维权行动,而且这一轮比第一轮更具争议性,也更加激进。尽管当时面粉机械加工技术已经普及,遍布多个州的专利许可代理人仍然向磨坊主索要比以前更高的专利许可实施费,必要时还会提起诉讼。我们尚不清楚具体的诉讼数量,但显然数量庞大,埃文斯甚至打印了一份标准的诉讼表格,只在被告人的姓名和详细信息处留白,以便随时可以填写。[46]可以确定的是,诉讼的数量足以在早期专利制度的判例法上留下浓墨重彩的一笔。总体上说,19世纪早期公开的司法判决记录不多,但却包括了埃文斯的11个专利诉讼案,其中7个初审法院判决(全部来自马里兰州、弗吉尼亚州和宾夕法尼亚州)、4个最高法院判决。事实上,这占了最高法院的5个专利案件判决中的四席。[47]在19世纪的前20年里,《法院判例汇编》(law reports)①总共公开了43起专利案件,其中埃文斯的案件占了五分之一以上。[48]这些对埃文斯有多大的好处尚不得而知。但这位发明人赢得了数千美元的多起诉讼,并击退了国会推翻其专利保护期延展的企图。[49]除了经常猛烈抨击专利制度的缺陷,他还经历过法庭上让人抓狂的一败涂地,其中一次发生在1809年,逼得他盛怒之下烧掉了自己大量的发明笔记。[50]颇具讽刺意味的是,他没能在有生之年看到最高法院于1822年宣布面粉加工专利无效,法院的理由是他没有精确说明在他的机器里哪个部分是新的发明,这对他来说也许算是幸运吧。[51]

§

在专利法自身麻烦不断的情况下,对蒸汽动力航行、轧棉机和面粉机械化加工等战略性技术主张权利无疑是有难度的。即便如此,备受关注的专利权人困境并没有阻止越来越多的申请人依据1793年专利法进行发明专利注册。在19世纪的最初十年,将近1000项专利获得授权;19世纪的第二个十年,这个数字为近2000项。[52]最重要的是,专利申请的趋势紧跟经济增长:在19世纪最初十年的繁荣时期,专利申请持续上升,然后在1812年美国第二次独立战争和随后的经济萎缩时期,专利申请开始回落;在19世纪20年代和30年代,专利申请量再次迅速增长,但随后在1837年至1842年的金融危机和经济萧条中又有所下降。[53]同样,

---

① 译者注:《法院判例汇编》是普通法体系中重要的法律规范来源形式。该判例汇编记载的案件裁判将成为先例,以供律师和法官在之后的案件诉讼中引用。判例汇编中的每一份判例,通常包含案件的标题、引起诉讼的事实陈述及其在法院审理的过程。

专利申请人数量的地理分布也反映了贴近市场的重要性。尽管城市人口只占总人口的一小部分，但城市却拥有最多的专利权人。在非城市地区，专利申请人主要集中在水道附近的区域，因为这一时期水路既是机械动力的主要来源，也是快速运输的主要途径。[54]

所有这些数据都表明，专利申请活动的增长与其说是来源于具体的技术发展，倒不如说是来源于宏观的经济因素，如市场规模、商品需求、信息和资本流动。被授予专利的发明反映了创造活力大范围的释放。19世纪上半叶的大多数专利都被授予那些一生中只获得一两项专利权的发明人，专长的要求并不是特别高。即使在城市专利权人当中，技术熟练的工程师和机械师也仍是少数；更多受到专利权保护的发明人来自商人或一般的工匠阶层。[55]虽然一些组织化的产业专利申请中心确实存在：例如在新兴的新英格兰纺织业中，重量级的波士顿制造公司（Boston Manufacturing Compomy）早在19世纪前十年就在系统地布局专利申请和授权。[56]但是，总的来说，专利制度是开放的，正如历史学家所指出的那样，它的规模和平易近人的程度都是相当"民主的"。[57]

随着时间的推移，发明的民主化开始动摇。按照1793年专利法，不对专利进行任何事先审查意味着任何已授予的专利都带有相当大的不确定性。1793年专利法开始设置专利申请的门槛要求，比如发明必须是"新颖且有用的"，并且发明在"申请专利前不为人知或者未被使用"。但发明是否符合这些门槛要求则必须通过诉讼来确定，而解决发明人之间相互冲突的权利主张亦是如此。因此，对专利质量低下的抱怨比比皆是。1809年，专利事务总监威廉·桑顿抱怨说，"很多纯粹为了出售牟利的专利，除了给律师和其他人带来工作量以外，毫无实际价值"。[58]在令人生厌的专利诉讼中充斥着"轻浮、荒谬和欺诈"的专利讹诈故事。[59]

1826年，纽约联邦地区法院的法官威廉·范尼斯（William Van Ness）在裁决一个涉及地毯专利的案子时，用冗长的篇幅来总结他对当时专利制度的批评。

首先他指出，"自1790年以来，授予的3000多项专利"很多都是针对"相同或类似的发明"。其中80项用于改进蒸汽机和蒸汽船的发明；制钉方式的发明有超过100项；洗衣机的发明有60至70项；打谷机有40至50项；泵装置有60项；搅乳器有50项；针对炉子的发明专利就更多了。

他继续补充说：

"授予专利的机构伟大但令人担忧，它正在生产无以复加的罪恶。它助长了冒名顶替者的无耻行径，以及虚荣者和欺诈者的傲慢自负。在这种冲突和矛盾中，整个社会都遭受着花样繁多的勒索。贪婪预示着各种形式的勒索和欺诈，而这些每天都是打着法律制裁的幌子来实施的。只要不加防范地敞开欺骗的大门,这类常见的欺骗还会继续增加。"[60]

范尼斯并不是专利法的公开反对者,也不是与荣誉加身的发明人公开为敌的人。他同时赞颂了"专利法伟大的原则和设计",也哀叹"惠特尼和埃文斯……陷入恼怒和诉讼压力之中"的命运。然而,他感到有必要加入那些要求在"专利授予前采用某种方式对发明的新颖性和实用性进行审查"的人的行列中。[61]

经过多年对专利法缺陷的诟病,国会最终在1836年决定成立专利局,在授予专利前由专业人员负责审查专利申请,从而替代了之前的专利注册制。[62]通过对专利授权的有效性进行官方审查并设立专利局来规范、协调和宣传专利实践以及促进专利信息的传播,该法案大大提高了整个专利制度的价值和效能。1836年专利法是美国通过的第一个真正意义上的现代专利制度。同年12月15日这一天,从注册制向审查制的转变以一种出人意料的方式得以快速实现。当天专利局和邮政总局的临时办公大楼被大火夷为平地。美国首部专利法实施46年来收集的所有专利模型和文件全都被这把大火烧毁,片纸不剩。[63]

1836年专利法使专利在美国人的生活中变得越来越重要。专利申请随之多了起来,授权专利数量也相应地快速增加。在短暂经历了由于1836年专利审查标准收紧,以及1837年金融危机之后经济下行导致的专利申请量下降后,到19世纪40年代中期,专利活动就恢复到了快速增长阶段。[64]仅1849年一年,美国专利局就收到了近2000份专利申请,授予了近1000项专利权,这两项数据都是10年前同期的两倍多。在19世纪50年代,年均专利申请量和授权量达到了1849年数量的3倍以上。到了1859年,年度专利申请超过6000项,授予专利权也超过4000项。[65]

同样,专利制度体系也在19世纪40年代和50年代继续成形并不断完善。其中一批由专利审查员和专利代理人构成的专业人才队伍快速成长是其最重要的进步,他们通力合作使专利局制定的规则与发明人的需求同步。作为中间人,这一群体发挥了两大作用:第一,他们在专利实践的法律和技术领域之间转换自如,与发明人一同起草专利申请文件,并为这些申请通过专利局的审查程序提供指导。[66]第二,他们在发明交易市场上充当中介,一方面为发明人出售专利技术或者转让专利权提供营销和经纪服务,另一方面紧盯新技术的发展趋势,为企业收购专利提供推荐和评估服务。[67]

然而,19世纪中叶,少数专利权人发起的大规模专利维权战争真正提升了专利法的存在感。这些专利战过程的细节各异,其中有些涉及美国第一波工业化中的技术,有些则涉及当时新近的发明。大多数人利用了19世纪中期专利法中一项或多项

"亲专利权人"的制度工具,尤其是专利保护期延展①和专利再颁②(term extension and reissue)这两项特殊制度。其中大多数或多或少涉及政治因素。总的来说,这些专利战所产生的诉讼量能直接重塑美国关于专利权的判例法和政治经济学。

1836年专利法颁布之后,涉及水力发电和木工这两项美国工业化通用技术的一组专利让法院感到首鼠两端,无所适从。从某种意义上说,这些专利属于旧时代。它们是依据先前的立法而被授予专利权的,时间上可以追溯到19世纪20年代甚至更早。鉴于专利权的标准保护期限是14年,这类专利权一般最迟在19世纪40年代初就应当到期了。但是由于获得了专利保护期延展,它们在19世纪中叶的专利法实践中依然保持着受人瞩目的法律地位。这个特征使它们与其他专利区分开来。对于19世纪40至50年代引发了数量庞大诉讼案的专利权来说,专利保护期延展也是他们共同的特点。专利保护期的延展由国会批准,在1836年之后,由国务卿、财政部首席公职律师和专利局局长组成的专利委员会也可以批准(1848年之后,变为仅由专利局局长批准)。不管哪种情况,背后的理论都是为了奖励一个理应获得专利的专利权人,该专利权人"并非由于自己的疏忽或过错,在使用和销售其发明时,未能获得与其在此项发明中付出的时间、聪明才智和耗费成本相比

---

① 译者注:专利保护期延展是美国专利权保护中的一项特殊机制,很大程度上源于对专利权保护的普通法逻辑。由于授权国会给与发明人一定期限独占权保护的宪法规定中并未明确一定期限的具体时长,其后国会制定的1790年专利法、1793年专利法中也未规定专利保护期限,这就使得所谓14年保护期实际上只是比照英国法传统的实践做法。在这一时期向国会请愿、由其制定私人特别法延展专利保护期成为较为常见的情形。1836年修改后的美国专利法,在第18条中赋予了专利局局长核申请延展专利权7年保护期的权力,使得专利保护期在法律上可以通过延展而达到21年。直到1861年专利法修改,才第一次明确了美国专利权的法定保护期为17年,并取消了专利局局长行政延展专利保护期的规定。

② 译者注:再颁(Reissue)是美国专利授权后程序的一种,允许专利权人在满足一定条件时,交回原专利证书并获得再颁专利证书以克服原专利申请文件中的缺陷。早在19世纪,再颁专利就存在于美国专利制度中。美国联邦最高法院在1832年 *Grant v. Raymond* 案判决书中肯定了专利再颁的正当性:《专利法》的立法精神是给予发明人报偿并激励发明创造,对专利相关法律应按照这一立法精神进行解释。当社会已经得到了专利公开带来的利益,专利申请人也不存在欺诈的意图时,国家应公平地履行专利这一契约,改正专利中的错误并重新颁发专利,以确保专利权人获得法律意欲给予其的报偿。同年,美国国会颁布新《专利法》,首次对再颁制度作出了规定,但未使用"再颁"一词。美国1836年《专利法》正式对"再颁"作出规定,此时的再颁制度主要针对由于说明书存在瑕疵或权利要求得不到支持而使专利无法实施或无效的情况。该法第13条规定:由于描述或说明书的不完整或不充分,或者由于专利权人要求了超出他有权要求的专利权保护范围,而导致专利无法实施或无效的,若上述缺陷源自非欺诈意图的疏忽、意外或错误,则为了修正上述缺陷,专利权人可以请求重新颁发专利。再颁专利具有与原专利相同的法律效力,且其有效期为原专利的剩余有效期。

合理的报酬"。[68]不论支持还是反对一项专利,专利保护期延展都带来了风险。一方面,保护期延展允许专利权人在更成熟、更宽泛的范围内行使其权利(专利权因此更具价值),但另一方面这也必然会激发人们从法律和政治上对这种垄断行为的抵制,很多观点指责这样的垄断是非法的。

其中一个颇具代表性的例子就奥斯汀(Austin)和西布隆·帕克兄弟(Zebulon Parker),他们是来自俄亥俄州的造水车木匠,在19世纪20年代开发了一种改良的反作用力水车,并在1829年获得了发明专利。[69]这种水车在产生动力方面性能优越,并普遍应用于水磨坊。1843年,帕克兄弟在该专利到期后又从专利局获得了7年的保护期延展。获得延期并不足为奇,令人震惊的是他们兄弟俩维权行动的规模。帕克兄弟的代理人跑遍全美各地,要求每家磨坊向他们支付10至50美元的专利许可费。以宾夕法尼亚州莱康明县为例,《科学美国人》(Scientific American)的记者就指出帕克兄弟的代理人在1848年到访了"这个地区所有或几乎所有的锯木厂"。[70]俄亥俄州和宾夕法尼亚州则也成为了地毯式拉网索要专利许可费的重灾区,甚至远到佛蒙特州甚至连新罕布什尔州这样偏远的地区也出现了代理人上门索要许可费的情况。[71]哪里的磨坊主们有抵制,哪里就会有诉讼。虽然当时《法院判例汇编》中涉及专利的判例还很少见,但到1845年,涉及帕克兄弟专利权的法院判决就已经超过十几起。[72]1849年,一份帕克兄弟专利权纠纷案的法庭书记员实录记载:仅在俄亥俄州仍有超过200起帕克兄弟专利纠纷案尚在审理中。[73]第二年,帕克兄弟的亲属,拥有该专利五个州代理权的奥利弗·帕克(Oliver H. P. Parker)仅在费城的联邦法院就提起了150件诉讼。[74]

帕克兄弟专利维权的大规模诉讼并不是绝无仅有的孤例。另外两件控制了木工技术机械化重要进程的专利权,也曾引发大规模诉讼。托马斯·布兰查德(Thomas Blanchard)发明的镟木机可以将木材加工成各种不规则的形状,如枪托、刀柄、鞋楦和帽坯,这就把一个熟练的制鞋工人花几个小时用手工工具完成的工作缩短到了10分钟。[75]这一发明在1819年被授予专利权。在专利权的第一段保护期内,布兰查德并未围绕这一专利权频繁发起过维权行动。但是,1834年布兰查德通过国会授予的一项私人特别法(private act)将他的专利权保护期再延展14年。国会专利委员会的结论是:"这种机器应用范围广,因此通过延展该专利的保护期,能够激励发明人进一步发展和完善基于该项基础专利的延伸应用功能,当技术被宽泛地商用化,公众也将从中获益。"[76]

1848年,国会又再次通过了备受争议的第二次专利保护期延展私人特别法案,伴随着专利权保护期的继续延展,布兰查德随即扩大了其专利维权行为的规模与范围。根据他的传记作者卡洛琳·库珀(Carolyn Cooper)的说法,这位发明家对木工们提起了"数量庞大"的专利诉讼,[77]已公开的法院判决主要出自1846年至1855年期间,它们清晰勾勒出了布兰查德从马萨诸塞州、康涅狄格州、新罕布什尔州到宾夕法尼亚州的诉讼维权轨迹。这些案件判决结果表明,布兰查德从法院宽松认定的裁量中取得的好处几乎和他从国会得到的好处一样多。库珀仔细研究了这项技术的具体细节后得出了结论,他认为:法院对布兰查德专利的宽松解释逐步扩大了这一专利权的保护范围,使得专利权保护范围甚至覆盖了许多早已在木工技术领域内普遍使用的类似机器。[78]

相比之下,威廉·伍德沃思(William Woodworth)的刨床专利的保护期比布兰查德的专利要短,从1828年到1856年,"仅仅"维持了28年,但它所产生的影响则明显要比布兰查德的专利更大。1853年,约翰·麦克莱恩(John McLean)大法官在该专利再一次被提交到最高法院审理时评论道:"相信在这个国家,从来没有一项专利,像这件专利一样引起如此多的诉讼。"[79]毫无疑问,这项技术也是价值连城的。气缸盖刨床使快速生产板材成为可能,其所生产的木质板材平整、光滑、厚度均匀,具有舌形、凹槽形和模塑特征,适用于地板、木门和其他构建房屋的部件。在节省劳动力方面,其效率甚至比布兰查德的镟木机还要高:一个熟练工需要多天的地板生产工作现在可以缩减为两个小时完成。[80]伍德沃思原本是一位来自纽约州哈德逊市的木匠,他在1825年前后设计出了这种机器,并于1828年获得专利权。不过,由于缺乏继续开发和制造的资金,伍德沃思很快就开始割舍他的专利权:他先是将专利权一分为二,其中一半的权益转让给了当地的议员詹姆斯·斯特朗(James Strong),之后他又与斯特朗一起将专利权出售给一家计划着手实施专利的联合组织。

而正是这家由詹姆斯·威尔逊(James G. Wilson)领导的联合组织让伍德沃思的这项专利成为了一种特殊现象。威尔逊先后两次延展了为期7年的专利权保护期,一次来自专利局,另一次来自国会。在延展后的专利保护期内,这家联合组织建立了一个由专利权人组成的网络,以发挥跨区域卡特尔的联合垄断作用,对伍德沃思式木工机械上加工而成的板材进行定价,并从每块板材的售价中收取一定比例的专利许可费。1852年,一个对此项专利颇有异议的国会专门委员会估计,这一收费方案涵盖了每年900万美元的木材销售活动,专利权人因此每年将至少获得200万美元的专利许可费。[81]所以,伍德沃思专利权的既得利益者们有能力也有意愿对那些抵制这项专利权的人发起数百起侵权诉讼也就不足为奇了。1850年,威尔逊向国会宣称,他在诉讼方面花费的成本已达15万美元。[82]

§

与帕克、布兰查德和伍德沃思的长寿专利所引发的情况一样,第二波大型专利诉讼战也在19世纪中叶美国的历史上留下了深深的印记。它们涉及距离我们更近的发明,比如缝纫机、机械收割机、硫化橡胶和电报等技术。

塞缪尔·莫尔斯(Samuel F. B. Morse)的电报发明从一开始就与专利制度密不可分。从全球范围来看,他所发明的实用电报机并不是世界上第一台电报机。即使是在美国科学家中,也有不少人质疑、否定他对电气等相关科学的贡献,甚至偶尔还有人嘲笑他。但无论如何,莫尔斯的名字很快就与这项英雄式发明联系在了一起:这项发明被称为"莫尔斯教授的闪电"。[83]宣传是莫尔斯的秘密武器,也是他的合作伙伴——一群咄咄逼人的政客和前联邦政府官员们的利剑,甚至还成为了专利局的法宝。[84] 亨利·埃尔斯沃思(Henry Ellsworth)是1836年专利法实施后的第一位专利局局长,他与莫尔斯相识多年,他抓住这个机会将莫尔斯的发明和1840年取得的专利权变成了他掌管专利局后的一大政绩广而告之。

莫尔斯对专利垄断的追求是一项复杂的政治以及商业战略的重要部分。最开始,莫尔斯和他的合作伙伴计划把专利权出售给联邦政府,因此早期的大部分宣传造势和电报线路搭建等活动也都是为了达成这个目的。当政府采购计划无法实现后,莫尔斯转向了许可他人实施专利并推动电报线路的建设。[85]作为一种运营工具,专利权同时限制着竞争对手和那些专利的被许可人。这样一来,诉讼就不可避免地接踵而至。而通过对电报专利保护范围的扩大解释,莫尔斯很快就具备了控制全部电报技术的能力。因为,这些案件的被告们提供了各种宣称是根据不同原理运作的电报机,他们都受制于莫尔斯专利。[86]与此同时,莫尔斯专利的既得利益者们在1846年和1848年又先后两次获得了基于1840年专利的再颁专利权,从而使得莫尔斯专利的权利要求可以更好地覆盖竞争对手的设备。[87]由美国最高法院审理的奥雷利诉莫尔斯(O'Reilly v. Morse)案,将发生在俄亥俄州、肯塔基州和宾夕法尼亚州的一系列大范围专利权争端推向了风口浪尖。莫尔斯一方的律师强调再颁专利中使用宽泛的"电磁学","无论如何发展,在任何距离上标记或印刷可理解的字符、标志或字母"的表述,就是主张更宽的权利要求。[89]在关于这一专利保护范围的著名判决中,结论出现了分化,法院一方面支持了莫尔斯专利权人一方的保护要求,但另一方面也认定上述那项最宽泛的权利要求项是无效的,从而否定了莫尔斯对任何电报技术都拥有不可逾越的垄断地位。

另一个经典的发明故事是查尔斯·古德伊尔(Charles Goodyear)发明硫化橡胶的故事。一次天赋和机缘巧合的碰撞,橡胶与硫磺混合后,被偶然放到了烧红的炉子上,从而产生了一种稳定、耐用并有价值的新材料。然而,和莫尔斯的情况一样,这个发明传说背后的现实是:这也是一项经过精心运营从而控制全行业的专利权。19世纪30年代后期,古德伊尔是在新英格兰橡胶行业中挣扎奋斗的一位制造商。

经过艰苦卓绝的试验,他生产出了许多新的橡胶制品并实验出了很多新的生产工艺,其中就包括他在1839年开始研发的硫化方法,该方法在1844年获得了专利权。[90]获得专利权后,古德伊尔开始向生产特定橡胶制品、鞋和织物的公司授予针对特定产品的专利实施许可。

除了上述在研发方面的努力外,古德伊尔在法律和商业上的成功还取决于另外两方面的努力。一方面,通过对专利权的修正扩大专利权的保护范围。对专利权进行修正所依据的是美国专利法中的一项规定,该规定允许专利权人在专利说明书或权利要求书中存在非主观故意错误的情况下,取消存在缺陷的已授予专利,并重新获得"再颁专利"授权。[91]到1848年,商业橡胶的制造方法已经超出了古德伊尔专利的权利要求范围。古德伊尔的支持者说服他寻求获得再颁专利,再颁专利表面上是为了纠正错误,但新的权利要求对热量在固化过程中应用的描述变得更加抽象和概括,从而使这一再颁专利能够继续覆盖最新的产品。[92]另一方面,古德伊尔的成功还依赖于专利诉讼。在与授权制造商和非授权制造商之间的关系都很紧张的情况下,古德伊尔将专利权的一部分让与了他的律师。19世纪40年代末至50年代初,这位律师作为原告发起了超过200起专利诉讼。[93]1852年,随着古德伊尔在众所周知的新泽西特伦顿"印度橡胶大案件"(*Great India-Rubber Case*)中大获全胜,他们一方提起的诉讼在数量上达到了顶峰。[94]而且,尽管古德伊尔始终胜券在握,但他仍然极力说服专利局局长授予他的专利权额外7年的保护期延展,理由就是:没有哪一个发明家曾经被如此骚扰,遭到如此践踏,被那些人们称为"海盗"的,肮脏龌龊、恣意妄为的盗版侵权者所劫掠。[95]

19世纪40至50年代,专利诉讼的最后一个主战场烧到了新机器领域。机械收割机和缝纫机引领着机械化新技术。与电报或硫化橡胶相比,这些复杂的、多组件的设备面临的挑战也略有不同。针对这些设备更难找出唯一的最初发明人,而相互重叠或互补的专利权格局也使任何单一专利权人试图控制该领域变得更为复杂困难。即便如此,还是出现了一些颇有争议性的专利权。

收割机领域就是其中一例,虽然这场声名狼藉的专利诉讼战最后以失败告终。19世纪30年代初,俄亥俄州的奥比德·赫西(Obed Hussey)和弗吉尼亚州的塞勒斯·霍尔·麦考密克(Cyrus Hall McCormick)发明了第一台实用的机械收割机。[96]1833年,赫西第一个获得专利权,但是并没有在商业上取得太大的成功。而麦考密克在一个快速增长且潜力巨大的市场中取得了成功,成为收割机领域的领军制造商。不幸的是,这个行业在19世纪40年代末才开始迅猛发展,而此时麦考密克于1834年获得的专利权即将到期。这种形势下,麦考密克积极寻求专利保护期延展,而这一努力招致了激烈的抵制,并于1850年前后在国会中引起轰动。一位当时的历史学家曾写道,"由专利律师、制造商劲敌和农业利益集团组成的巨大的政治、社会和商业力量群起而剿之,最终麦考密克功败垂成"。[97]19世纪50年代,麦考密克又凭借他的改进专利提起了一系列新的诉讼。尽管他在诉讼中投入了大量的资源,但这些诉讼基本上最终都没有成功。[98]

相比之下,缝纫机领域拥有更多可供争夺的有效专利,这大大超过这一行业的控制能力。19世纪50年代,在不与"涉及缝纫机不同功能的专利重叠"发生冲突的前提下,制造一台最先进的缝纫机基本上是不可能的。"缝纫机之战"就是在这种情况下打响了第一枪。在这场专利战争中,整个缝纫机行业都充斥着诉讼和反诉,直到1856年,一家领军企业将这些专利整合成了一项被称为"缝纫机联盟"的专利池。[99]然而即便这样,一项权利要求范围宽泛的基础专利权产生了。各家企业争夺的核心是埃利亚斯·豪(Elias Howe)在1846年获得的专利。豪是位一名不文的独立机械师,他在可用缝纫机的研制方面取得了初步进展。尽管这种缝纫机还不是一件商业化的产品,但是豪成功地推动了全行业使用他的专利,这最终给他带来了巨大的回报:通过专利实施许可和他在"缝纫机联盟"中的角色,豪声称截止1860年自己已经赚了超过40万美元。[100]而就在这一年,他还成功取得了7年的专利保护期延展,这直接为他在专利期限届满前带来了约200万美元的收入。

§

总的来看,19世纪中叶寻求专利垄断的尝试对专利法造成的影响主要体现在三个方面。第一方面体现在对专利法和法院的深远影响上。联邦法院的专利业务以针对少数专利的大规模诉讼为主,通常这些诉讼也占据了这些法院大部分的案件量。1850年,一位被莫尔斯电报、伍德沃思刨床和帕克水车的专利诉讼案件所包围的费城法官抱怨道:"本院所有开庭审理业务的时间几乎全部被专利案件的庭审所占满。"[101]铺天盖地的专利诉讼所造成的结果是,案件最多的专利法问题在判例法中占有相当大的篇幅。在1790年专利法实施之后到美国内战之间的这段时间里,判决的795件公开专利案件记录中,585件记录与76项专利有关,占到了总数的74%。主要的专利诉讼战也在这些公开记录中得到了淋漓尽致的体现:其中21件涉及帕克水车,21件涉及固特异橡胶,78件涉及伍德沃思刨床。[102]很多专利法学的主要理论,例如关于侵权法和专利权范围的问题,通常都是在极具争议案件的不断诉讼中总结得出的。[103]

这些大型的专利诉讼战所造成的压力实际上已经使得法院在处理专利案件时产生了不同的方向。专利法中始终包含着两派不同角度观点之间的角力。一派观点认为,授予专利权是对有建树的发明人的一种非常值得肯定的奖励,原因在于发明人对社会的巨大贡献,或在于他们对自己智力成果自然享有的财产权,抑或是两种原因兼而有之。[104]然而，另一派观点认为专利权是一种必要之恶，它与旧式垄断有着太多的共同之处，因而对专利权垄断也应当严加控制。自称首创发明的人发起的、以专利权控制为目的的大规模诉讼活动，使得这两派观点的立场进一步极端化。

这种情况下，支持宽泛授予专利权的法官和律师们转而开始使用奖励、财产和盗版这样的措辞。1839年，约瑟夫·斯托里法官（Justice Joseph Story）在审理布兰查德诉斯普拉格（*Blanchard v. Sprague*）一案时，发表的言论成为了"司法亲专利主义"立场的经典名言。与旧时英国对授予专利的怀疑态度（"专利权本质上就是垄断，因此需要严格监管"）相比，美国"对专利权持有更加自由和开放的态度，而这如果不是宪法赋予国会权力的规定和意图的必然结果的话，也是其自然结果"。[105]因此，斯托里法官认为，对专利权的保护"显然被赋予了自由解释的正当权利"。[106]支持伍德沃思、莫尔斯和其他基础专利的法官们不厌其烦地提到这一主题，并频繁地强调无形财产权的正当性。"载于专利证书中的发明应该属于发明人，这就像他所造的房子归他合法所有，他穿的衣服也归他所有一样理所当然"，法官在一起伍德沃思专利案的判词中这样写道。这名法官还补充道："如果这样的专利所有权都可以被侵犯以获得利益或者这种侵权得不到应有的惩罚，那将是司法的耻辱。"[107]

而与他们相反，对专利权持怀疑态度的法官，尤其是那些持杰斐逊主义①立场、高度质疑垄断的法官们，则将专利权视为一项政府授予的"特许权(franchise)"，法院应当限缩其保护范围，极力做出不利于其持有人的狭义解释。[108]这些法官不但否认专利权人享有自由解释专利权保护范围的权利，还坚信专利权人"应该清楚地说明权利要求的目的及其垄断的范围"。[109]19世纪50年代，这种观念上的分歧导致了在"对现代专利制度的形成起到重要影响"的一系列案件的审理中，最高法院的立场也产生了分裂。例如，在1853年发生的韦南斯诉邓米德案（*Winans v. Denmead*）中，最高法院以5比4的微弱多数意见支持了侵权判定的"等同原则"，允许将不落入专利权要求字面范围的行为认定为侵权，而少数派意见则坚持侵权判定必须严格按照专利文件的字面范围。但在同样的条件下，由于投票结果微小的改变，使得奥雷利诉莫尔斯案（*O'Reilly v. Morse*）的多数派意见，否决了将专利的权利要求范围扩大到一项纯粹科学原理上的做法，这一判决成为后续法院判定专利权要求范围的基础性限制条件。[110]我们逐渐意识到法院创制专利法规则的"黄金时代"，实际上也是一个长期冲突和对抗的时期。[111]

大规模专利诉讼战的第二方面影响，是专利法与政治各分支领域的紧密纠缠和冲突成为焦点。在历史上，19世纪中叶一直被描绘成一个由司法驱动的专利法

---

① 译者注：杰斐逊主义主要是指由美国开国元勋、《独立宣言》起草人托马斯·杰斐逊所主张的政治理念，其核心在于主张小政府，反对任何形式的垄断。

时期,而在此期间国会一直都是旁观者,并没有走到舞台中央。[112]对于专利法的总体立法情况而言,上述描述可能是正确的,但是它显然忽略了大量与国会授权专利相关的和寻求国会解决专利问题的私人特别立法。显而易见的是国会的干预,尤其是延长专利保护期的私人特别法形式的国会干预,在专利政治中有很大的影响力,也极具争议。

一方面在专利政治中存在大量游说活动。大量的资金被投入到专利保护期延展的斗争中。1854年,一个国会调查组被指定调查与塞缪尔·柯尔特(Samuel Colt)试图延长左轮手枪专利保护期相关的贿赂指控。调查组描绘了一幅耸人听闻的画面:在延长专利保护期的案件中,雇佣的"代理人、律师和专利证书起草人"对立法者展开了全面攻势。[113]为了获得"国会议员、贵妇及其他人"对延长专利保护期法案的支持,竟然为他们安排了"昂贵和奢侈的娱乐活动"。[114]可供雇佣的"最有效的代理人"是有国会采访证的日报记者。他们能够出入国会的条件理应是保证不进行游说活动,但实际上他们全是被"铁路、专利和其他大型计划"的支持者雇佣来的。[115]对柯尔特专利案的调查最终没有发现柯尔特向国会议员行贿的确凿证据,但相关听审和报告成功表明传言中的现象确实普遍存在。

另一方面,对专利保护期延展的反对也衍生出了真正意义上的民众动员。1854年,为了反抗帕克专利保护期的再一次延长,"一封封来自马里兰州、宾夕法尼亚州、纽约州、缅因州、印第安纳州和几乎所有使用磨坊的州的抗议书"被送到了国会,而且每封抗议书"都有数百人签名"。[116]1850年,在费城举行了一次由伐木工人和木匠参加的"群众集会",来谋划对伍德沃思专利保护期延展提案的抗议。很多州的立法机构通过了反对国会行动的决议,宾夕法尼亚州就是其中之一。[117]麦考密克、古德伊尔和豪的游说也遭到了类似的抵制。关于专利保护期延展斗争的激烈程度与专利诉讼案件引起的公众关注度不相上下。1861年,选择性延长专利权触发的众怒导致了行政审批延长专利保护期制度的终结:专利局局长可以授予延长专利7年保护期的权限被取消,而标准的专利保护期延长到了17年。[118]自19世纪50年代大部分争取专利保护期延展的努力被否定后,争取国会专利保护期延长的申请开始下降。然而,尽管方式各有不同,专利的支持者和反对者将继续求助于国会和政府。

19世纪中叶专利战争的第三个影响是精英阶层的介入。19世纪40至50年代的专利诉讼战产生了巨额、宽泛并且旷日持久的争讼,而这些诉讼吸引了来自法律和政治最高层的精英参与。在著名的印度橡胶案件中,知名律师鲁弗斯·乔特(Rufus Choate)与德高望重的美国国务卿丹尼尔·韦伯斯特(Daniel Webster)过了招,后者最终将他的传奇专利卖出了好价钱,所得颇丰。[119]与韦伯斯特地位类似的时任美国参议员兼司法部长里维迪·约翰逊(Reverdy Johnson)曾做过伍德沃思专利权人和赛勒斯·麦考密克专利的代言人。[120]纽约州长威廉·西沃德(William H. Seward)也曾代表过伍德沃思利益集团。俄亥俄州参议员萨尔蒙·蔡斯(Salmon P. Chase))曾力挺莫尔斯的专利权。从这些案件中可赚取金钱,加上这些案件只发生于少数联邦法院,再加上在法官处理技术细节问题左右为难的节骨眼上有一位享有声望的人作为辩护人能带来优势,所有这些因素使得南北战争前有相当多的法律政治精英卷入到了专利诉讼中。亚伯拉罕·林肯战时的三名内阁成员,即国务卿西沃德、财政部长蔡斯和战争部长埃德温·斯坦顿(Edwin Stanton),都曾现身于备受关注的专利交易中,而林肯本人在麦考密克收割机诉讼中也曾起到过辅助作用(据报道,林肯作为律师也因此案赚到了他职业生涯中第二高的律师费)。[121]

尽管南北战争前的专利诉讼牵涉到了已有的法律机构,但是也促成了新的不同寻常的进展,即一个更专业的律师阶层开始出现。在整个19世纪的大部分时间里,法律实践中存在一些几乎放之四海而皆准的真理,即建立在社区网络和对地方法院的熟悉程度之上的法律是高度地域化的。律师基本上都是多面手,接手的案件跨越领域众多,而案件胜负则更取决于其客户群的构成,而非他们实质上的知识领域。律师的专业化直到1870年左右才开始出现,最接近保险业、工业和金融公司的行业引领着律师专业化的发展。从很多方面来看,专利法都是这些模式的一个例外。专利法作为一个独立的领域出现在南北战争之前,其原因并不仅仅与技术知识有关——尽管技术知识也起到了一定的作用。相反,它与专利局和联邦法院这些专利法的核心机构有着极大的联系。

1836年专利法实施后,小群专利法专家在专利局中涌现出来。查尔斯·凯勒(Charles M. Keller)是根据1836年专利法任命的第一位专利审查员,其在任时获得了法律培训,19世纪40年代卸任后,他在纽约开了自己的律师事务所。查尔斯·梅森(Charles Mason)于1853年至1857年间担任专利局局长,后来与人共同创立了著名的梅森-芬维克-劳伦斯律师事务所(Mason, Fenwick & lawrence)。[122]日益壮大的专利律师群体开始聚集在华盛顿和美国其他主要大都市中心,把精力主要放在了起草和准备专利申请上。

大规模的专利诉讼战也造就了专利诉讼人群体。威廉·西沃德是一个关键性的过渡人物。在西沃德第一个州长任期(1839—1843)结束后不久,詹姆斯·威尔逊(James G. Wilson)就聘请他负责处理一场声势浩大并激烈的专利诉讼战,以把伍德沃思的专利权在木工业强制推行。这项任务将起家于纽约州北部的西沃德律师事务所转变为一个地区性乃至全国性的事务所。对西沃德专利方面专业能力的巨大需求,使得他代理的诉讼案件扩大到了纽约、费城、巴尔的摩、华盛顿,甚至远到西部的圣路易斯的联邦法院。[123]他的律师事务所在经历了各种各样合伙关系的交替后,最终发展成了布兰查德-西沃德-格里斯沃尔德律师事务所(Blatchford, Seward & Griswold),其客户包括麦考密克、豪、莫尔斯、伟大的蒸汽工程师乔治·柯里斯(George H. Corliss)、铁路发明领军人物罗斯·韦南斯(Ross Winans)以及查尔斯·古德伊尔的主要竞争对手霍勒斯·戴(Horace Day)。

慢慢地,一支全国性的专利诉讼精英律师队伍逐渐形成,代表性人物有乔治·吉福德(George Gifford),他是19世纪40年代以来纽约首席专利律师,曾代理莫尔斯电报案,也是缝纫机诉讼案的首席律师。来自费城的乔治·哈丁(George Harding)也是代表人物。吉福德和哈丁两人都曾被称为专利律师业"之父"。[124]内战结束后,新一代的专利法专家也加入了他们的行列,这些受过科学培训的律师专家日益壮大,他们能够全身心地投入到19世纪末期海量专利诉讼业务中。正是这些人改变了其后发明人的命运。

§

无巧不成书,现今的美国国家肖像画廊(National Portrait Gallery)就坐落于原美国专利局宏伟的大楼中,而其中悬挂的一幅画作能够很好地展现19世纪中期美国大规模的专利诉讼。这幅多人画像名为《进步人士》(Men of Progress),是由来自费城的法属阿尔萨斯裔著名艺术家克里斯蒂安·舒塞勒(Christian Schussele)于1862年创作完成的。她所画的19人,被誉为"这个国家最杰出的发明家,他们对技术的改进与提升改变了现代社会的面貌,并使现今时代被称为进步的时代"。[125]而在这些伟大的发明家背后则隐藏着激烈程度令人瞠目结舌的专利诉讼案。19人中至少有11人作为原告参与了一项或多项他们标志性发明所涉及的重大专利案。[126]其中5人是当时涉案最多、影响最大的专利诉讼当事人,他们分别为是托马斯·布兰查德、查尔斯·古德伊尔、塞缪尔·莫尔斯、塞勒斯·麦考密克和埃利亚斯·豪。他们能够出现在《进步人士》画作中体现了19世纪专利法的一个重要特征,即有价值的技术、专利诉讼和高度曝光之间紧密相连。

19世纪最后三分之一的时间见证了专利权和获得专利权的发明成为了美国工业发展中一股更为强大的力量。从1865年到1900年,美国颁发了超过60万项专利,比南北战争结束前75年发明专利的总数还要多十倍以上,同时也比其他国家授予专利的总数多两倍以上。[127]这些专利权的开发利用成为该时期的一个标志性主题。不断蔓延的法律诉讼与当时的许多伟大发明相互交织,从复杂的电灯和电话到铁丝网和小苏打等这类简单的物品都无一例外。在政治参与度上,围绕这些技术展开的斗争与19世纪中叶相比丝毫不逊色,并且在数量和规模上有过之而无不及。

专利制度既利用伟大发明家的思想,也助力伟大发明家的思想。美国伟大的发明家们聚集在这幅《进步人士》肖像画中,其中一半以上都被卷入了与他们的发明相关的重大专利诉讼中。《进步人士》(1862),作者克里斯蒂安·舒塞勒,国家肖像画廊,史密森尼学会(Smithsonian Institution);自国家美术馆(National Gallery of Art)转入;1942年由梅隆教育慈善信托基金(A. W. Mellon Educational and Charitable Trust)捐赠。编号:NPG.65.60。

上述这些影响也带来了新的问题。19世纪后期的工业发展迫使人们重新重视知识产权和垄断之间的关系。在新形势下,垄断不再是一种非法的特权,而是一种经济现象,左右市场的力量不断集中到大公司手中。[128]专利制度的法律体系则缺乏应对这些变化的合法机制。专利法的使命保持不变,即判定第一个真正发明人,并将专利权保护范围与发明人做出的原创发明贡献和主张的权利相匹配。最终,这种将专利权视为对个人天赋才能奖励的观念,在作为影响市场力量的工具方面,往好的说是让市场力量丰富化,往坏的说是让市场功能失调。

然而,归根到底,专利的首要问题仍然和以前一样,即发明权利的主张者在什么时候发明了什么?

第2章 电话的发明

电话的历史并非始于一项发明。相反,它发端于一家公司,该公司是由包括贝尔在内的一小群企业家发起成立的,并致力于寻找电报传输的改良方法。这些人埋头于一场基于声音的电信号开发竞赛,而这场竞赛出人意料地促进了人类语言的有声传输。接下来所发生的事情,即电话作为一种独立的、不依附于电报的颠覆性技术,其商业化并不是不可避免的。它也不是某一个发明人极富前瞻性的选择结果。相反,这项新技术的命运在很大程度上取决于贝尔公司的性质:这是一家高科技初创企业,其发展战略的推动力源自投资者关系和对专利的充分利用。

从一开始,成功实现语音传输的创造性尝试就源于电报技术。电报技术是19世纪70年代中期最重要的电力应用,使得当时电力照明和电力的早期研究相形见绌。电报业务当时由西联公司(Western Union)掌控,该公司在内战结束后巩固了其主要线路,并在此过程中成为美国最大的公司之一。规模较小的电报专业公司则为市场提供私人电报线路、电报印刷、股票报告和警报服务。[1]

在电报公司和为其供货的设备商的生态系统中,专利权占有重要的地位。当然,专利权的中心地位并不是什么新鲜事,塞缪尔·莫尔斯的专利就造就了早期的电报业。但在19世纪70年代,行业领袖将创新视为一种商业策略,并系统性地使用专利权来管理和控制行业发展进程。在企业研发时代来临之前,这种方法本身就是一种重要的机构行为。这方面值得一提的先行者是纽约股票行情服务提供商,即黄金股票电报公司(Gold and Stock Telegraph Company),该公司聘请选定的发明人,并在城市内部通信这一创新领域寻找有前途的新专利。西联公司在威廉·奥尔顿(William Orton)(1867年至1878年任公司总裁)的领导下技术不断进步。奥尔顿与诸多发明人保持着密切的联系,其中包括黄金股票公司的年轻电气工程师托马斯·爱迪生。

可以说当时电报技术开发最多的就是多工传输技术,而正是西联公司取得了语音通信领域的突破。1868年,波士顿发明家约瑟夫·斯特恩斯(Joseph Stearns)成功演示了他的双工电报机,实现了全双工(电报线能够同时向相反的方向传输两个信号)。双工电路系统使现有系统的工作能力几乎提升了两倍,而设备只增加了很小的一部分,这使得西联公司的奥尔顿认为斯特恩斯的设备是自莫尔斯的发明以来对该行业最重要的贡献。[3]随后，托马斯·爱迪生研发了四工电路系统使得传输能力再次实现成倍增加。尽管爱迪生是在西联公司的安排下开展研究工作的，但西联公司未能获得他的专利权。爱迪生很快就把他的四工电路系统专利卖给了大西洋和太平洋电报公司（Atlantic and Pacific Telegraph Company），而该公司是由大亨杰伊·古尔德（Jay Gould）所控制的电报业的搅局竞争者。正是因为这件事，奥尔顿和他的盟友们称爱迪生为"表里不一、口是心非的教授"。[4]西联公司与大西洋和太平洋电报公司就四工电路专利打起了激烈的官司，直到1877年西联公司支付赎金买下了古尔德的公司，这起官司才算了结。[5]

19世纪70年代中期对声音的电传输研究从属于高风险的、以专利为导向的电报技术改进研究。被寄予众望的"谐波电报"代表了四工电路系统的进一步发展，这种技术有希望通过由不同音高同时产生的信号，进一步扩大线路的传输量，然后电报接收机可以将这些信号解读成不同的信息。电气发明家和电报设备制造商以利沙·格雷（Elisha Gray）最早在上述研究方向上取得了进展。后来，西联公司与爱迪生签订了一份独家合同，把爱迪生也拉进了这场竞赛中。[6]西联公司以5万美元的价格买下了斯特恩斯的双工电路系统专利，爱迪生以3万美元的价格转卖了四工电路系统专利。丰厚的回报极大地鼓励了老牌公司资助之外的研发行为。[7]

贝尔和他父亲一样都从事言语治疗，他也因此涉足有声电报的研究。1870年，23岁的他随父母从伦敦搬到加拿大，第二年又搬到波士顿，并在那里成了一名聋人教师。波士顿百花齐放的科学氛围，重新唤起了贝尔内心长久以来对电力，特别是对声学研究中的电力应用的兴趣。媒体对斯特恩斯的双工电报的报道给了他灵感，促使他思考如何把声音应用到多工电报信号中。1872年，贝尔开始试验谐波电报，他制作了自己的电磁铁，并把电线从他的房间接到了一位好心邻居的房间。[8]

正如贝尔自己所言，他的职业经历始于声音，并经由声音的引领进入了电力领域，而他的竞争对手的研究却朝着相反的方向进行。从某种意义上说，这使他成了一个局外人。尽管贝尔处理技术问题的方法可能有所不同，但他并没有被排除在主流发明活动之外。[9]发明和专利行为并不是公司的主要内部职能，技术的飞跃也不光由大的研发团队独享。甚至像格雷和爱迪生这样的专业发明家本质上也是独立的个体。事实上，大多数多产的发明家在他们的职业生涯中都曾将他们的专利转让给了几家不同的公司。直到19世纪末，包括贝尔电话公司在内的大公司才开始将重心转向内部的工业研究，而不是把精力花在寻找外部发明人的发明上。[10]

当然，电是一个相对"科学性"的领域，并越来越多地受到训练有素的物理学家工作的影响。[11]但是19世纪70年代的电气技术并没有阻碍独立发明人取得重大的进步。贝尔作为发明家的业余身份很容易被波士顿开放的科学技术氛围所弥补。这座城市的科学工程研究以麻省理工学院（Massachusetts Institute of Technology）为中心，而贝尔也曾在麻省理工学院听过声学物理和电力方面的讲座，还进行过几次学术咨询。在实用工程技术和材料方面，贝尔可以求助于孕育了许多电报创新的机械工作室。[12]在降低间接成本方面，特别值得一提的是位于波士顿法院街的一家开展电气研究的查尔斯·威廉姆斯工作室（Charles Williams's workshop）。威廉姆斯为发明家摩西·法默（Moses Farmer）、约瑟夫·斯特恩斯和托马斯·爱迪生提供过设备和实验室。他为贝尔和他年轻的机械工程师托马斯·沃森（Thomas Watson）也提供了类似的设施。[13]

即使是在这样一个鼓励电报创新的良好氛围中，单枪匹马的贝尔也很难完成实验工作。但最重要的是，他极富前景的创意吸引来了投资者。贝尔从事的语音研究工作让他与律师加德纳·格林·哈伯德（Gardiner Greene Hubbard）有了交集，哈伯德失聪的女儿梅布尔（Mabel）是贝尔的学生，后来成为了贝尔的妻子。哈伯德在其职业生涯的早期曾做过专利律师，组织创建过几家公用事业公司，并深入参与了电报事务。自19世纪60年代以来，他一直高调抨击西联公司的垄断，并游说国会成立一家邮政电报公司来参与竞争，来削弱风头正盛的西联公司的压迫性垄断。[14]哈伯德认为增流式四路电报是对抗西联公司的一种新技术武器，他因此成为贝尔研究工作的首要赞助人和推动者。来自马萨诸塞州塞勒姆（Salem）的皮革商人托马斯·桑德斯（Thomas Sanders）是贝尔另一位聋哑学生的父亲，他也加入到贝尔和哈伯德之中，成立了贝尔专利协会以平分贝尔研究成果所衍生出来的电报专利权。[15]

哈伯德和桑德斯的资助使贝尔得以继续进行电报实验，并使实验成果具备了专利申请的要素。同时，哈伯德的资助使得贝尔有机会接触到如律师安东尼·波洛克（Anthony Pollok）和马塞勒斯·贝利（Marcellus Bailey）这样的重量级法律专家。这两人在首都华盛顿的专利律师中都是领军人物。作为著名的废奴主义者的儿子，贝利在南北战争期间曾在有色人种部队（Colored Troops）担任军官，并在战争结束后的多年时间里仍被称为"贝利少校"。[16]他的合伙人波洛克，出生于匈牙利并在法国接受教育，给人一种彬彬有礼、见多识广、富贵显赫的感觉。他不仅在自己华丽的、堪称华盛顿最富丽堂皇的别墅里招待贝尔，而且还为贝尔引荐各路名人，其中包括历史学家班克罗夫特（Bancroft）的夫人、史密森尼学会（Smithsonian）的亨利（Henry）教授、爱德华·桑顿爵士（Edward Thornton）和其他外国驻美大使馆的负责人，这一切都给贝尔留下了深刻的印象。[17]波洛克是贝尔的律师，同时他也是哈伯德的合伙人。作为哈伯德在创建邮政电报公司中的合作伙伴,他们的目标是一致的,那就是利用这种新的声学技术将西联公司置于被动地位。[18]

波洛克和贝利属于新专利法制度下的律师精英,南北战争后他们奔波于专利申请的热潮中,并赚得盆满钵满。毫无疑问,他们在专利起草和管理方面的技巧是非常厉害的。不仅如此,波洛克和贝利都是有影响力的人物,他们的情报网络已经深入到专利局内部。据一位律师同行所说,有人听到过波洛克"吹嘘他能控制专利局"。[19]贝利的资产,包括与专利局首席电报发明审查官有财务上的往来,对贝尔来说极其重要。[20]

时间来到1875年初春,贝尔已经研发出多工电报传输系统中的几个组件。此时,他也知道这个领域还有其他人在研发。哈伯德等人经常把芝加哥发明家格雷的研究进展通报给贝尔。1874年,格雷开始提交一系列与谐波电报发明有关的专利申请。贝尔意识到这是"格雷先生和我之间的一场齐头并进、势均力敌的较量,就看谁先把电报做成功"。[21]格雷早期申请的专利并不是一个不可逾越的障碍。专利有效的核心在于发明时间更早,而不是申请时间更早,正如哈伯德自己所说,"针对同一专利,如果另外一个人发明的日期要早,那么该专利就是没有价值的无效专利,这种情况下,授予A此项专利并不会影响B随后申请同样发明的专利,前提是B的发明时间要早于A"。[22]此外,波洛克和贝利谋划出了一个阻挠格雷专利申请的策略。他们的方法是充分利用专利局被称为"抵触审查"的程序(interference proceedings),也就是通过一种正式的听审来确定相互竞争的申请人之间谁是真正的第一发明人。1875年2月,正当贝尔准备申请第一个谐波电报专利时,波洛克和贝利劝他把准备好的专利申请分成三个独立的申请。事实证明,他们正确地预测到了(也许多亏了专利局内部的情报)贝尔的三份专利申请中有一两份会把格雷悬而未决的专利申请拖入抵触审查程序,而第三份申请则会顺利地获得专利授权。[23]

与对谐波电报的这波法律操纵不相上下的是商业地位的争夺。当贝尔和格雷的专利申请都还悬而未决时,他们不约而同地选择了向主要买家西联公司总裁奥尔顿演示自己的设备。在演示设备方面,格雷似乎走在了贝尔的前面,一方面是因为他提供了一个更完整的产品,另一方面是因为奥尔顿不愿让他的政治对手哈伯德从中受益。[24]在与这两个竞争对手公开谈判后,奥尔顿转而聘用爱迪生来研发自己的电报技术方案。[25]

多工电报的回报几乎是显而易见的,但令贝尔的合伙人失望的是,那年夏天贝尔从多工电报的研究中分出身来转向了一种更激进的可能性:语音传输。贝尔花了将近一年的时间在他脑海深处形成了这样的重要理论认知,即复杂的声音可以通过连续的波动电流而不是电报所使用的间歇电流来传输。1875年6月和7月,贝尔和沃森在威廉姆斯的机械工作室进行了一系列的实验,揭示了声音可以被复制的灵敏性:起先声音像是拨弄簧片,然后成为不清晰的噪音。对这"重大的电报发现",贝尔有点拿捏不准,他告诉朋友,希望通过进一步修改来"区分回声中的音色;如果是这样的话,通过电报聊天将成为现实"。[26]然而,电报聊天的事恐怕还得等一等,由于繁重的教学任务和哈伯德要求研制谐波电报的压力,贝尔无法进一步做语音传输实验。

1876年初,贝尔终于抽出时间,将注意力转移到了波动电流专利申请的想法上。1月份,他准备了两个版本的专利申请书。一份用来在英国申请专利,他计划通过他家的世交、加拿大报纸出版商乔治·布朗(George Brown)在伦敦申请。另一份申请提交给美国专利局。很显然,在请波洛克审阅并得到他的肯定之前,贝尔独自起草了这些专利说明书,并且没有征求律师的意见。[27]而后,哈伯德和波洛克极力要求迅速申请专利,因为"这类电报技术的前景令人异常兴奋",他们担心贝尔会泄露这个发明的相关信息。[28]然而,由于贝尔与布朗事先达成的安排,在美国申请专利就需要耽搁一下了。布朗和他的兄弟同意入股在英国申请的专利,但是他们坚持先在英国提交专利申请,而后在美国提交专利申请,以避开英国法律规定的在先公开(prior publication)的问题。[29]就这样,事情拖到了1876年1月底。1月20日贝尔在波士顿对美国专利申请书进行了公证并寄给了华盛顿的哈伯德。布朗于26日启航前往英国,并答应在英国提交专利申请后电告。

专利申请书在哈伯德手里停留数周后,他于2月14日上午突然采取了行动。哈伯德亲手将贝尔的专利申请书送到了专利局。而就在同一天的某一刻,格雷也提交了他的专利申请,其专利为"通过电路用电报传递声音或对话的技术"。[30]在通俗史中,这是一个至关重要的时刻:贝尔击败格雷,仅仅是因为提前几小时向专利局提交了申请,继而能够主张获得电话发明权带来的一切嘉奖。从提交时间上来看,我们能得到一些启示。然而,作为一个一般的法律问题,提交专利申请的时间顺序并不能决定谁能最终获得专利,因为根据美国法律,有效的专利属于第一个真正的发明人,而不是第一个注册专利的申请人。当两项未决专利申请的权利主张涉及同一专利时,不管专利申请是何时向专利局提出的,专利局都将暂停这两项申请,并通过抵触审查程序的听审来确定发明优先权。

贝尔和格雷几乎同时提交专利申请,这个事件也经常被作为历史上最著名的同步发明的例子而引用,但这两人发明的时间远没有这么契合。贝尔的专利是基于他逐渐摸索出的波动电流理论,以及他与沃森所进行的比格雷要早7个多月的声音实验。格雷也曾反复考虑过通过他的谐波电报进行语音传输的可能性,并曾一度从他的一台设备中发出元音,然而,他最终还是决定不在没有迅速商业应用前景的研究上浪费时间和金钱。[31]格雷的专利申请文件也反映了这一点:这不是一份完整的专利申请,而是一份"专利预告(aveat)①",一份关于发明构思和发明意图的声明,以此用来作为发明优先权的证据。他们两人都还没有成功传输过明白易懂的语音。

且不说这个事件的戏剧性,2月14日的事件真正揭示的是贝尔的律师团队在专利局进行的密谋。许多相关细节在后来19世纪80年代的专利诉讼中得到了披露,另一些细节则是由21世纪的八卦侦探们在细致地重建了事件的来龙去脉后获得的。[32]这些细节勾勒出了一幅不光彩的幕后操纵场景。第一个可疑的举动就是贝尔专利申请的突然提交,这莫名地破坏了贝尔与布朗所达成的协议,而且提交申请这件事,贝尔本人也并不知情。仅凭这一点就可以说明哈伯德或贝尔的律师团队事先就知道了格雷的专利申请计划。随后,专利局内部迅速采取了一系列行动,其中许多行动都是非常规的。专利局的官员们最初宣布举行抵触审查的听审来确定贝尔和格雷之间的发明优先权,这也是处理这类案件的通常做法。然而,在贝尔的律师辩称贝尔的申请早于格雷的申请被递交至专利局后,专利局立即撤回了举行抵触审查听审的决定。与完整专利申请不同,专利预告只有在与完整专利申请相冲突的情况下才会触发抵触审查听审,并且专利预告的申请要早于相冲突的完整专利申请。令贝尔高兴的是,专利局已经记录了他专利申请准确的提交时间,尽管这一做法并不常见。更幸运的是,专利局代理局长在撤回抵触审查听审决定时,接受了波洛克的观点,即在同一天中具体什么时刻提交申请应该也是专利审查的重要依据。然而,就在三个星期前报道的一个类似案件中,他裁定同日专利申请提交的具体时刻无关紧要,日期本身才最关键。[33]

正是由于这些决定,贝尔的专利申请躲过了长达数月甚至数年的搁置,也避免了抵触审查听审之争带来的不确定性。然而,非常规行为并未就此结束。专利局还允许贝尔对他悬而未决的专利申请做出修改——表面上看这种操作是被允许的,但这表明贝尔的利益集团通过不正当手段获知了格雷另外一个可能会导致抵触审查程序的专利申请。最后,专利局授予了贝尔专利权。如果拿通常的标准来

---

① 译者注:专利预告(patent caveat)制度是美国1836年专利法中新增的一种特殊专利申请机制,与现在美国专利法中的临时申请有类似之处。1836年美国专利法规定:任何美国公民,或者此前在美国居住满一年宣誓有意成为美国公民的外国人,如果即将发明某种新的技术、机器或者改进,并希望有更多时间予以完善,就可以在向财政部账户缴纳20美元后,按照专利法第9条规定的方式,向专利局提交一份专利预告书,提出直接的设计及其目的,以及它的主要且突出特征,请求在他完善其发明前保护他的权利。如果提出该预告的人,后来就预告所涉及的发明取得了专利权,之前缴纳的20美元将可以作为同一发明申请专利费的一部分。专利预告在提交给美国专利局后,将作为秘密档案保存。该制度于1909年被国会废除。

比较，贝尔的这个专利申请以及他的其他专利申请的速度都可以称之为神速。[34]这些事件的一些重要背景后来成为了公开的记录，尤其引人注意的是处理格雷和贝尔专利申请的专利审查员泽纳斯·菲斯克·威尔伯(Zenas Fisk Wilber)负债累累，而债主正是贝尔的律师马塞勒斯·贝利。[35]而其他的细节仍然鲜为人知，比如谁知道些什么，什么时间以及如何发生的。

1876年3月7日，贝尔和他的律师们守得云开见月明，他们的努力有了回报。美国第174465号专利授予给了"电报技术的改进"，这项专利也将成为控制电话行业的基础专利。从表面上看，这项专利主要是关于谐波电报的。贝尔在其专利说明书中解释道："我的这项发明采用了不同于单纯间歇性或脉动性的振动或波动电流，其特征包括在电线上产生电波的方法和相关设备。"[36]专利说明书详细说明了波动电流的诸多好处，这些好处均与增加电报电路的容量或速度有关，但对语音传输只字未提。专利说明书中只有两处提到了发音，虽然提到了发音，但指的是无法清晰表达出来的语音。其中一个段落是这么描述的，"如图5所示，风可以引起电枢C的振动。另一种模式如图7所示，电枢的振动可以通过人的声音或乐器来实现。"上述描述配了一张简单的仪器示意图，贝尔和沃森正是用这个仪器在1875年7月成功地传输了音高。第二处提到发音的地方在第五项权利要求中，此项也是对贝尔发明的正式陈述，其对"本说明书中描述的通过电报传输语音或者其他形式声音的方法和设备"享有专利权，"而通过电报传输语音或者其他形式声音是通过引起电的波动实现的，其形式基本类似于伴随上述语音或其他声音的空气振动"。[37]

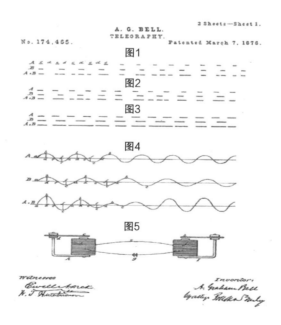

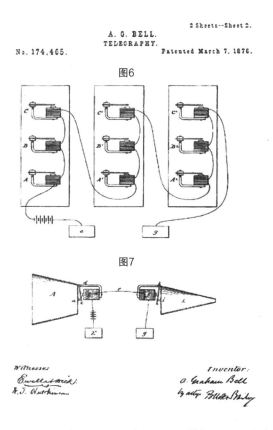

美国174465号专利图纸,此专利于1876年3月7日被授予亚历山大·格雷厄姆·贝尔的"电报技术的改进"。图4描述了贝尔关于波动电流的关键概念。图7仅以示意图的形式展示了一种能传送声音的仪器。此图由美国专利商标局提供。

1876年3月7日贝尔获得的这项权利主张"以电的方式来主导语音传输",这是谁也没想到的。作为未来控制电话行业的专利,174465号专利还有另一个显著的特征:发明人从来没有成功传输过一个可以理解的字。申请前可用的证明(Proof of prior working),并不是专利法中对专利申请的要求;从技术上讲,专利申请人所需要做的就是提供一份足以"使任何精通该发明所涉及的技艺或者科学的人……能够制造、设计、合成和使用该发明"的"书面专利说明书"。[38]对贝尔来说,幸运的是他在专利说明书中粗略描述的这种装置后来被发现可以用来制作电话。但是要制作出电话并非易事。直到1879年第一场重大专利诉讼的前夕,贝尔与他的几位重要专家见证人聚在一起,他要"试着做一些实验,看看自己在第一项专利中所展示的电话模型是否可用"。[39]不管怎么说,贝尔的实际突破源于不同方法的采用。1876年3月10日,也就是贝尔获得其关键性专利的第三天,贝尔开口说话,而沃森听到了通过电话传输的第一句话。当时他们使用的设备看起来不像174465

号专利中的设备,而确实与格雷的专利预告书中描述的设备有几分相似。[40]

成功的语音传输使贝尔的电话研究工作有了不同的立足点。尽管贝尔专利协会的合作伙伴们仍然希望研究出一种多工谐波电报,但在1876年3月以后的几个月里,他们开始对电话热心起来。除了做实验,贝尔开始进行关于电话的公开演讲和巡回演示。同年7月,他在费城百年展(Philadelphia Centennial Exhibition)上取得了标志性的胜利,因为在展会上他的成功测试得到了不少人的支持,其中不乏巴西皇帝和英国著名科学家威廉·汤姆森爵士(Sir William Thomson)这样不同凡响的大人物。贝尔利用这一年剩下的时间来测试、完善和改进电话。[41]

1877年1月,贝尔获得了第二项电话专利,即第186787号专利。在这项专利中,贝尔明确提出了"电话"系统,并对电话的运作进行了说明,这个电话就比第一项专利中镜花水月般的设备实际得多。[42]贝尔把自己的设计叫作"磁电机"电话。电话接收机里有一块永久性的电磁铁,它会使金属"电枢"或膜片振动,从而产生与送话器发出的声音相对应的声音。磁电机振动在此后几十年里都是电话接收机的基本原理。

贝尔的第二项专利在电话史中的地位非同寻常。由于它涵盖了电话接收机的基本形式,因此一直被视为贝尔两项基础电话专利之一。在诉讼中,这两项专利总是成对出现:每次贝尔公司根据1876年的原始专利提起诉讼时,都声称被告也造成了对1877年专利的侵权。然而,186787号专利作为第二项电话专利,其作用远不及第一项。关于贝尔第一项专利适用范围的重大司法裁决几乎没有提到第二项专利,而只是提及它是被侵犯的有效专利。贝尔的律师也从来没有就此项专利提出更多的权利主张,而只是将第二项专利的内容描述为对贝尔1876年专利中设备的"纯机械改进"。[43]由于186787号专利授予的日期较晚,它确实有过短暂的辉煌。贝尔的第一项专利于1893年过期(有效期17年),而在过期后的11个月里,贝尔公司仅凭第二项专利就提起并又打赢了几起侵权诉讼。但在这些案件中,法官只是简单地提到了法院长久以来支持该专利的历史。[44]1894年2月1日,对第一项专利起到补充作用的第二项专利到期,在此之前美国的电话设备都始终难以摆脱贝尔专利权的控制。然而,如果没有1876年那项战无不胜的专利,贝尔的磁电机电话接收机能否对电话技术产生宽泛的影响就很难说了,但从来没有人从这方面去挑战过贝尔的权利主张。

§

这就是问题所在。尽管历史上人们对贝尔专利授予过程给予了应有的关注,但贝尔专利权的授予并不是电话史的终点。无论过去和现在,专利都是高度可塑的法律产物,能够不断地被塑造和再塑造。专利说明书的起草过程是界定专利权的范围和内容的第一次机会,在此过程中专利申请人可以决定如何描述专利以及哪些特征应该被正式确定为具有原创性。但是专利权人仍然有机会在以后重新界定专利权的内容。进行再界定的一个途径是再颁专利程序,这一策略在19世纪中期被大量使用(也被滥用)。另一个途径则是在专利诉讼中对相关专利保护范围的解释。亚历山大·格雷厄姆·贝尔在1876年和1877年被授予了专利权,但从法律上讲,他"发明"了什么却仍然无法确定。

贝尔的专利是否对电话业的发展产生了重大影响是另一个有待明确的问题。即使在专利授予范围保持完全不变的情况下,专利的实际影响在很大程度上取决于专利权人。由于专利权人可以选择如何利用其权利,即使一项内容非常全面并足以完全涵盖某一特定技术的专利("法律垄断"),也不一定能够实现集中供给("经济垄断")。有些发明人把自己定位为制造商,而有些发明人选择许可他人制造其发明。举例来说,查尔斯·古德伊尔出售了他的硬化橡胶专利的使用权,允许其他人使用此项专利生产靴子、服装和工业产品。[45]专利权人或维持其对专利的独占性或放开专利许可的动机一定程度上取决于他在市场中的地位:比如,专利权人如果是"用户发明人",很自然就会把自己的发明捂得紧紧的,以保持竞争优势;如果专利权人是"制造商发明人",他的动机就是大范围地传播自己的专利设备以获取最大限度的营业额或者专利许可收入。[46]市场本身的务实也会产生一定的影响。在19世纪,仅凭一家公司的产品难以满足区域市场的需求,更不要说满足全国的需求了。因此,专利权人通常许可他人制造专利产品,或转让他们在特定区域的专利权,甚至希望能亲自参与专利产品制造。[47]

类似的因素可以帮助解释为什么专利在某些行业竞争中的作用比在其他行业中更重要。专利权人从自己的专利中获取专利许可费的能力取决于一系列因素,这些因素与专利权人在市场中的地位有关,其中包括不同层级供应链之间的权利关系以及专利权人与行业领军企业之间的关系。例如,19世纪末,美国铁路公司对通过技术差异进行竞争没有什么兴趣。因此,他们通过把自己的专利集中起来,以及与外部专利权人私下合作的方式,将专利的影响降至最低。[48]这种做法与同时代的新兴电气工业中相互攀比和主动出击的专利策略形成了鲜明的对比,电气工业公司成立的初衷是开发新的专利产品或研发有控制潜力的自有专利。[49]采取以交叉许可为主的"软"专利策略,还是以独占、诉讼为特征的"硬"专利策略,通常取决于产业结构和专利权人所追求的专利实施战略,而与发明本身并没有多大关系。

电话的专利权形成于贝尔和他的投资者一起寻求具备专利申请条件的电报技

术发明的过程中,并在整个电话业进入完全受法律壁垒保护的专利网络时达到了颠峰。电话专利垄断的存在,以及垄断的形式取决于技术进入市场的途径。这条途径有两个关键点。首先,语音通信是作为一个独立的行业出现的,而不是隶属于电报业。其次,专利所有人由于除了合法专利权以外,缺乏主要资产和资本,因此采用了围绕最大限度实施专利而构建的商业结构。尤其是他们立志推广电话服务,而不只是制造电话。因此,不仅仅是电话设备,整个电话产业,从本地通话到数千英里的电话线路都被纳入了专利保护范围。

从获得第一项专利到成立一家公司来实施专利的道路并非一帆风顺。1876年末或次年年初,哈伯德主动提出以10万美元的价格把电话专利卖给西联公司,结果被奥尔顿拒绝了。[50]关于贝尔专利的一系列其他谈判也以失败告终,其中包括一项与罗德岛州(Rhode Island)州长和波士顿橡胶鞋业公司(Boston Rubber Shoe Company)的以利沙·康弗斯(Elisha Converse)共同组建一家公司的提议,这两个人都曾是哈伯德的商业伙伴。制造商彼得·库珀(Peter Cooper)在考虑到可能出现的专利诉讼将显著降低投资价值后也退却了。[51]1877年7月,哈伯德、桑德斯、贝尔和沃森成立了一家非法人公司(unincorporated company),开始自己干活,四人共占5000股股份。而贝尔将当时和未来可能取得的所有电报和电话技术方面的专利都作为专利信托资产转让给了哈伯德。[52]

1877年的贝尔电话公司可能已经提出了对电话发明专利权的主张,但却并没有尝试自行经营电话业务。制造电话很容易,因为贝尔电话公司采购的电话全部来自于旁边法院街查尔斯·威廉姆斯的机械工作室。[53]但是贝尔电话公司把推广和建设电话线路并提供服务的业务交给了其他公司来做。接手这些业务的当地企业从他们的客户那里赚取价格差额,他们与贝尔公司也仅仅是通过独家区域特许经营权和电话设备供货合同建立联系。实际上,他们完全没有受到贝尔电话公司的控制。哈伯德和他的同事们也仅仅对分散的代理们起到鼓励和指导的作用,尤其体现在电话业务向西部和南部地区拓展的过程中。

即便如此,每个客户都应该清楚电话是一种专利设备。作为专利权人,贝尔努力通过保留对电话发明的所有权和采用纯粹的租赁电话给用户的方式来确保美国的每一部电话都是自己的专利产品。而电话租赁的收入,除去代理商20%~50%的抽成,成为了母公司的收入来源。[54]专利律师詹姆斯·斯托罗(James J. Storrow)与贝尔公司的渊源开始于贝尔公司成立后不久,且持续了很长时间,据他所说,电话租赁计划的灵感来自于麦凯鞋业机械公司(McKay Shoe Machinery Company)的成功。[55]哈伯德和贝尔公司法律总顾问史密斯·昌西都曾代理过麦凯公司的案件,而位于马萨诸塞州的麦凯公司曾在美国制鞋机械的供应中占据主导地位。1859年,麦凯公司斥资7万美元购买了一项制鞋机专利,而后,其将机器租给制鞋商,并收取少量安装费以及每双鞋最高3美分的专利使用费。到1876年,这种方案的年收入超过了50万美元。[56]由于财务、技术和法律方面的原因,这种模式对贝尔公司很有吸引力。[57]该模式通过扩大营业收入为急需资金的贝尔电话公司提供了稳定的资金来源,同时鉴于电话技术尚未证实,通过降低那些较为谨慎的客户的入门成本,使得电话市场变得亲民。对客户来说,租赁机制也为产品质量问题提供了解决方案,因为这样贝尔公司有动力进行设备维护和持续改进。[58]

区域特许经营和设备租赁等早期电话业的垂直结构决定了专利权和专利持有公司将扮演的角色。租赁而不是销售设备的做法使贝尔公司的产品成为了一种持续的服务,而不是一种耐用的商品,这种做法让专利持有公司对下游电话网络运营公司的状况产生兴趣。同时,独家区域特许经营权让被许可方在当地分得贝尔专利垄断的一杯羹,并有效地动员他们加入到防范专利侵权的行列之中。由于这些关联,专利权成为影响电话服务业竞争格局的根本因素。

电话行业本可以走上其他发展方式。我们不难想象另外一种发展方式,即建立电话网络的公司独立于专利持有人或者公司强大到可以不理会专利权人。在这种情况下,现有的电信运营商,比如不得不提的西联公司,很可能通过购买他们所用的电话设备来掌控电话系统的供给,因此会将专利权人的回报视为令人不悦的成本。这种模式也出现在美国的铁路行业中,铁路行业的领头公司都拒绝在专利上相互竞争,相反他们相互联手,共同对付拥有专利的铁路设备制造商。在一些国家,电话专利权也遭遇到了类似的情况。例如,德国帝国邮政电报局很快将电话业务作为一个馈线系统纳入了现有网络,然后利用其采购政策促进具有竞争关系的设备供应商之间的竞争。[59]而在美国,专利权人致力于电话服务的供应,而不仅仅是销售电话设备,因此在电话业务经销方面具有竞争利益。

竞争很快就来了。西联公司没能通过使贝尔的专利商业化而将其纳入自己的电报帝国,从而让美国电话业走上了另一条道路,随后西联公司凭着一系列抗衡的专利也加入了竞争。西联公司是否曾经认真权衡过哈伯德十万美元的专利转让提议现在已不得而知,但是其在19世纪70年代与其他新信息服务商打交道的经历坐实了他的专利是由天才发明家爱迪生收购或者通过订购的方式取得的。[60]奥尔顿对自己能够使贝尔放弃自己的追求或者妥协信心百倍,在他的亲自监督之下,一些专利权主张汇集成了第二个专利的权益,这种做法与贝尔公司本身的做法并无不同,其目的是通过掌控专利权的母公司来经营竞争性的专利服务。

由此产生的美国语音电话公司(American Speaking Telephone Company)汇集了有望在宽泛的技术领域挑战贝尔的三套专利。为了将以利沙·格雷的专利权推向市场而成立的谐波电报公司(Harmonic Telegraph Company)拥有格雷的一系列谐波电报专利,以及一项声称对电话发明具有完全优先权的未决专利申请。1871年,西联公司控制了黄金和股票电报公司,波士顿塔夫茨大学的物理学家阿莫斯·多尔贝尔(Amos Dolbear)将其专利权转让给了该公司(The Gold and Stock Telegraph Company),并且多尔贝尔声称自己的发明要先于贝尔。最后,托马斯·爱迪生提出了一种新的、更加有效的送话器,西联公司也为他的这项未决专利权出了力。[61] 黄金和股票电报公司作为美国语音电话公司的特许经销商,负责分销根据如上专利权制造的电话,自1878年初开始,贝尔公司的特许经销商在该领域面临的主要竞争就来自于黄金和股票电报公司的代理商。

这两家公司的竞争一直持续到1879年底,而最开始,他们都将知识产权作为公司的资产。然而,正如贝尔所担心的,电话业务的拓展需要资源,这意味着贝尔公司不能长期以四个专利权人合伙的商业形式而存在。因此,是否允许外部资本家的介入,以及与原始专利权人的合作经营很大程度上决定了贝尔公司的早期发展史。与西联公司的竞争立即暴露出贝尔公司依赖两位主要支持者私人资源的局限性。加德纳·哈伯德的个人财务受到周期性金融危机的影响,而随着投入超过十万美元却没换来一个子儿的回报,托马斯·桑德斯也无力自掏腰包维持公司运转。[62] 以专利信托受托人身份管理公司的哈伯德开始有所越权,而两人在支出上的异议成为了推动贝尔公司治理方面改革的动力。

基本上在桑德斯的敦促下,贝尔电话公司开始了分阶段的重组过程,并开始吸引外部投资者。哈伯德为反对这次改革,选择了顽抗到底,最终付出的代价是牺牲了其在贝尔公司的地位。起初,哈伯德迫使公司做出妥协,将改革引向吸引外部支持来维持公司运转,而不是从内部改革使公司重新焕发活力。1878年2月,另外成立的一家新英格兰电话公司(New England Telephone Company)获得了波士顿资本家们的外部注资,负责开发该地区的电话服务。仅仅几个月后,经济上的压力迫使哈伯德接纳新英格兰电话公司的投资者成为了原贝尔公司的投资者,贝尔公司进行了再融资,并依法削弱了专利信托受托人的作用。

尽管专利权人仍持有重组后贝尔公司的近四分之三的股份,但新投资者在董事会中获得了平等的代表权,专业管理核心团队开始取代贝尔公司的创办者。此时,行政管理职责落到了奥斯卡·马登(Oscar Madden)和西奥多·维尔(Theodore Vail)身上,前者曾在美国国内缝纫机公司任职,负责代理事务,而后者是哈伯德从铁路邮件服务部门挖来的一位精力充沛的官员,被哈伯德委任为公司总经理。1879年,原来的贝尔专利协会的领导权正式交给了为贝尔公司注资的出资人,新英格兰公司和贝尔公司合并为全国贝尔电话公司(National Bell Telephone Company),

新公司也迎来一位新总裁即铁路投资家威廉·福布斯(William H. Forbes)。[63]尽管国家贝尔电话公司沿袭了其前身通过控制专利权来管理公司的模式,但是在企业内部治理中限制了专利权人在企业内部行使权利。

正是由于专利权对贝尔公司和美国语音电话公司都至关重要,最初在法庭之外两公司的竞争不断。相互抵触专利之间的潜在冲突处于一种不稳定的状态中。法院的裁决可能会立即让一方任由另一方摆布,也可能阻止两家公司提供有效的服务,而两家公司都不会轻易冒险尝试诉诸法庭带来的这两种后果。先发制人的和解协议显然可以作为替代方案,但专利状况的不确定性使得这种方案难以评估。电话争端的两方都持有一系列关于语音通信技术不同方面的专利,但是他们各自的专利优先权和专利范围,以及因此而产生的价值都是不确定的,需要在法庭上过过招才能知道。竞争的双方都不一定有兴趣对其知识产权进行毁灭性测试。事实证明,直到最后他们也没有这么做。美国历史上第一次短暂的电话竞争最终以聚合基础专利和单一公司优势的恢复而结束。

在近两年的时间里,贝尔公司和西联公司的专利被许可人(后者隶属于黄金和股票电报公司)竞相在全美各个城市建立电话交换所,而母公司则斡旋于各种各样的和解方案中。1878年初和1879年初,谈判进入了一个高级阶段,但最终未能达成协议。无论是在该领域的竞争地位方面,还是在各自专利的优势方面,谈判主要参与人都很难计算出双方优势的平衡点。到1879年5月,贝尔公司的电话服务量大概是黄金和股票电报公司的三倍,但后者的业务增长更快。[64]贝尔公司在新英格兰地区的发展势头强劲,但失去了对包括芝加哥和纽约在内的一系列大城市的控制。在两公司直接竞争的地区,黄金和股票电报公司最终能够在大约20个城市提供低价位的电话服务,这迫使贝尔公司通过免除专利许可使用费来帮助其专利被许可人,在某些情况下贝尔公司甚至通过提供紧急财务支援来帮助其专利被许可人。[65]与在全美各个城市争夺行业领导地位的竞争相比,位于波士顿的贝尔母公司羸弱的财务状况有可能在短时间内决定竞争的胜负。在1879年的大部分时间里,随着谈判的推进,双方达成了临时休战,全面的价格战得以避免。然而,支持专利被许可人的需求耗尽了贝尔公司的资源,迫使其进行了一系列的重组,从而使公司在1878至1879年间免于倒闭。

如果没有贝尔公司的财务危机,双方能否取得最终胜利则取决于各自的专利。贝尔对电话的基础专利权主张和西联公司对电话关键实用技术改进的所有权主张之间出现了明显的僵局。双方都对他们专利的法律建议思考和权衡了很久。哈伯德和他的同事们对贝尔专利的主导性潜力仍然充满信心,而西联公司则有它自己可以依靠的堡垒。西联公司拥有托马斯·爱迪生的碳送话器的所有权,因此它可以使用碳送话器来代替贝尔的磁电机设备(贝尔用它作为传话器和接收机)。如果爱迪生的送话器和贝尔的接收机组合使用,其功率、声音清晰度和信号范围都超过了贝尔的电话机。通话质量上的提高对于电话商业化来说至关重要,这也给贝尔公司的努力追赶设定了一个标准。

贝尔之所以能与送话器前沿领域保持同步也仅仅是得益于两次及时的收购。第一次是收购爱米尔·柏林纳(Emile Berliner)的可变压力接触式送话器技术,柏林纳在爱迪生提交专利申请前几周就申请了专利预告。在律师爱德华·迪克森(Edward Dickerson)的提示下,贝尔利益集团以2.5万美元的价格买下了柏林纳的专利权,同时聘请了柏林纳本人,并且随后在专利局搞定了他的专利申请与爱迪生的专利申请之间的抵触审查程序。[66]通过拖住西联公司的专利申请(最终耗时长达数年)贝尔公司赢得了时间,并且阻止了因爱迪生专利而引发的侵权诉讼,随后贝尔公司开始迅速将第二次收购的布莱克送话器推向市场。[67]弗朗西斯·布莱克(Francis Blake)的碳送话器在质量上有所提升,但却属于爱迪生未决专利的范围。到1879年,电话领域的竞争基本上是专利权的相互冲突:西联公司侵犯了贝尔的接收机的专利权以及贝尔对整体电话的专利权,而贝尔公司则模仿了爱迪生的送话器。

如果为这些权利主张而战,直到用法律手段进行了结,可能会导致所罗门式的判决①,任何一方都能够阻止另一方提供可行的服务。1878年9月,贝尔公司对黄金和股票电报公司及其代理人彼得·多德(Peter Dowd)提起了一项侵犯贝尔基础专利权的诉讼,这个案件通常被称为"多德诉讼案",尽管西联公司才是贝尔公司的真正目标,并且他们也在幕后全程操控着多德的法庭攻防。双方开始了发明人作证和准备专家证词的艰苦过程,但同时仍在继续寻求另一种可能的结果,即围绕如何评估各自的专利权进行谈判。1878年和1879年,贝尔公司和西联公司定期谈判,并就组建一个联合电话公司已快要达成协议。在早期的谈判中,西联公司寻求多数股权,这未能让贝尔公司的投资者和领导层满意。后来的谈判围绕成立一家双方平分股份的新公司,并在仲裁后向其中一方分配更多资本的设想展开。这一方案得到了足够的支持,使得一项500万美元的计划得以拟定,但在西联公司的律师就仲裁可能会使其专利的缺点公开化进行警告后,西联公司突然从这一方案中撤出。[68]

与上述提议的一贯形式相反,最后的解决方案并未采取成立一个联合电话公司的形式,而是西联公司从这个领域的撤出。西联公司所处的环境和其首要业务都发生了变化。这个事件的关键转折是西联公司对金融家杰伊·古尔德发出的威

---

① 译者注:所罗门式判决源于一则圣经故事:使用"分享婴儿"的方法,确定生母的身份。今天,所罗门判决通常被理解为折衷判决,拒绝现代普通法判决赢家通吃的方法。

胁的回应，接着后者对电报业发起了新一轮的攻击。古尔德不仅建立了一个能与西联公司相匹敌的电报系统来压低西联公司的股价，并为敌意收购（hostile takeove）开辟了道路，而且他还寻求立足点，在电话行业发起进攻，并直接入股了一些贝尔公司的经销机构。古尔德通过利用他的电话资产作为长途电报网络的本地馈线，从而获得了对西联公司竞争优势的可能性。[69]西联公司则选择通过加快与贝尔公司的妥协来掩护自己的侧翼，而妥协的条件就是电报和电话服务必须明确分开。1879年11月10日，两家公司签署了一项协议，解决了多德一案，并分割了电信业。[70]此项协议的大致框架与两个月前由贝尔公司和西联公司的主要专利授权商在南方达成的协议基本相同，而后者结束了两家公司在南方七个州的竞争。[71]在全国范围内，西联公司撤出了电话行业，以此换取了一大笔特许使用费和一些对电话业的限制（后来事实证明这些限制是无效的），以防止电话入侵商业信息的远程传输。

西联公司的电话专利实际上都转让给了贝尔公司，而不是通过两公司重组合并后的公司的所有权实现专利权的集中。格雷、爱迪生和其他与语音传输有关的所有专利权都通过独家许可的方式转给了贝尔公司，包括未决专利和已授权专利总共84项。[72]作为回报，西联公司获得了专利期内20%的电话租赁收入。而西联公司仅有的股本就是在包括纽约、费城、匹兹堡、底特律和旧金山在内的几个重要城市电话交换所中的少数股权。而在其他地方，贝尔公司的专利授权商可以自主地按照一事一议的原则展开收购非贝尔电话设施的谈判。

11月10日的协议还为这家专利持有公司的最终重组铺平了道路。而11月中旬贝尔公司的股票以977.50美元每股的价格售出，这几乎是9月份时股价的两倍，[73]投资者们大声疾呼他们对电话领域竞争终结的赞同。贝尔公司的领导层利用这次高潮积极扩大公司的资本，获得了马萨诸塞州立法机构的一项特殊法案：以1000万美元注册成立了美国贝尔电话公司（American Bell Telephone Company）。与此同时，该法案为美国贝尔电话公司拥有其他公司股票的权利奠定了明确的法律基础。[74]贝尔公司之前就已经开始持有少数几家专利授权公司的股权，以支持它们对抗西联公司的竞争。现在，美国贝尔电话公司在其原有专利权基础上的专利发展之路已经打开。

第3章 电话诉讼案

如果专利法对历史学家来说不是那么晦涩难懂的话,电话诉讼案在美国最高法院历史上的地位将比现在更加突出。[1]如下内容都可以考虑成为头版头条的特稿。1888年,最高法院以4∶3的投票结果支持了19世纪最有价值的知识产权——亚历山大·格雷厄姆·贝尔的电话基础专利。法院的意见在法律上和商业上都具有重大意义:在法律层面上,它是专利法领域的里程碑式的判决;在商业层面,它维持了美国贝尔电话公司的垄断地位。美国贝尔电话公司原本就是一家"价值一亿美元"的公司,其在美国商业中的地位在随后几年只会继续上升。[2]法庭的审议极具戏剧性。围绕此案的腐败和渎职的指控和反指控,最终波及了克利夫兰(Cleveland)总统的内阁和最高法院本身。最后,这个判决在另外两个方面也具有里程碑意义。此案打印出的律师辩护词,篇幅竟然能独立构成《全美法院判例汇编集》(*U. S. Reports*)中的一册,这在美国历史上也是头一次。这个案子也是"韦特法院"(Waite Court)的一块墓碑。该法院的首席大法官莫里森·韦特(Morrison R. Waite)在写完该案判决意见后就生病了,并于四天后驾鹤西归。所有为韦特写悼词的人都一致同意法官塞缪尔·米勒(Samuel Miller)的说法:首席大法官的最后一次裁决结束了"他在位时所决定的最重要的事项之一"。[3]电话案得以与民权案或反垄断格兰杰案等最高法院经典判决相提并论。[4]

放在今天,尽管可能仍然难以置信,但曾经有一段时间,专利纠纷就是有这样的地位。当然,冰冻三尺非一日之寒,单一诉讼案也不会带给电话案这样的地位,即最高法院的听审是十年来美国各地电话诉讼的高潮。经过这些电话争端,贝尔专利问题超出了电话发明人和推广者的直接范畴,变成了一个全国性的重要问题。等官司打到最高法院时,贝尔专利事件已在美国公众生活中变得人尽皆知,其影响体现在新闻、金融、甚至政治领域。"谁发明了电话"这样一个明显的事实问题演变成了一系列法律标准问题的源泉,包括"谁应该控制电话服务业"和"专利法应该造福于谁"。贝尔的专利既不是第一个也不是最后一个将法律、政治和对巨大财富的追求紧密联系在一起的专利。此类案件的历史性挑战在于弄清楚出现此类法律后果背后的原因是什么。而这原因既蕴藏于细节中,也需要结合整体局势来探究,即要解释清楚19世纪发生的重大专利案件,我们就必须拿捏好错综复杂的专利理论与更宽泛的政治经济力量之间的契合点。

就法律方面而言,贝尔公司取得对电话的专利控制基于两点要素:亚历山大·格雷厄姆·贝尔是第一个研发出用电传输语音的实用方法的人,并且他在专利说明书中描述的方法控制了随后所有类似的装置。根据美国法律,建立和捍卫上述主张需要进行大量的司法调查和推理,最终的证据包括十几个主要的司法意见和大量记录电话技术孕育过程的事实记录。与此同时,贝尔专利反对者们共同建立了一个同样庞大的反证和反驳体系来推翻贝尔公司的垄断地位。面对这种攻击,从波士顿到新奥尔良的众多法院中的任何一个法院的判决,以及在一系列事实和法律问题上的观点,都有可能使贝尔电话基础专利所有权的地位下滑,甚至轰然坠地。因此,贝尔专利的命运在很大程度上取决于律师辩护时所选择的策略。不过,贝尔专利的命运更本质上取决于法院如何理解发明的本质。

技术变革是一个累积的过程。通常情况下,发明人会推动早期的实验工作,改进现有设备,并在他人构建的科学知识框架内分析存在的问题。正如技术史学家所指出的,由此产生的变化轨迹可以从不同的角度来解读。一种观点认为技术变革是一个渐进的过程,需要集体的努力,由此产生的新发现从法律上讲不属于任何一个人或任何一个单一事件。而相反的观点认为,技术变革是一个个突飞猛进、独立的突破点,也就是当不确定的、摸石头过河般的研究羽化成蝶,成为一种可识别的新机器或新方法的时刻。[5]瞬间的突破和渐进并持续的创新之间的区别类似于生物进化的两种不同观点,即被戏称为"跳跃式进化"和"匍匐式进化"的两种观点。毋庸置疑,这两种发明观对"什么可以申请专利"以及"由谁申请专利"的问题产生了深远的影响。

当然,对技术变革的描述既包含瞬时性,也包含连续性。技术史学界的一种较有影响力的观点认为:技术进步通常包含一定数量的"宏观发明"和数量更多的"微观发明",前者是革命性的新技术,如使整个领域的创新或经济活动成为可能的蒸汽机或电报,后者表现为新的应用或者效能的改进。[6]尽管这种观点无疑比否认或赞扬跨越式创新的观点更现实,但它本身也很复杂。基础的发现并不总会对社会产生直接的影响;随后对基础发现的小调整创造的实用产品,其影响远远大于最初概念突破的例子比比皆是。[7]因此,在某种程度上,将创新划分为不同的发明就像是人为地给一个连续的过程划上了不同的界线。

19世纪专利案件中的法官则将这种人为划线视为一种高度实用的做法。首先,为了将权利分配给合法的专利权主张人,法院必须明确不同的发明时刻,并将其归到特定的个人。根据美国法律,专利只能合法地归属于实际上的第一发明人。因此,其他国家的法院只需认定第一个申请专利的人,而美国采用的方法则需要对发明的历史进行更详细的调查。其次,法官必须明确每个专利权人的专利范围。

为了使专利保护有意义,必须禁止其他人使用经过微小改动的机器,比如机器的颜色或大小的改动。但应该受到保护的"发明"是什么呢?专利应该在多大程度上涵盖方法的变化,甚至是改进呢?

要寻找答案,第一个要看的就是专利的权利要求书。在19世纪,专利法发展出了一种正式的程序,根据这一程序,发明人应该注明专利所涵盖的权利范围。1836年专利法要求专利权人"特别说明并指出专利权人主张为自己的发明或者发现的部分、改进或组合"。[8]为了满足这一要求,申请人在较长的专利说明书的最后增加了一个简短的摘要式陈述作为附件,这个附件通常是对发明的总结,并声明"实质上如所描绘"或"实质上如所述"。对专利的权利要求以至专利范围的解释意味着要结合专利说明书和权利要求书来挖掘出发明的要点或本质。19世纪后期,法院和国会开始要求对专利的范围进行更精确、更有约束力的界定。[9]19世纪70年代,对权利要求的解释断断续续地从旧的"标志柱"("sign post")方法(通过权利要求书和专利说明书的描述指出发明要素)转向了"围栏柱"("fence post")方法,运用这种方法,只能以权利要求书的表达为界明确保护对象。[10]通过权利要求书,专利法逐渐将实物发明(具体的机器或装置)转化为更抽象的"发明"(新发明实物背后可保护的想法),并最终转化为文字——权利要求书的文本。[11]

然而,即使在向"围栏柱"方法转变期间,甚至在此之后,专利权利要求的解释也从未完全局限于一纸权利要求书上的文字。专利可能被实质上相同的"等同物"所侵犯,即使这些"等同物"不属于发明人权利要求书所呈现出的字面范围。[12]最根本的是,法院不单单从专利文件本身来审视专利,更会从所描述的发明的原创性来审视专利。并非所有的专利发明都是平等的,一些专利包含了全新的技术,而另一些专利仅仅改进了现有的技术。这些差异导致了不同的法律结果:狭义的专利只涵盖一种特定形式的设备,而首创性专利则颁给一种全新的技术,并授予其更宽泛的后续开发权利。这种双重标准贯穿在确定专利权保护范围的法律规则。正如耶鲁大学教授威廉·汤森德(William Townsend)所言,"在一起侵权案件中,首先要查明该专利是否是一项基础专利,也就是首创性发明,即首次取得专利一般形式的典型方法……如果是基础专利,那么在解释其权利要求时会表现出更大的自由度以保护其不受等同物侵害"。[13]反之,"如果针对目标发明的进展是渐进式的,并且是一步一步地按步骤进行的,那没有人能够对目标发明的整体主张权利,每个人都只能对他所生产的特定形式的装置主张权利"。[14]为了做出这些决定,法院不得不审查专利发明的确切性质,以及在申请专利时现有技术的情况。

这种区分的背后有强大的实际原因。19世纪后期,法院面临着专利申请的大规模扩张:每年授予的专利数量从1850年的不足1000项增加到1860年的4000多项,到1870年时已超过12000项。不断攀升的专利授权量所带来的累积效应意味着在1860年大约有20000项美国专利在有效期内,到1870年时,有效专利已增长到80000项,而到1880年时已经增长到180000项。[15]随着专利申请量和有效专利量的增长,专利诉讼案件的数量也在不断攀升,法官则有很强的动机将专利按照价值的大小进行区分。

与此同时,首创性专利不可避免地成为了一种文化概念,同时也是一种法律概念。公众将发明人描述为推动新技术发展前沿来造福整个社会的天才,这种公众看法在美国已经有很长的历史,可以追溯到美国建国早期。围绕18世纪80年代和90年代美国的早期专利法展开的辩论充斥着甚嚣尘上的鼓吹,这些鼓吹通常由像詹姆斯·拉姆齐和奥利弗·埃文斯这样的潜在专利权拥有者发起,其目的是宣传这样一种理念:与纯粹的工匠或从国外引进新机器的人不同,专利发明人是富有创造力的一个阶层,有权对自己脑力劳动的成果主张特定的权利。[16]在许多方面,专利制度的设定认可了这种关于发明的基本观点。如同著作权领域中文学作者的浪漫主义理想(通常也被看作18世纪的产物),对天才发明人的构建产生了影响专利法的措辞和逻辑假设的特权主体。[17]

随着专利制度的发展,产生了双向的文化影响:法律"制约了人们对发明的看法,同时人们也修改法律来使其更符合他们的预期"。[18]

19世纪中后期,对创新的浪漫主义态度、快速工业化的生活体验和持有专利的企业家发起的宣传活动三者结合在一起,造就了发明人富有活力、深受欢迎的英雄形象,这直接体现在60年代《进步人士》这幅肖像画中的人物上,比如埃利亚斯·豪、赛勒斯·麦考密克、查尔斯·古德伊尔和塞缪尔·莫尔斯。[19]这些发展和进步与专利制度和法律不断交织在一起。专利游说和专利诉讼有着强大的宣传作用:豪、麦考密克、古德伊尔和莫尔斯在19世纪40年代和50年代都曾发起过大规模的游说和诉讼,这绝非巧合,其目的是获得各自技术的专利权对国内市场的控制。在概念层面上,法院也顺应形势建立了一个法律框架,相比于累积式改进发明,该法律框架更偏向于对首创式发明的认同。举例来说,在劳动纠纷中,如果雇主试图主张对其雇员发明的独占权,法官会自动保护雇员利益,因为支持雇员更符合促进个人发明的理想。[20]专利法专利范围的情况也类似,到19世纪70年代,法院已逐渐倾向于明确支持首创式发明的宽泛专利权范围。正如美国最高法院大法官约瑟夫·布拉德利(Joseph Bradley)所指出的,几乎所有的发明都"被许多有智慧的人以不同并且相互独立的方式进行研究",但是,"如果一个发明人的进展领先于其他所有人,并率先取得成果,该成果囊括了其他发明人所发明的东西,并且构成其他发明人发明活动的基础,那么这个发明人就获得了垄断地位,其他发明人将受制于这个发明人"。[21]首创性专利提供了一个与文化取向相匹配的法律框架,换句话说,是为"谁发明了电话"这个问题提供了一个基础。

然而,仅仅是有利于首创性发明人的规则的存在,并不能解释为什么法院将这一规则适用于贝尔案件。正如长期以来法律学者们所认识到的那样,法院的判决既源于正式的理论学说,又源于司法上的偏好和偏见,不管规则如何,这些都有可能出现在书面判决中。[22]此外,同样重要的是诉讼的对抗性质决定了哪些问题应提交给法院,以及原被告如何进行辩论。谁起诉谁,什么时候起诉,以及在哪里起诉都非常重要。

§

贝尔公司第一次打算提起诉讼的决定非常微妙。1878年,西联公司在美国电报业占据了统治地位,而面对西联公司的挑战,贝尔公司变得举步维艰。自年初成立以来,西联公司的业务增长迅速,在纽约和芝加哥等贝尔公司授权经营的主要城市其业务量已经超过贝尔。贝尔公司的高管们焦虑地为起诉这样一个强大的对手是否明智而进行唇枪舌战,有好几次,几乎与西联公司达成了妥协。1878年秋天,官司终于在波士顿打起来了。在"多德案"(此案以名义上的被告、西联公司的代理彼得·多德命名)中首次出现了很多在19世纪80年代的电话案审判中反复出现的论点。

最重要的是,贝尔公司为展示亚历山大·格雷厄姆·贝尔的专利谋划了战略。为了论证贝尔专利的基础性和控制力,法院不得不认定他的发明是对现有技术的重大突破。贝尔的专利说明书明确描述了以"波动电流"的形式存在的不连续的情况。如第2章所述,在19世纪60年代和70年代,早期用电传输声音的尝试采用类似电报的方法来产生和切断电流以传输"原声音乐",但实际上还不具备传输语言的能力。贝尔的核心观点是,再现复杂的声音需要恒定且波动的电流,而不是断断续续的电流。贝尔所称的"波动电流"成为他可用电话的基础,也是他的第一个电话专利的核心特征。然而,在专利说明书中陈述这一理论与在法庭上为这一理论辩护是截然不同的。

到底有多么不同呢?在庭审前夕,贝尔发现自己和他的律师团队陷入了一场"常规性的激烈争论"。[23]这里所说的律师不再是为贝尔的专利起草和申请保驾护航的来自华盛顿的波洛克和贝利。代替他们成为这次诉讼战先锋大将的是两位波士顿的资深律师,他们在专利领域都享有盛名。昌西·史密斯(Chauncey Smith)是贝尔公司的第一任总法律顾问,他是"一位旧时代韦伯式律师,庄重、沉稳且令人印象深刻"。对史密斯的描述免不了要提以下几个方面:块头大,体格魁梧,"浓密的头发剪得又圆又长,就像老式的假发",以及金边眼镜后面好斗的凝视瞬间就可以变成慈祥的眼神。[24]而詹姆斯·斯托罗(James J. Storrow)则给人一种典型的专利专家的形象:学富五车,但不显山不露水,作为著名的土木工程师之子、哈佛大学法学院毕业生,他常常深陷于自己负责案件的技术细节中,"一点也不会引人注意"。[25]斯托罗和史密斯这对搭档形成了鲜明的对比,前者身材不高,说话轻声细语,留着深色胡须,后者身材魁梧,脸色红润,有酒窝,是一位富兰克林式的人物。另外一位领军律师,来自纽约的爱德华·迪克森(Edward N. Dickerson)也将加入重要的贝尔专利诉讼案。迪克森是一位雷打不动的法庭旁听者,专注于专利诉讼,其战绩可以追溯到19世纪50年代,当时他曾代表查尔斯·古德伊尔成功策动了臭名昭著的塞缪尔·科尔特的国会专利保护期延展诉讼战。[26]

而正是这些人成就了贝尔的专利——采取的方式就连贝尔都无法想象。诉讼的出现使发明人和律师之间的分工变得十分明确。在1879年的最初几周,距被授予第一个电话专利将近3年的时候,贝尔和他的律师团队就如何在法庭上陈述产生了巨大的分歧。在写给妻子梅布尔的信中,贝尔描述了他当时的痛苦:

> 昌西·史密斯和公司仔细研究了我的专利,目的是确定有效的权利要求并以此作为明天法庭辩论的依据。哦!我心爱的1876年的专利!我为我自己写的专利说明书而感到骄傲!而他们竟然把它撕成了碎片,大卸八块;他们丢弃了发明的核心,把我认为最有价值的部分都当作无用的东西扔到一边。他们让我的发明承受着来自法律思维的冲洗,然后把有血有肉的发明想法挤进了下水道。折腾一圈后,我可怜的专利说明书就只剩下一点干巴巴的灰尘,即便这样他们还把它当作所谓的电话的精华吹到我脸上!我的抗议是徒劳的。"发明人是他自己发明诉讼案的最糟糕的裁判——一个永远不应该修剪他自己的果树的人。"他们把类似的话都塞进了我的喉咙,让我感到恶心,直到我因窒息而屈服。[27]

贝尔几乎没有夸大这一分歧。他坚持强调专利的前四项权利要求,其中概述了产生和传播波动电流的方法。昌西·史密斯只着眼于第五项权利要求:"以电报来传递语音或其他声音,如本文所述,是通过引起电流波动的方式,这种波动在形式上类似于伴随着已发出的声音或其他声音的空气振动。"[28]这项权利要求应用了贝尔的方法。史密斯似乎对通话电话的基本特征缺乏了解,这让贝尔感到忧虑,并因此生病了。[29]但是史密斯不为所动。他的理由在很大程度上具有战术性:通过专注于"语音或其他声音"的传输,他把专利押在了贝尔发明出的一款可用电话上,以避免让西联公司把案件的审理拖入一场关于长达40年的电-声实验的科学辩论中。史密斯也考虑到了首创性专利理论。史密斯认为他可以侧重于贝尔的具体成就,聚焦语音传输的权利要求,并突出贝尔专利所体现的技术上的不连续性,以此使贝尔的专利发明被认为是基础发明,使贝尔的专利被视为基础专利。

庭审一开始,史密斯的策略就立刻有了成效。贝尔的对手已经准备好通过证明波动电流本身是现有技术来攻击贝尔的专利,结果错愕地发现防御策略失当。贝尔把自己先前的抗辩放到一边,得意洋洋地说:"他们在反对意见中说我的发明太老套了。现在令他们震惊的是,他们所说的老套的发明并不是我们向对方主张的侵权焦点,这一下他们就不知道该怎么做了。"[30]庭审第一天结束时,西联公司的律师团队不做任何停留,马上离开了波士顿法院,前往纽约与他们的当事人商量对策。贝尔的律师居然把重心放在了贝尔专利能够实现语音传输上,这一点在第五项权利要求中有粗略阐述,史密斯将第五项权利要求确立为贝尔案件法律策略的核心。这样的策略对贝尔和他的对手来说都有点出乎意料。

与此同时,西联公司提出了全方位的防御策略。其中包括对贝尔的发明缺乏新颖性的主张,以及声称贝尔专利中所描述的设备还不具备实用性等。[31]从西联公司的角度来看,最重要的论据涉及西联公司自己与电话相关的专利,其中几项源自工程师以利沙·格雷的发明。和贝尔一样,格雷也涉足了声音传输领域并希望研发出一种高容量的电报。与贝尔不同的是,格雷专注于他的电报项目,没有立即将语音传输的想法付诸实践,而仅仅是提交了一份被称为"专利预告"的临时优先权通知,这项"专利预告"是在贝尔提交专利申请的同一天被送达专利局的。[32]这种令人惊讶的巧合是否能够代表两个人的同时发明,以及贝尔这边的举动是否可疑,这些在之后的诉讼中成为了有争议的话题。西联公司的其他专利包括塔夫茨大学物理学家阿莫斯·多尔贝尔和托马斯·爱迪生所获得的专利。多尔贝尔声称自己的成果先于贝尔的工作,而爱迪生则研发出了一种改进的送话器。[33]最后,西联公司的辩护词里引用了很多电声学方面的其他研究人员的观点,其中包括德国科学家菲利普·里斯(Philipp Reis),他在1861年至1864年间制作并公开了一个音乐版"电话"。

这些抗辩未能进入到司法裁决阶段。1879年末,西联公司突然退出了电话服务业,以集中精力应对各地电报业务的竞争威胁,多德一案就此尘埃落定。[34]贝尔公司获得了西联公司电话专利的独占权,作为回报,贝尔公司向昔日竞争对手转让了其在电话业务中的少量股权。双方的和解协议划定了一些专利问题的界限,但也留下了一些悬而未决的问题。该案的一项法庭和解协议使西联公司放弃了对格雷、多尔贝尔和爱迪生专利优先权的权利要求,一举清除了对贝尔专利的一些主要威胁。然而,西联公司提出的许多反诉对其他被告来说仍然有效。此外,贝尔公司仍没有收到关于其专利的宽泛范围合法性的判决。

针对西联公司的完美战略是通过在同一法院的第二起诉讼才得以完成的。美国贝尔电话公司诉斯宾塞案于1880年7月提起,该案涉及对阿尔伯特·斯宾塞(Albert Spencer)的侵权指控,而此处的斯宾塞是小公司伊顿电话公司(Eaton Telephone Company)在马萨诸塞州的代理。[35]该起诉讼由曾经担任多德案主审的法官约翰·洛厄尔(John Lowell)负责,而此前多德案中完整的证词记录被用作该案的证据。尽管被告已经承认贝尔的发明优先权,但贝尔公司坚持要求法庭就第五项专利权利要求作出判决。[36]

洛厄尔法官对第五项权利要求的解释于1881年6月公布:贝尔"发现了一种新的技术,即用电传输语音,并且有权在任何情况下对其提出最宽泛的专利权利要求"。[37]这使得斯宾塞案成为电话专利垄断的一块重要基石。通过确认贝尔的发明为"新技术",洛厄尔坚定地把这项专利归为首创性专利类别。贝尔发现了波动电流在语音传输中的应用,因此,他的专利权并不限于使用任何特定机器。这种观点对电话技术来说极其重要,因为此时的电话技术已经远远超越了贝尔最初的发明。事实证明,新设备,尤其是爱迪生、柏林纳和布莱克原创发明的送话器,对推动电话商业化的作用不可或缺。然而,斯宾塞案的判决意味着,所有这些进展都仍受制于贝尔的专利权。

最后,洛厄尔法官也没有理会里斯的发明。被告试图让里斯的设备在法庭上演示实现语音传输的效果,但是失败了,毫无疑问这次失败的尝试让洛厄尔下定决心在德国人设计的间歇性电流中断的"错误理论"和贝尔采用的持续波动电流之间建立起坚实的法律权威屏障。法庭意见上注明:"即使一个世纪,里斯也绝不可能仅仅通过结构上的改良生产出一部能通话的电话。"[38]贝尔在斯宾塞案中的大获全胜也被关注此案的人一览无余。《科学美国人》(*Scientific American*)杂志传递给读者的信息是,这一判决"实际上确认了美国贝尔电话公司对通过电线运用电流进行通话的独占权"。[39]

1883年初,美国贝尔电话公司诉多尔贝尔案(*American Bell v. Dolbear*)是一系列相关诉讼案中的核心案件,推动了波动电流专利宽泛保护范围的实现。[40]和多德案、斯宾塞案一样,多尔贝尔案也有马萨诸塞州洛厄尔法官的身影,但这次还有一位极其重要的人物起到了关键作用,那就是美国最高法院法官贺拉斯·格雷(Horace Gray),他与洛厄尔一起担任巡查职责。波士顿科学家阿莫斯·多尔贝尔(Amos Dolbear)对自己电话发明优先权的主张,在西联公司将第一个电话专利交给贝尔时就不复存在了。但是他仍然试图将自己后来设计的一个电话模型与贝尔专利权所覆盖的发明区分开来,他的理由是,这个"电容接收机"的运行是基于静电而不是电磁。格雷法官以大力支持贝尔在事实上对语音传输的法定独占权作为回应。法院判决的关键段写道:"本案的证据清楚地表明,贝尔发现了可以通过波动电流的振动传输清晰的发音,并发明出了通过这种振动传输声音的技术或者方法。即便如被告传唤的证人所说,这种技术或者方法是通过电流传播语音的唯一途径,这一事实也不会削弱贝尔发明的价值,更不会削弱法律将会给予这项发明的保护。"[41]

斯宾塞案使得那些在商业上可行的改进版的送话器全部落入了贝尔的专利权范围内。与斯宾塞案所起到的作用一样,多尔贝尔案被诉方试图通过所涉技术的差异来规避贝尔的专利,却强化了法院在该问题上的不妥协立场,尤其是最高法院的权威。多尔贝尔案巩固了贝尔1876年专利将在19世纪80年代继续控制电话领域的地位,尽管专利中所描述的设备几乎马上就要过时了。

可以想象,这些案件所授予的专利权范围之广,与专利法所拟定的范围相去甚远。在这一点上,贝尔公司就得益于法律理念的转变。能否取得专利受是否涵盖自然法则的限制,能被授予专利的发明最多只能是从该自然法则中派生出来的工艺流程。在这种情况下,对工艺流程的保护尺度留下了宽泛的"操作模式"空间,例如,熔炉中使用热风鼓风,或者使用波动电流进行语音传输。[42]然而,不可授予专利的自然法则和采用自然法则的可授予专利的工艺流程之间的界限被证明是美国专利法中最多变的界限之一。[43]

1854年,奥雷利诉莫尔斯案(*O'Reilly v. Morse*)是这一领域的代表性案件,最高法院驳回了塞缪尔·莫尔斯的部分电报专利的权利要求,这部分权利要求看作对所有使用电磁进行远距离印刷可识别符号、字符或字母的工艺流程主张专利权。[44]此后二十余年,法官们利用奥雷利案来限制专利的范围,他们援引此案作为判决"那些描述一般原则而不是具体发明的宽泛权利要求"无效的法律依据。[45]

19世纪70年代末至80年代初,事态的发展转向了另一个方向。约瑟夫·布拉德利(Joseph Bradley)大法官塑造了最高法院的新立场,其在1876年柯克伦诉帝尼尔案(*Cochrane v. Deener*)和1880年蒂尔曼诉普罗克特案(*Tilghman v. Proctor*)中认可了独立于特定方法的工艺流程专利的有效性。[46]蒂尔曼案的裁决凸显出更为清晰的理念转换。理查德·蒂尔曼(Richard Tilghman)对甘油生产工艺流程主张专利权,布拉德利法官支持他的专利权要求,并指出"这是一种工艺流程专利,而不仅仅是专利说明书里注明的应用或使用该工艺流程的特定模式"。[47]跟贝尔的情况一样,蒂尔曼专利所描述的实际方法已经过时,但其专利确实可以控制当时正在实施的技术。[48]布拉德利法官直言不讳地纠正了他在奥雷利案司法过程中提出的"反对扩大工艺流程专利"的错误看法。[49]事实证明,贝尔案中的法官们接受了布拉德利对工艺流程专利权的平反。不久之后,洛厄尔法官在撰写斯宾塞案的意见书时引用了奥雷利案来证明,而不是挑战贝尔宽泛的权利要求。在多尔贝尔案的判决中,格雷法官支持贝尔宽泛的专利权,直接依据就是其最高法院同事在蒂尔曼案中的立场。[50]

我们应该如何解读支持贝尔公司寻求宽泛专利权保护的法律呢?在当时的法律环境下,很明显这并不是扩大专利权范围的通常做法,也不顺应支持专利权人的单方面理念的倾向。相反地,一些当代和历史点评,揭示出这一时期关于专利法的截然不同的情况。19世纪80年代中后期,《科学美国人》觉察到了"法院最近有一种摧毁专利制度的趋势",而且当时的最高法院"与老一派法官相比,对待专利的态度要积极得多"。[51]一些历史学家把19世纪晚期描述为对专利权的垄断潜力作出司法回应的时期,这一时期,最高法院对大多数技术进步采取了渐进的、"相安无事"的看法,以减少专利授予的数量并缩小专利保护范围。[52]乍一看,蒂尔曼案对基础专利的支持与这些说法并不相符。

但是,再仔细研究一下,不难发现专利法各个独立分支的发展方向各不相同。从这些被援引为紧缩专利制度的案件裁决,可以看出两种理念的发展。首先是最高法院对再颁专利程序滥用持反对立场。再颁专利的说明书理论上允许专利权人修正已授予的专利中非主观故意的错误,通常与扩大专利权范围和修改诉讼文本的尝试相关联。[53]19世纪70年代,法院和国会都加强了对可疑的再颁专利的限制,并最终强化了对再颁专利的权利范围不得超出原专利授予的权利范围的规定。[54]

第二个被认为对专利权人不利的重大理念转变是对小专利实行更严格的审查政策。作为对知识产权阻碍工业发展这种观点的回应,19世纪80年代,最高法院反复强调了发明创造性的要求——这就是后世所知的"非显而易见性"原则。[55]该项原则首次出现在19世纪50年代,但直到南北战争后才得到广泛实施。此原则将可申请专利的发明与常规的改进区分开来,要求前者需展示出比"熟悉该行业的普通技工"所拥有的"更多的独创性"。[56]19世纪80年代,法庭坚持了这种区分,在代表性案件亚特兰提克·沃克斯诉布雷迪案(*Atlantic Works v. Brady*)中,法庭的意见是:"专利法的目的从来不是为每一个无足轻重的设备和任何技术熟练的机械师或操作工在日常生产过程中自然而然产生的每一个未成形的想法授予垄断权。"[57]

若要从这些案件中寻找共性规律的话,这规律既不是对强大的专利权的支持,也不是单纯的反对,而是想要对发明的价值进行更好的区分。广义专利和狭义专利并存,而两者之间的区别取决于一个明确的标准,即发明的原创性。作为司法政策,这种专注于加强对发明贡献分析的做法有其优点。在专利申请量持续增加的背景下,这项政策回应了人们对受保护发明质量的担忧,并鼓励法官们辨别优良、去糟取精。这种去糟取精反过来又强化了专利社会价值的基本理论基础,并使日益倾向于财产权保护的司法机构能够完全支持发明人的权利。[58]

更重要的是,对专利价值差别的强调给了法院很大的灵活性来处理不同的技术发展状况。这就更依赖于法官对专利和发明的具体解读。因此,虽然专利范围理论上没有考虑经济垄断,但对基础专利的争夺却以很多其他的方式进行,其目的在于使经济垄断成为可能。特别是,对垄断性专利的抵制大部分采取申请宣告专利权自始无效的方式。

波士顿法院的裁决排除了任何有关贝尔专利权的其他主张,试图使该专利无效必然成为人们关注的焦点。同样,这些活动都是在美国法律的特殊框架内进行的。尽管大多数国家承认第一个提出专利申请的人为发明人,但美国专利只授予"第一个真正"的发明人,这项美国长期采用的政策被越来越多的贝尔专利反对者不胜感激地接受了,也持续鼓励反对者们努力在电话技术成为普遍关注的技术后"寻找"之前电话技术的发明人。[59]

电话诉讼之所以被人们铭记是因为一系列人物的参与和涉足:比如来自宾夕法尼亚州埃伯利加工厂的机械师丹尼尔·德劳鲍夫(Daniel Drawbaugh)就是其中一位,他自称是"这个时代最伟大的发明天才之一",并声称自己在19世纪60年代和70年代初就制造出了电话。[60]另一位声称为电话专利发明人的是西尔瓦努斯·库什曼(Sylvanus Cushman)博士,他坚持说自己1851年在威斯康辛州拉辛市发明了电话,当时他突然通过电学实验听到附近洼地里青蛙的叫声。[61]第三个人是出生在意大利的机械师安东尼奥·梅乌奇(Antonio Meucci),他声称自己在1849年或1850年在哈瓦那当剧院设计师时发明了一种能说话的电报。1871年,梅乌奇向美国专利局提交了一份专利预告,但并没有继续申请完整的专利,而他的解释是自己在斯塔顿岛渡轮爆炸中变成了残疾人。[62]这些人以及其他声称是发明者的人都说自己过去进行了丰富的电学实验。但是他们的主要特质是先前籍籍无名,并以自身的贫穷来解释他们为何没有早点公布自己的发明。贝尔公司急于反驳这些伪装者的权利要求,于是就聘请了平克顿侦探事务所来调查那些令人生疑的细节。[63]

并非所有相互竞争的电话公司都挖掘了各自的索赔人。许多人提到了菲利普·里斯(Philipp Reis)的工作,19世纪80年代中期,在他去世后,他的科学声誉才得到了应有的承认。[64]为什么里斯的发明会持续吸引贝尔的反对者,这一点是需要一些解释的。从根本上说,这是对波士顿法院在贝尔的波动电流和之前所有的声波电报之间所划定的生硬界线的攻击。19世纪60年代初,里斯使用一种类似电报的装置,通过交替产生和切断电流实现了传送乐曲音调的技术效果。里斯的研究已经很接近贝尔的发明了,只需要加重电枢或拉紧膜片,里斯的"电话"就可以在贝尔发明所采用的脉冲信号下工作。按这样配置并小心谨慎地操作,那么里斯的电话就可以用于通话了。[65]以此为理由,贝尔专利的反对者认为是里斯发明了电话(有些人声称里斯在19世纪60年代就实现了真正的语音传输),或者退一万步讲,波士顿法院对波动电流电话和通电断电设备之间的严格区分已经超出了当时对电的科学理解。《科学美国人》杂志的社论对里斯的权利主张给予了较早的口头上的鼓励,尽管这种鼓励热情背后的原因几乎可以断定为至少两名编辑与贝尔竞争对手的电话公司有牵连。[66]

虽然质疑贝尔优先权的行为被大众认为是捍卫发明的举动,但是本质上讲还是出于经济利益上的考虑。正如《科学美国人》杂志的评论,专利权主张者的数量是"该专利价值的真实反映"。[67]对潜在权利的追逐也遵循常规发明市场的原则,投资人要么躲在幕后,要么积极寻找有前景的权利要求。安东尼奥·梅乌奇在引起费城一个集团的注意前,一直都默默无闻,这个集团的成员联合组织成立了一家由巴尔的摩和俄亥俄州电报公司(Baltimore & Ohio Telegraph)利益支持的公司。西尔瓦努斯·库什曼得到了芝加哥市议员和药店老板的支持,这些人对当地的贝尔运营公司持反对态度。[68]或许最重要的联系发生在1879年,当时华盛顿的一位名叫拉山德·希尔(Lysander Hill)的专利律师在一场关于水龙头的专利纠纷中成了丹尼尔·德劳鲍夫(Daniel Drawbaugh)和他的合伙人埃德加·切里斯(Edgar Chellis)的代理律师。不久之后,这些人合伙来宣传德劳鲍夫对电话的权利主张,并与来自纽约、华盛顿和辛辛那提的商人联合起来以500万美元的法定资本成立了人民电话公司(the People's Telephone Company)。[69]

这家人民电话公司加入到了形形色色的抗议贝尔专利的电话企业中。知晓所有这些企业是不可能的,即使贝尔发起了600起侵权诉讼也不能曝光每一个偏远地区的交易所和每一部工作室制造的电话。然而,最坚决的侵权者,也就是那些发起和领导了反对贝尔的法律维权行动的人,他们采用了一种典型的投机模式。在将一些无足轻重的电话专利和大额股票估值结合之后,这些合资企业在多个州推广运营公司,目的是通过销售许可证和股票获利。于是,总部设在纽约的分子电话公司(Molecular Telephone Company)在俄亥俄州克利夫兰市授权设立了一家分支机构,而奥夫兰电话公司(Overland Telephone Company)则在宾夕法尼亚州、新泽西州和肯塔基州推进子公司的设立。[70]成立于田纳西州的泛电气电话公司(Pan-Electric Telephone Company)向密苏里州、伊利诺伊州、阿拉巴马州、德克萨斯州和华盛顿特区的各方推销其专利。[71]一些合资公司后来建设了实际的电话线路;而其他公司则还停留在纸面计划。然而,他们都有一个共同的目标,即暂时规避不可避免的贝尔专利侵权诉讼。

以丹尼尔·德劳鲍夫的名义发起的诉讼战很好地阐述了这种努力的程度和规模。作为对贝尔在纽约提起诉讼的回应,德劳鲍夫的律师请了数十位见证了德劳鲍夫发明电话的人出庭作证,并且在三年半的时间里收集了前所未有的长达8000页的证言证据。[72]对德劳鲍夫来说,幸运的是,资金实力和优秀的法律代理人是这家人民电话公司的标志。第一个为德劳鲍夫的案子辩护的律师是费城专利律师界的领军人物乔治·哈丁(George Harding)。后来人民电话公司聘请了国会中能力最强的宪法律师、参议员乔治·埃德蒙兹(George Edmunds),他曾拒绝亚瑟总统主动提名的最高法院的职位,并且他也是1884年共和党总统候选人强劲的竞争者。[73]为了平衡党派的利益,唐·迪金森(Don Dickinson)准备加入埃德蒙兹一派,他是著名民主党人,同时也是克利夫兰总统的心腹。[74]

等到德劳鲍夫一案在纽约举行听审时,全国各地的诉讼都在等待这次听审的结果。观察家们急切地期待着法律巨头之间的正面冲突。为了反制参议员埃德蒙兹代理德劳鲍夫所带来的名人光环,贝尔公司聘请了另一个有影响力的共和党人即前纽约州参议员罗斯科·康克林(Roscoe Conkling),康克林曾拒绝了同样也提供过给埃德蒙兹的最高法院的职位。[75]然而令媒体失望的是,在为期两周的多次但通常是技术性的辩论中,两人都没有发挥多大作用。贝尔这边,詹姆斯·斯托罗不厌其烦地讲解了电话的起源,然后有条不紊地驳斥了德劳鲍夫对这项发明的每一项权利主张。而德劳鲍夫这边,拉山德·希尔开始针对声称先于贝尔的在先公开进行了一场马拉松式的辩护,而后他以类似篇幅的证词回顾了德劳鲍夫的在先发明及其因贫困不能充分利用发明。随后,贝尔公司的律师爱德华·迪克森(Edward Dickerson)走进法庭,敲打着法庭的围栏谴责德劳鲍夫是一个职业骗子和"行骗舵手"。康克林懒洋洋地坐着看报,而埃德蒙兹则双手托着下巴坐着。[76]最终案件的结果并没有影响贝尔的专利垄断。威廉·华莱士(William Wallace)法官以驳回德劳鲍夫的权利主张结束了该案的审判,并对德劳鲍夫的发明能力颇有微词。法官指出,从德劳鲍夫自己的话也可以看出"在没有外部证据的情况下,德劳鲍夫的无知和虚荣心……也暗示了他的吹牛的性格"。[77]

在华莱士法官对贝尔案作出判决后,多米诺骨牌效应随之而来,大多数发生在纽约的法庭上。华莱士法官于1885年2月对麦克多诺(McDonough)集团的各家电话公司发出了禁令,3月对分子电话公司发出了禁令,12月对奥夫兰电话公司发出了禁令。宾夕法尼亚州、新泽西州、俄亥俄州、肯塔基州、路易斯安那州、马里兰州和德克萨斯州的法官也纷纷效仿。[78]随着大量贝尔电话专利权案判决的生效,各地电话公司试图通过各种方式来保护自己,如提出新证据,在庭审期间抛弃子公司以防止被法庭判决所困,攻击先前判决的合法性并声称斯宾塞等原告私下与贝尔勾结,但这些努力都没有成功。[79]

在整个过程中,联邦法院"作为一个不可分割的体系通过确保专利的合法性并界定专利权的界限范围"履行了法定职责。[80]这项职责落在了法官身上,而不是陪审团身上。19世纪后期绝大多数专利诉讼案都是按照法院的衡平法管辖权(equity jurisdiction of the court)来审理的,这种情况下法官既是事实的发现者,也是裁决的作出者,而基于联邦法院的平行普通法管辖权(federal courts' parallel common law jurisdiction)的审理中,陪审团负责认定侵权的事实问题和法律效力问题。专利权人及其律师解释他们选择衡平程序是出于对司法专业性的渴望,但他们肯定也意识到与陪审团相比,法官在涉及重大且有争议的专利案件中的表现会更加让人放心。[81]正如蓬勃发展的州际间专利转让贸易所显示的,一个州合理可信的专利维权行动如果到下一个州时同样会得到法官的支持。[82]美国人也开始意识到联邦法院对大公司的法律和金融活动提供了关键性的支持。[83]这些经验概括也适用于电话案件。波士顿、纽约和费城的联邦巡查法院的法官们要对美国整个工业时期专利维权标准的一致性负责,他们都遵守了相互尊重彼此判决的严格规则。最重要的是追求专利统一性的推动力已经超出了东北部主要专利争端的范围:贝尔公司在南部和中西部的诉讼案中获得了胜利。[84]由于覆盖的地理范围较广,贝尔公司不得不在多地提起多项诉讼,这也为电话专利侵权人提供了一定的回旋余地。尽管如此,贝尔电话专利权在全国范围内的维权行动也没有为侵权人提供庇护。

§

19世纪80年代中期,电话专利问题已不再局限于金融家、律师和工程师的圈子,走向了更广阔的公众视野。在公众眼中,贝尔专利的声誉与镀金时代的腐败和垄断这两大问题纠缠在了一起。对腐败的指控花样繁多,而且涉及政府最高层。首先,在巡查法庭上败诉的反对者开辟了一条新战线,即指控贝尔在最初的专利申请中存在大量欺诈行为。关于欺诈的指控有很多不同版本,最严重的则指控贝尔的律师是在一名腐败的专利局官员的帮助下从以利沙·格雷的专利预告中窃取了可变阻力的概念,并将这个概念移植到了贝尔的专利申请中。所有这些指控最终导致联邦政府提起了针对贝尔的诉讼。

19世纪80年代中期,电话专利之争不断陷入丑闻中。山姆大叔经历电话窃听后的震惊和困惑的形象经常出现。托马斯·纳斯特(Thomas Nast):"电话丑闻。你好!你好!!你好!!!"哈勃周刊(Harper's Weekly),1886年2月11日。

从那时起,丑闻愈演愈烈。而政府干预本身就陷入了腐败指控困境,这让事态变得更加复杂。但事情很快就变得明朗起来,政府提起的诉讼是泛电力电话公司(Pan-Electric Telephone Company)的幌子,该公司的董事之一是时任克利夫兰政府司法部长的奥古斯都·加兰德(Augustus Garland)。在各报社的强烈抗议声中,总统下令停止针对贝尔的诉讼,并且国会也开始调查加兰德在泛电力电话公司中的角色。最后,包括美国最高法院大法官格雷在内的审理过贝尔案件的法官都被指控行为不当,政府的其他部门也因此失去了公信力。

使这些名人陷入丑闻体现出了对贝尔公司垄断地位日益增长的敌意。针对电话专利使用费率管制的政治骚动首先出现在中西部,这里是美国反垄断传统的发源地以及格兰杰运动(the Granger movement)的中心,也是在19世纪70年代获得对铁路和其他垄断服务"州内价格控制权"的农村前线阵地。1885年,印第安纳州开始对电话专利使用费率实施限制,并波及伊利诺斯州、俄亥俄州、密苏里州、宾夕法尼亚州和纽约州的立法机关。与此同时,大城市的电话用户开始将他们对参差不齐的电话服务质量和高昂成本的不满转化为对电话运营公司和贝尔母公司施压。纽约市贸易委员会本身并不反对专利权,但赞同政府采取欺诈调查,其理由是"在纽约市,贝尔公司旗下的联合电话公司对待公众的方式完全是不合理的"。甚至在马萨诸塞州,美国贝尔公司试图增加法定资本金的尝试,也引发了一轮调整电话费率的提议。[85]在腐败指控和监管挑战的双重压力下,贝尔公司的股价在1885年下跌了33%。[86]

由报社煽动的反对贝尔公司垄断的政治骚动给贝尔公司涉诉案件的处境带来了新的挑战。只要在巡查法院提起的电话诉讼案还悬而未决,贝尔公司的高管们就一直生活在对那些有"格兰杰主义的污点"或者"政治追求"的法官们的恐惧之中。[87]当选官员的干预使情况更加复杂。在加兰德丑闻之后,联邦政府重新提起了对贝尔的欺诈诉讼,而贝尔的利益集团在以后的几年中不得不在第二条法律战线上继续抗争。与此同时,在地方层面,地方政府偶尔会支持侵权公司,当然,这并非总是完全出于公益目的。举例来说,在芝加哥,面对强烈的反贝尔垄断的风潮,市议会对此作出回应,授予了库什曼电话服务公司(Cushman Telephone and Service Company)特许经营权,而许多议员与该公司均有个人利益关系。[88]

然而,这些年来一决生死的一场战役竟然只有九名听众参与其中,即美国最高法院的大法官们。最高法院决定将多尔贝尔、德劳鲍夫、分子电话公司和奥夫兰电话公司的上诉合并为一个单独的听审会,从而承诺对贝尔的专利权做出最终裁决。最终,这场法庭之争发生在1887年1月至2月间,而就在此前一年,贝尔的律师们完全有理由信心满满。所有的原告在下级法院的诉讼中都败诉了,并且一些投机性泡沫也被戳破了。以一次臭名昭著的投机为例,美国电话制造公司(United States telephone manufacturing company)的资产,其账面价值已经达到100万美元,而最终仅拍卖出了100美元的价格。[89]在专利诉讼期间,除了格雷法官在多尔贝尔案中给予了专利更宽泛的范围,贝尔的专利已经得到了最高法院法官马修斯(Matthews)和巡查审判庭布拉奇福德(Blatchford)法官的有利裁决。[90]

虽然贝尔的专利垄断享有如上优势,但那些同情挑战者的人找到了一些稍感宽心的理由。最近,最高法院针对有明显垄断性的专利持有者的判决让人有理由相信贝尔专利权会被取消或者其专利权范围会被限缩,主要因为最高法院关于再颁专利的理念发生了变化。[91]此外,德劳鲍夫的专利权主张还得到了富人的支持。[92]最令贝尔的反对者欢欣鼓舞的是贝尔公司的丑闻涉及最高法院自身。1886年12月,《纽约先驱报》(*New York Herald*)曝光了洛厄尔法官和格雷法官的不少亲属在波士顿电话案打得难解难分时,持有了贝尔公司的股票。两位法官均否认在做出裁决时知道亲属们的这些投资,但是格雷的亲属仍然持有贝尔公司的股票的事实,迫使他们申请了回避最高法院的审理。[93]

考虑到曝光的时间和击倒多尔贝尔案法官所得的明显好处,我们可以公平地断定《纽约先驱报》独家报道背后是反贝尔利益集团。报纸是镀金时代金融信息和虚假信息体系中的关键链条,贝尔公司及其竞争对手长期以来都在为他们的股票价格进行有偿或者无偿的新闻宣传。[94]这次丑闻的曝光要么是反对贝尔专利的电话公司干的,要么是代理美国政府提起的欺诈案的律师干的。这次报纸曝光的大部分信息此前都已经由波士顿专利律师约翰·帕金斯(John McClay Perkins)提供给了政府律师。1886年7月,帕金斯给司法部长写了一系列的投诉信,怒斥贝尔的腐败行为,并事无巨细地揭露了格雷在贝尔公司的持股情况。他后来声称:"1886年12月2日《纽约先驱报》上爆料的信息都是我发现的。"[95]

政党政治使得将媒体和贝尔问题联系起来的利益网络更加复杂化,尤其体现在那些政府诉讼上。司法部长加兰德卷入泛电力电话公司的丑闻基本上是由纽约的几家报社曝光的,尤其是《论坛报》(The Tribune)、《太阳报》(Sun)、《世界新闻报》(World)和《晚邮报》(Evening Post),而首家曝光的媒体就是《论坛报》。与之相反,对贝尔专利持反对立场的《纽约时报》却与这一群体对着干,支持政府对贝尔的指控。[96]政治可能决定了报社对贝尔专利的立场。在纽约媒体政治立场不稳定的时期,至少《论坛报》和《太阳报》对克利夫兰总统的民主党政府怀有不可调和的敌意,而《世界新闻报》则是一份民主党报纸;所有报社都谴责政府诉讼的腐败根源。[97]另一方面,支持克利夫兰总统的《纽约时报》的老板乔治·琼斯(George Jones)是贝尔公司的宿敌。《纽约时报》毫不留情地谴责美国贝尔公司是"可恶的垄断企业",而贝尔的主要专利则是通过"欺诈手段获得的"。[98]随着泛电气电话公司的事件愈演愈烈,琼斯认为是贝尔垄断集团在幕后策划了对政府的不满:"虽然泛电力电话公司的丑闻涉及华盛顿的某些公众人物,但与贝尔电话公司的丑闻相比就小巫见大巫了,后者牵扯到了纽约的某些媒体编辑。"[99]

所有这些丑闻的揭发都为在最高法院审理的欺诈指控案件做了有力的铺垫,在听审辩论环节发挥了重要作用。人民电话公司的拉山德·希尔(Lysander Hill)提出了针对贝尔的新的腐败指控,而这也成为听审中最引人注目的一幕。希尔声称,专利局存档的贝尔专利申请书是伪造的,是一份被非法偷偷调换的"处理干净的副本",以掩盖贝尔最初的专利申请书中剽窃以利沙·格雷的蛛丝马迹。作为证据,希尔出示了一份曾经出现在贝尔和西联电报公司之间的多德案的档案文件,此案发生在1878年至1879年。希尔说,这份文件中有贝尔专利申请书的原始版本,其中有仓促地用铅笔修改过的痕迹。而添加的内容正是贝尔授权专利的许多重要技术特性,其中包括格雷在他的专利预告中描述的变阻方法。希尔争辩说,这就是证据,证明贝尔的律师在专利局看到了格雷的专利预告,并在贝尔的专利申请提交后对贝尔专利申请书进行了修改。[100]

事实证明,这场争辩极具灾难性。贝尔的律师詹姆斯·斯托罗反驳说,希尔所认为的证据实际上完全是另一份文件:一份早先为在英国申请专利而起草的专利说明书。斯托罗证实说,这些铅笔笔迹是他自己针对贝尔后来专利改进所作的笔记,但是莫名其妙地被错误地放在了多德案的档案中。[101]就连法庭上贝尔的反对者们也认为,希尔的指控无力得"像纸一样薄",被斯托罗一捅即破。而记者则冷静地指出,这一事件"是为贝尔公司加分的"。[102]法官们在最后的判决中"毫不犹豫地拒绝"了对贝尔的欺诈指控。[103]

除了腐败指控外,最高法院听审辩论中还上演了巡查法院的辩论。此时,作为证据提交的案情摘要和证言已累计达22卷,15000页之多,这又是一项记录。电气专利资深诉讼律师格罗夫纳·洛瑞(Grosvenor Lowrey)是出庭律师中菲利普·里斯的主要发言人。他的任务是对付贝尔宽泛的专利要求所依赖的技术上的不连续性。为了达到这个目的,他积极寻求否认贝尔的"首创者"地位,对电气声学的历史进行了技巧性描述,并增加了一些总结材料,如"1861年物理学家所知的材料事实摘要",以证明贝尔的发现在1876年根本不是新的技术。[104]

如果说希尔向法官呈现的是腐败,洛瑞向法官呈现的是科学,那么具有律师和政客两种身份的乔治·埃德蒙兹和唐·迪金森则向法官讲述了丹尼尔·德劳鲍夫的人生故事。[105]诉讼案的这部分都是与可信度相关的。纽约的华莱士法官曾利用德劳鲍夫陈述中的弱点,尤其是他博取同情却令人生疑的长期贫困的说法,驳斥了他的权利主张,称其为"一事假,事事假"。为此,埃德蒙兹和迪金森努力巩固发明人和他的证人的可信度。作为回应,斯托罗抨击了德劳鲍夫未能从他所谓的发明中获利的事实:"如果法院不能从他生平中找寻到电话的发明,那么法院也就不会接受他的证词。"[106]在听审过程中提出的所有反对贝尔的论点中,德劳鲍夫的主张似乎最能引起法官们的兴趣,这一新变化立即转化为德劳鲍夫电话公司股价的变动。另一方面,作为垄断者的贝尔公司强劲的股价表明:市场信心的天平仍然倾向于贝尔。[107]

一年多后,当法院做出判决时,下述两种预估都被证明是正确的,即这场专利较量最终演变成了贝尔和德劳鲍夫之间的一场直接较量,且最终贝尔获胜。随着格雷大法官退出此案的审理,以及伍兹大法官的离世,九名法官还剩下七位,而最终的结果则是四比三。电话案的结案(此案的判决至今仍为人所知)加深了人们对这场激烈对立和判决严谨的诉讼的印象。在不探究大量与事实不符的细节的前提下,我们有理由说,如果其中一个法官的赞成票变成反对票,电话的历史将会大不相同。那么,是什么原因导致法官们做出这样的判决呢?

从表面上看,判决结果取决于竞争对手的优先权主张的可信度。最高法院首席大法官韦特(Waite)代表法庭发表了多数意见,意见措辞与贝尔公司对亚历山大·格雷厄姆·贝尔发明的描述高度一致。与之相反,以布拉德利(Bradley)法官为首的少数派指出,德劳鲍夫的主张似乎"在证人的人数和证人的品格两个方面都具有势不可挡的可信力,以至于不能够被忽略"。[108]布拉德利认为,最高法院意见相左的两派观点区别在于是否愿意接受贝尔在过去十年间不遗余力的法律诉讼战中获得的声誉优势。布拉德利评论说:"对世人来说,支持一个已经取得卓越成就的人是非常自然的。爱国的英国人都相信除了瓦特谁也不能改良蒸汽机。这种人性的规律可以完美地解释人们对贝尔和德劳鲍夫在电话发明上的不同感受。"[109]布拉德利自己则为"普通机械师"的创造性辩护,并认为有可能存在偶然的、非理论的和随后未被充分商业化实施的发明。

于是,发明问题似乎决定了案子的走向。然而,众所周知,法庭,尤其是重建时期的美国最高法院,处理案件的方式是尽量减少或掩盖存在风险的真正问题。[110]电话案件的最大谜团是法官们是否出于其他压力的逼迫做出了判决,特别是面对贝尔公司垄断的激烈政治讨论。少数派的组成表明,有些人确实是在压力下做出了决定。在所有最高法院的大法官中,持异议的菲尔德(Field)和哈兰(Harlan)与专利问题打交道最少:菲尔德在他34年的法官生涯中共撰写了9份专利案件判决的多数意见(majority opinions);而哈兰在其33年法官生涯中仅写了4份。此外,总的来说,他们都是多产的少数意见者。[111]鉴于他们没有发表只言片语就肯定了布拉德利的反对意见,他们投反对票的目的有部分可能是为了抑制最高法院的多数派和贝尔公司的垄断。当然这并不是说他们的行为就是完全任意而为的,例如,哈兰和布拉德利就德劳鲍夫的证人进行了一次实质性的讨论。[112]

同样,布拉德利的投票和意见也不是轻易就能解释的。布拉德利法官既是最高法院在专利方面的主要权威之一,也是最高法院对工业垄断的主要质疑者之一。[113]他曾几次谴责把专利扩大成非法垄断的做法,并警告不要把专利法歪曲成"造成极大不公正和进行压迫的工具"。[114]而另一方面,他为界定新近制订的专利法的范围做了许多工作,包括强调首创性发明的专利范围的宽泛性。[115]事实上,贝尔的主要法律论点是基于布拉德利曾经撰写的主张。如果布拉德利希望遏制贝尔的垄断,那么他最好的选择就是利用事实记录。按照这个思路就可以很好地理解为什么他对德劳鲍夫的证据煞费苦心地进行了拉网式搜查了,而这些搜查在布拉德利听审时所保存的笔记本上有所记录。[116]如果不按这个思路去理解,那么布拉德利的所为就不符合他的性格了:布拉德利通常对同事们在德劳鲍夫案中提及的籍籍无名的专利权要求人持有怀疑态度。[117]

从很多方面来说,布拉德利进退维谷的困境也是专利制度的困境。19世纪专利法学的一项伟大工程是制定规则,以实现专利保护范围与专利权人的发明贡献相匹配。以专利法学说汇编作者的眼光来看,十九世纪八九十年代的法律最终形成了将特定发明转化为财产权的"和谐、对称和科学的体系"。[118]但这种将专利视为对个体天才的奖励的概念,往好了说是将其复杂化,往坏了说是功能失调的,尤其是面对专利被用作公司权利工具的情况。支持贝尔专利的法官们以当时应对此类问题的主流模式处理了这种紧张关系:他们紧盯发明人的权利,并不考虑专利的市场影响。我们有理由猜测,对布拉德利来说,这种处理模式可能还不够完善。

如果说布拉德利的反对意见掩盖了发明问题中专利权与垄断的紧张关系,那再合适不过了。小到电话案,大到美国专利法,垄断和专利问题是完全交织在一起的。在这样一种制度下,一方面赋予首创性发明以特权,另一方面却让首创性发明人处于容易受到未知在先权利要求人攻击的弱势地位,任何有价值的专利都可能受到以优先权为由的攻击。只要"垄断问题"在美国政治经济中仍占有一席之地,那么专利法就有可能引起法律和经济的冲突。

§

法院以两种方式提出了"谁发明了电话"这个问题。针对"谁"的问题,法院自问自答。他们还提出了后来未经检验的假设,即存在"电话"这种东西。无论从法律角度还是从历史角度来讲,电话案最引人注目的方面并不是法院认可了贝尔发明的优先权,而是赋予了贝尔涵盖范围极广的专利权,即通过这种方式认可了电话技术及其起源的统一理论。出现这种现象很大程度上要归功于昌西·史密斯、詹姆斯·斯托罗和贝尔法律诉讼战的其他发起人。这些人抓住了现有法律环境提供的一个机会,即一种强烈的对首创性专利的司法尊重,这种司法尊重在某些情况下可以转化为授予专利宽泛保护范围的意愿。此外,贝尔的律师们还击退了19世纪法庭上针对专利权宽泛保护范围的各种蓄势待发的危险因素,从籍籍无名的在先发明人的突然出现,到未被承认的反垄断思潮对法官判决造成的压力,等等。

从许多方面看来,电话专利之争遵循着一种经典模式。正如莫尔斯、豪或古德伊尔证实的那样,任何具有潜力控制新技术的保护范围宽泛的专利都不可避免地遭到了专利权人竞争对手或客户的法律攻击。然而,贝尔公司还面临着额外的挑战。联邦政府对贝尔专利的干预是一种前所未有的事情,它是内战后政府加强控制的产物,也是开始抬头的民粹主义浪潮推动和维持的不断抵制专利垄断的产物。专利法所处的政治经济环境正处于变革之中,由此造成了法律的混乱和创新。所有这些都在政府针对贝尔的欺诈诉讼中得到了最好的体现。

第4章 美国政府与贝尔的对抗

贝尔的垄断挑战了专利法的极限。这一点在美国政府对贝尔专利的攻击中体现得最为明显,而这次政府干涉也充满了丑闻。在电话诉讼案最激烈的时候,联邦政府提起诉讼,指控贝尔的专利是通过欺诈手段获得的。由此引发的抗议使克利夫兰总统领导的政府大为震惊,对腐败的指控和反指控在全国性的媒体上轮番上演。联邦政府试图采取一系列行动打击垄断专利权人,而贝尔案只是联邦政府最近进行的一次尝试。这将成为政府是否有能力撤销专利的一次重要考验。

在21世纪,各国政府在纠正明显未能为社会服务的专利制度方面发挥着既定的作用,尽管有时这种作用会引起争议。发达国家在一定程度上都出台了一些规定,如药品专利的强制许可、政府使用专利技术的特殊条件,以及作为反垄断执法组成部分的强制资产剥离。然而,在19世纪后期,国家以牺牲专利权人的权利为代价来进一步传播新技术的便利条件仍然不多。大多数国家规定了"实施要求",即如果一项专利所保护的技术未在规定的时间内(通常是两年内)在当地投入生产,那么就可以撤销该专利。[1]但英国和美国却是两个最主要的例外国家,和其他国家的做法大不相同,这两个国家给专利权人提供或保留他们专利技术的自由,只要专利权人认为合适即可。

在英国和美国,个人专利的经济回报可以在专利颁发之后进行调整,但这种调整只有一个方向,那就是两个国家都允许在专利权人能够证明自己没有获得足够回报的情况下延长专利期限。相反地,限制发明产品供应或垄断其专利产品市场的专利权人也不受制裁。美国以其一贯坚定支持专利权人的专利制度,几乎回避了政府干预专利权的所有方法。不仅国会总是拒绝增加实施要求条款,而且在19世纪的大部分时间里,联邦政府甚至无力撤销一项明显无效的专利。[2]直到贝尔发明专利有效期的后期,反垄断法才上升到联邦层面。即便如此,在那些年里,反垄断法在限制使用专利创造或维持垄断方面几乎毫无作为。

美国政府对贝尔专利采取行动,并不是出于规范专利市场效应的正式职能。相反,政府表面上采取行动是为了撤销一项涉嫌欺诈的专利授权。其实美国政府的行动完全是一次临时动员政府力量对付电话专利的行动,而且美国政府在其中扮演了专利垄断的敌对利益方,而不是公正的监管者。

联邦政府将在两起欺诈案中抨击贝尔公司专利的地位。第一起诉讼中,美国政府指控贝尔1876年专利在申请过程中存在欺诈行为,其依据是贝尔电话诉讼期间曝光的一些阴暗的细节。这起诉讼的源起极其模糊,可以确定的是该诉讼以腐败丑闻开始,但后来发展成为一个测试性案件,试探了联邦政府撤销专利的权力界限,并将行政部门和法院都卷入了未知的法律领域。第二起欺诈诉讼涉及贝尔公司的柏林纳专利,此次诉讼重新审视了专利权人对公众的责任问题,并成为最高法院在世纪之交对待企业专利权态度的一个标志性案件。

§

亚历山大·格雷厄姆·贝尔获得的第一项电话专利完全有可能部分得益于专利局官员的不当行为。1876年2月至3月,美国专利局收到并批准了贝尔的申请,同一时期还有几个暂停的专利申请。贝尔的专利申请和以利沙·格雷的专利预告几乎同时提交给专利局,这本身就充满了戏剧性,也强烈表明贝尔的律师事先获取了有关格雷计划的情报。在专利局,一切似乎都对贝尔有利,包括撤销最初公布的与格雷相对的抵触审查听审,及时修改悬而未决的专利申请从而避开与格雷相对的另外一个抵触审查程序,以及最后专利权的火速授予。贝尔的律师马塞勒斯·贝利对专利审查员泽纳斯·菲斯克·威尔伯的财务控制使得整件事情更加完整,同时也增加了更多腐败行为的可能性,包括直接从格雷的设计中窃取关键想法的可能性。[3]

所有这些指控,甚至比这更多的指控都在19世纪80年代的贝尔电话诉讼中向贝尔袭来。就我们的目的而言,针对贝尔和专利局的指控的实际价值并不重要,重要的是把他们推到风口浪尖的法律逻辑。事实上,对贝尔的指控者来说,也是如此。这些贝尔专利的反对者准备了多个版本的指控理由,意在最终能有一项站得住脚。为了能够确保政府起诉,贝尔的对手首先将对他的欺诈指控伪装成贝尔专利缺乏新颖性的最简单指控,他们声称贝尔谎称自己的发明是新的。随后,他们又增加了对专利局不当行为的指控,指出贝尔对原专利申请书的修改正是他非法获取其他申请人机密信息的证据。[4]第二年,被指控的不当行为被坐实:专利审查员威尔伯签署了一份宣誓书,承认取消抵触审查听审是因为其倾向于贝尔,而不是格雷,并承认外泄了格雷专利预告的内容。[5]欺诈指控在最高法院电话专利上诉案中达到了高潮,反方律师拉山德·希尔声称贝尔不仅非法获取了格雷的专利预告,甚至还将关键的变阻方法复制到了自己的专利申请中。[6]

指控欺诈的法律魅力体现在两方面:一方面,在贝尔反对者的其他论据都未能达到目的的情况下,它能提供新的发起诉讼的依据;另一方面,这为贝尔反对者披上了一层政府权威的外衣。这两个方面都是支持侵权者投机计划所必需的,而任何迁延日久的反贝尔运动也都是为此服务的。此外,煽动政府提起诉讼的利益集团肯定特别希望贝尔能买通他们。正如一份少数派国会报告后来指出的,"他们想从政府那里得到一件能够插入贝尔公司使其受伤的武器"。[7]1885年,动机和机会结伴而来,两家反对贝尔的公司通力合作,促使政府对贝尔提起了诉讼。

泛电力电话公司就是其中一家反对贝尔的公司。这家于1883年在田纳西州成立的公司从成立之初就把饥渴的目光投向了华盛顿。泛电力电话公司是土生土长的田纳西州人韦伯·罗杰斯(J. Webb Rogers)的创意,他的儿子哈里(Harry)获得了多项电话专利。当其他侵权者在纽约、宾夕法尼亚和新泽西建立了权力基础时,泛电力电话公司已经向南方民主党参议员和官员分配了500万美元的账面资本来邀请他们进入董事会,并在马里兰州和哥伦比亚特区安营扎寨成立分公司,还为在国会大厦安装电话的合同进行了游说。[8]1884年11月,民主党在总统选举中获胜,几位泛电力电话公司的董事在新政府中担任要职,助推了公司的发展前景。1885年夏天,当反对贝尔的法律诉讼战溃败得颜面尽失时,泛电力电话公司利益集团开始充分利用自己的政治资产。

6月底至7月初,泛电力电话公司和它的南方伙伴企业——路易斯安那州全国改进电话公司(National Improved Telephone Company of Louisiana)放弃了他们代表宾夕法尼亚州的子公司进行辩护的侵权案件。不久之后,他们同意联合申请政府对贝尔公司提起诉讼。只要政府提供名义上的支持,两家电话公司承诺将发起并支付诉讼费用。美国司法部长奥古斯都·加兰德作为泛电力电话公司的股东正式拒绝授权提起诉讼,并且要求副部长只能在他缺席的情况下授权提起诉讼。泛电力电话公司的律师们在田纳西州孟菲斯适时启动了诉讼程序,而孟菲斯正是该公司一位最有权势的董事的政治基地。政治上不友好的纽约新闻界直呼丑闻,而后克利夫兰总统命令加兰德暂停了案件审理。

政府与该事件的纠缠到了如此地步,这代表着私人利益赤裸裸地大踏步前进。相应地,历史学家倾向于将此事件归类为腐败冒险主义,同时代的人也如此认为。[9]然而,仅仅从镀金时代的"影响力"和泛电力电话公司的阴谋角度来看待电话欺诈诉讼,则未免过于狭隘。贝尔电话案只是当时众多试图将联邦政府拖入激烈的专利诉讼中最有存在感的一次尝试。

泛电力电话公司事件成为克利夫兰总统政府,尤其是司法部长奥古斯都·加兰德的主要负面事件。在这幅政治漫画中,泛电力电话公司化身为盘曲的蛇正要咬住加兰德的耳朵。哈勃日报,1886年2月11日,托马斯·纳斯特(Thomas Nast),封面插图"那个花环(加兰德)滑落了"。

§

1871年的莫里诉惠特尼案(Mowry v. Whitney)成为这些尝试和努力的催化剂。在该案中,最高法院考虑设法取消一项涉嫌欺诈的专利。[10]大法官塞缪尔·米勒(Samuel Miller)在莫里案的裁决意见中剖析了英国法律中的撤销告知令状条款,即允许有利害关系的相关方以君主的名义提起诉讼,撤销申请人通过不当行为或欺诈而获得的专利。在19世纪50年代该条款被废止前,大概有20起撤销告知令状在英国提起。其中最著名的是发生在1785年的一起诉讼案,在该案中理查德·阿克赖特(Richard Arkwright)的纺纱机专利因专利说明书公开不充分而被撤销。[11]米勒的结论是,美国恰当的对应形式应该是以政府的名义提起诉讼。仅仅是私人不能提起撤销诉讼。根据米勒的构想,"公众只能受到政府及其官员的保护"。[12]

随后几年,在米勒的裁决没有任何法定授权或制度先例的情况下,出现了一波把米勒的裁决付诸实践的尝试。美国司法部收到了申诉书,要求司法部长批准同意由私人提起专利撤销诉讼,这引发了不小的行政和司法混乱。向专利局局长提交申诉书的做法影响了几项专利申请的审查授权;而继任的专利局局长都不愿证实专利局内的欺诈指控,这也不足为奇。少数获准继续的案件在法庭上展开了混合听审。在罗德岛州、伊利诺斯州和俄亥俄州,法官拒绝在没有法律规定的情况下受理政府发起的专利权撤销诉讼。[13]但在纽约这个主要的专利诉讼管辖地,巡查法官约翰·华莱士同意一起诉讼案作为"莫里诉惠特尼案"的延伸而继续下去。[14]

政府发起的各种欺诈诉讼案有两个特点与贝尔电话诉讼极为相关。首先,法律上的不明确经常导致模棱两可的指控。在缺乏对"欺诈"定义的情况下,一些申诉者只能提供泛泛的专利无效论点,而这些论点本质上是对早期审判中败下阵来的论点进行炒冷饭。比如,在美国政府诉高露洁(United States v. Colgate)一案中,华莱士法官发现"不存在申请人在专利申请中有欺诈或虚假暗示行为的指控。这些指控最多只能说明这项发明不新颖,并且可以推导出申请人知道这项技艺先前的状况,并且这些都是公开的知识,因此申请人一定知道这项发明没有新颖性"。[15]这类论点没有什么好的支撑理由,基本上也得不到法庭的支持。伊利诺伊州法官亨利·布洛杰特(Henry Blodgett)指出如果允许这种做法被广泛使用,"除了涉及侵权的事实问题外,几乎会将所有关于专利的诉讼都将移交到司法部长办公室"。[16]泛电力电话公司利益集团以提出类似的指控开始他们的法律诉讼战,而后来他们升级指控,矛头直指不法行为。在法院对仅仅因为缺乏新颖性而撤销专利权的淡漠态度变得显而易见之后,贝尔的反对者们很可能知道他们必须进行更强有力的欺诈指控。

其次,政府诉讼案在利害关系重大、时常带有高度政治性的专利之争中占据较高比例。在莫里案后最早的一起欺诈案与埃本·诺顿·霍斯福德(Eben Norton Horsford)的磷酸钙小苏打专利有关,而这起诉讼的起源则是已经在纽约、新泽西州、南卡罗来纳州、乔治亚州和罗德岛州法院旷日持久进行的法律诉讼。[17]另一起相关的诉讼案是对于刨木工艺施加控制的大胆尝试,使用的是1847年的旧技术,1873年恢复并获得专利。这项迟到专利的主人是伍德伯里,而此项专利将控制整个现代刨床业。获得专利后,伍德伯里立即开始向数百家木材厂索要许可费。作为回应,伐木工人成立了一个保护协会来抵制侵权诉讼,同时启动要求政府撤销该项专利的程序。在该案中,政府提起诉讼毫无意义,很大程度上是因为专利局局长并没有发现欺诈的证据,几年后传统的专利诉讼终止了伍德伯里的专利。[18]

然而,19世纪80年代政府提起的两起诉讼案,重蹈了伍德伯里案的覆辙,同样既有大规模的诉讼,也有有组织的回应。在宾夕法尼亚州西部的油田,罗伯茨(E. A. L. Roberts)研制了硝化甘油油井爆破鱼雷,并申请了专利,这种油井爆破鱼雷很快成为了该行业的标准。在确立行业主导地位的过程中,罗伯茨提起了2000多起侵权诉讼,并派遣间谍在全美各地找出那些无视他专利的"干非法勾当的人"。[19]经过19世纪70年代艰难的诉讼,罗伯茨的油井爆破鱼雷完全确立了统治地位。1882年独立石油生产商们纷纷向司法部长申诉,要求以美国政府的名义提起诉讼。[20]与此同时,另一起影响巨大的专利之争在爱荷华州和伊利诺斯州展开了,被疯狂争夺的主角是带刺铁丝网。沃什伯恩和莫恩公司(Washburn and Moen Company)试图通过其基本的格利登专利(Glidden patent)来控制草原农业生产所必需的工具。于是,这家公司起诉竞争对手,并以起诉威胁西部的农场主。爱荷华州的农民组织起来进行了反击:爱荷华州立法机关要求美国司法部长提起撤销该专利的诉讼,同时爱荷华州的国会代表团要求在全国范围内进行专利法改革。[21]

这两起诉讼折射出的政治转变并非巧合。带刺铁丝网专利的发明者就是曾代表宾夕法尼亚州西部公民申请启动撤销罗伯茨鱼雷专利诉讼的人,同时他也在伍德伯里刨床专利案中扮演了类似的角色。这个人就是本杰明·富兰克林·巴特勒将军(General Benjamin F. Butler)①,一位马萨诸塞州律师,同时他也是一位全国知名的激进的政治家。巴特勒对争议的喜好和他的政治野心使得他卷入了这些民粹主义的法律事件,他在1884年作为人民党(People's Party)的总统候选人参加竞选,但是最终落败。尽管巴特勒对与带刺铁丝网垄断作斗争的爱荷华人来说,是一个令人讨厌的人,但是同时,他也是一位英雄,他可以仅仅以250美元的律师费就接下爱荷华人的案子。[22]

他曾三次尝试让政府提起诉讼,每次都充分利用政治势头以获取司法部长对以美国政府名义提起诉讼的授权。然而,这些案件都未进行过充分的法庭听审。有关伍德伯里的起诉被搁置,而油井爆破鱼雷案在罗伯茨专利过期的前几个月才提起诉讼,这显然制止了让罗伯茨继续诉讼的兴趣,最后该案以和解结束。在沃什伯恩和莫恩将价格降低了75%之后,带刺铁丝网诉讼案也得到了解决。[23]最终,这三起专利案都作为传统的专利诉讼被提交给了美国最高法院。尽管巴特勒把联邦政府干预的可能性带入了19世纪70年代至80年代一些最激烈的专利争夺中,但在莫里诉惠特尼案之后,巴特勒比任何人都更努力地为政府撤销诉讼程序开辟空间。

巴特勒的客户所代表的农村行为主义似乎与早期电话行业蓬勃发展的城市环境相去甚远。但19世纪70年代至80年代的专利诉讼战在农村和采掘经济体中的地位同在工业部门中一样重要。这些案件以及其他类似案件所引发的反专利情绪影响了国家知识产权所赖以生存的政治经济背景。西部农业对专利的敌意是一股

---

① 译者注:本杰明·富兰克林·巴特勒(Benjamin Franklin Butler,1818-1893),南北战争时期北军将领,曾任美国众议员、马萨诸塞州州长,是美国著名政治家。

不容小觑的力量,而该敌意是由一些对基本农产品征税的令人发怒的尝试所导致的。[24]农场主通过使他们成功获得铁路管制的政治机构来抵制这种寻租行为。农场和保护协会在立法层面和法庭层面都采取了行动,其方式是通过施压要求改革甚至废除联邦专利法。[25]而在对专利制度的政治挑战中,农场主就大不相同了,几乎不可能找到像铁路权利争夺战中一样的盟友,因为大量农业发明的使用者们都极力避免自己牵涉侵权诉讼中。一些来自东北部各州推动善治政府的改革者们(Mugwumps)①则提供了进一步的支持,他们原则上捍卫知识产权,但在效率方面却与铁路争夺战如出一辙。[26]

这几股势力的联合使得19世纪70年代和80年代削弱美国知识产权法有了明显的可能,而依赖专利的高科技行业的人士更是深知其味。据贝尔的法律顾问昌西·史密斯回忆,马萨诸塞州的一名国会议员向他信誓旦旦地说,与他共事的很多联邦议员随时准备废除专利法。[27]直到1888年,全国电灯协会(National Electric Light Association)撤回了提交给国会的成立专利改革调查委员会的申请,原因在于专利律师们警告其这样做可能会导致将整个专利制度被付之一炬。[28]

19世纪80年代,任何一个政府部门都可以找到攻击巨大专利垄断企业的方法和途径。判例法中通过联邦行政机关来攻击专利授权的机会窗口也被打开了。而国会就专利权的安全性问题进行妥协也只有几票之遥。1880年至1884年间提出的三项法案(其中最后一项于1884年在众议院获得通过),本可以要求司法部长撤销欺诈性或错误的专利授予,但却没有获得参议院的通过。[29]

完全依赖于加兰德权力圈子的泛电力电话公司诉讼案也是在这种大背景下发生的。关于美国专利制度,至少有两个重要的教训与人尽皆知的"权势"故事密切相关,而权势的影响力本身就是19世纪法律的一个特征。第一个教训是:绕过法庭,通过联邦政府的其他部门来延长专利权或者攻击专利有效性是可能的。19世纪80年代就出现过一系列反对专利运动,且这种策略由来已久,如掌控橡胶专利的查尔斯·古德伊尔的反对者们在1859年曾试图推动一项废除欺诈专利的法律。[30]第二个教训是:即使主角说了算的游戏规则也是可以被改变的。在法律仍然不明确或不确定的方面,比如在专利权撤销的问题上,利益各方都有动机去尝试通过法律改革、法庭辩论或两者结合的方式来使专利制度对自己有利。在电话专利欺诈诉讼中,最终法庭成为了主战场。由于国会坚决反对弱化专利法的各种尝试,政府提起的针对贝尔的诉讼案就成了一个试验性案件,以此来通过某种方式分解联邦

---

① 译者注:Mugwumps,意译超然派,是美国共和党内一支积极倡导改革的派系,某些政客也称他们为"咕咕派"(goo-goos),意思是善政的团体。Mugwumps主张政府廉政,标榜政治独立,杜绝政治偏袒行为。该派系于1884年脱离了共和党。

的专利撤销权。

即使直接参与该案的电话公司没有提起诉讼,联邦政府也会这么做。不同于私人诉讼的方式,欺诈案件变成了在司法部控制下的一次真正的政府诉讼。这次制度改革始于克利夫兰总统对加兰德丑闻的干预。在官方看来,没有遵循将案件移交内政部的标准做法是终止在孟菲斯的第一次政治灾难般的诉讼程序的原因。涉案电话公司迅速纠正了这一疏漏,并不断申诉,最终搞定了由内政部长参加的听审。在听审中,这些侵权公司再次为自己的立场辩护,但是这种辩护不敌贝尔公司日益不安的大城市客户群的呼声。[31]1886年1月发表的内政部长拉马尔(L. Q. C. Lamar)的报告不仅让泛电力电话公司和全国改进电话公司等利益集团感到满意,更让贝尔公司的批判者喜出望外。一方面,拉马尔建议诉讼继续进行,并且对贝尔专利进行全面的审查,不仅包括欺诈行为审查,还包括专利无效审查。另一方面,拉马尔呼吁提起诉讼要"以政府的名义并完全以政府的名义,而不是出于申诉者的原因或者维护申诉者利益的原因"。[32]如此一来,泛电力电话公司和全国改进电话公司就失去了以优惠条件与贝尔公司和解的能力,不过这也许正是它们一直以来的目标。[33]

根据新要求,司法部将爱德华·迪克森(Edward Dickerson)所说的"贝尔电话附件"整合到了一起。[34]联邦政府最初聘请的五名律师中,俄亥俄州参议员艾伦·瑟曼(Allen G. Thurman)是不可或缺的重量级政治人物,而格罗夫纳·洛瑞(Grosvenor P. Lowrey)则是顶尖的专利专家。瑟曼是一位杰出的民主党人,年逾古稀。由于其身体状况不佳,再加上在克利夫兰总统的连任竞选中为竞选副总统劳累奔波,因此他在案件的后期逐渐淡出律师团队。而洛瑞在最高法院审理的贝尔侵权案中代表了分子电话公司,并使人们开始密切关注到这起由不同电话诉讼案交织在一起的政府诉讼的命运。

由于被授予了更广泛的豁免权来挑战贝尔专利的有效性,政府的律师们有必要参照私人侵权诉讼来制定他们的诉讼策略,因此他们的论点实际上与私人律师的论点并无二致。虽然洛瑞个人声称坚信针对贝尔的欺诈指控,但他对这一指控能够得到证实并没有信心,事实证明,他也没有在这一点上认真寻找确凿的证据。[35]贝尔专利欺诈的证据很大程度上依赖于前专利局审查员泽纳斯·菲斯克·威尔伯的证词,他声称曾为贝尔从以利沙·格雷的专利预告中窃取变阻概念提供了便利。在政府提起的这场诉讼中,威尔伯自认不讳的欺骗和曾经矛盾的宣誓证词让他变得毫无证明力。这位前审查员的命运代表了贝尔诉讼案中较为悲惨的一面。由于威尔伯酗酒越来越严重,特勤处护送他去了丹佛,希望他能戒酒并清醒过来。然而,1889年8月,他最终因饮酒过量,死于丹佛。[36]

相比之下，政府提起的诉讼案的核心是质疑贝尔专利的原创性，以支持菲利普·里斯。洛瑞将案件与早期诉讼当事人（包括他自己的客户）开创的里斯潮流结合起来，并将从巡查法院学到的经验教训融入其中。最重要的是，新的诉讼将焦点放在证人有关里斯成功传输语音的证词上，而不是依靠科学上的细微差别来说服法官，或者用其他政府律师的话说，"大量关于电力的信誓旦旦的投机文章被丢到了电话诉讼中"。[37]当一名特工报告了来自德国的关于里斯发明的新证据时，政府阵营变得群情高涨。然而，1886年政府诉讼案的最大问题是如何在最高法院即将举行的侵权案件听审中展示这些论据。洛瑞主张全力支持最高法院的案件，甚至可以将政府找到的新证据纳入记录，供贝尔专利的反对者使用。他的理由是，毕竟如果法院做出裁决支持贝尔专利权的有效性，那么"无论我们是否努力帮助上诉人，我们都无法逃脱类似的妥协"。[38]甚至在任何法官对政府诉讼案做出裁决之前，首都华盛顿就已经在召唤某种裁决了。

与此同时，如果说政府律师能够在某种程度上决定自己的命运，那么关键就在于他们会酌情选择司法管辖权。因此，洛瑞决意不选择贝尔所在的马萨诸塞州而是青睐新泽西州，这是可以理解的。新泽西州是洛瑞在普林斯顿的盟友们的科学影响区域，而这些人都支持里斯。[39]最终，俄亥俄州的哥伦布市被选中。1886年3月，洛瑞在那里提起了诉讼。做出这一决定的原因尚不清楚，有可能是东部的大多数司法管辖区已经在侵权案件中做出了有利于贝尔的裁决。俄亥俄州或者更具体地说是巡查法官巴克斯特（Baxter）是分子电话公司专利的前被许可人向司法部推荐的。[40]此诉讼案的批评者后来声称，虽然巴克斯特是一个臭名昭著的"专利杀手"，但他也是曾经听审并驳回以美国政府名义提起的撤销专利案件的为数不多的法官之一，而电话附件专利案（Telephone Annex case）的律师可能并不知道这些。[41]不管怎样，巴克斯特在审判前的过世使得在该地起诉的预估优势荡然无存，并在审判过程中给政府出了一个管辖权难题。凭借贝尔专利的被许可人曾经在俄亥俄州开展业务这点，就在俄亥俄州起诉美国贝尔电话公司，是一个有风险的策略，最终哥伦比亚巡查法院驳回了起诉。[42]

1886年政府提起的诉讼未能获得一次完整的听审，这意味着该案涉及的问题在接下来几年里的一系列诉讼程序中逐渐解决。俄亥俄州的失利让电话附件专利案的当事人别无选择，只能在马萨诸塞州再次提起诉讼。1887年夏天，法官勒巴伦·柯尔特（LeBaron Colt）和托马斯·纳尔逊（Thomas Nelson）在马萨诸塞州听取了该案的争议点。美国贝尔公司要求就政府撤销专利的权力举行听审，并成功让此案再次被驳回。柯尔特法官的意见详细回顾了相互矛盾的判例法，并最终认同"撤销专利需要特殊的法定权力"的裁决，而他的观点立刻遭到政府上诉。国会就撤销专利的权力提出过几项法案,但最终未能通过。[43]此后不久,1888年初,最高法院对贝尔侵权案件的判决使得该案的实质性部分得到了某种形式的定论。正如洛瑞所害怕的,里斯的失败和对贝尔第五项权利要求的确认使得政府提起诉讼案的主要论点不复存在。

在这种背景下,双方争论了半年后,政府在最高法院提出的撤销专利权的上诉似乎变得没有意义了。然而,为了表示抵制和反对,贝尔公司发起了一场激烈辩护,期间詹姆斯·斯托罗在诉讼中敦促法庭考虑知识产权争端的民事法律性质。斯托罗认为,包括司法判决在内的整个专利制度体系的"运作和动机都是基于个人利益的。发明创造、完善机器并将它们投入公共使用是一项伟大的工程,并完全取决于私人企业和其主动性。相比之下,较次要的诉讼工作也被委以相同重任"。[44]斯托罗指出,即使在英国,很久以前私人间的侵权诉讼就代替了撤销专利权的诉讼,成为公认的协调相互竞争发明权的方式。按同样的思路,斯托罗质疑政府在没有直接经济利益的情况下提起欺诈诉讼的立场:与授予联邦自有土地的土地专利案件不同,政府在赋予创造发明专有权方面没有任何损失。

然而,法院并没有默认这种自由和自动的、自我调节的专利制度。对于联邦政府与欺诈案件没有利害关系的辩称,米勒大法官代表法院回答说:美国政府负有"保护公众利益不受通过欺诈所得专利形成的垄断损害的义务"。[45]很早以前,米勒曾为政府在纠正错误和欺诈性专利中应发挥的作用进行过辩护,尤其是在大约17年前他曾撰写了莫里诉惠特尼案的判决书。[46]最后,他带领同事们创造了明确的专利撤销权,而这项撤销权是国会拒绝提供的。就这样政府的专利撤销权获得了确认,而贝尔专利案件也被发回到马萨诸塞州巡查法院就案件的实体部分进行听审。

政府聘请的律师们为该案设定了普通法律程序,这或许让他们感到安慰,但他们的案子被发回到了波士顿并且胜算不大,自此他们开始迅速走下坡路。洛瑞不得不悲哀地承认:在菲利普·里斯发明案中,"没有法官曾看到我认为应该看到的东西"。里斯的发明成为最高法院第一次电话专利案判决的牺牲品,该案的地位比肩多尔贝尔案、格雷案以及重要的欺诈指控案。[47]另一方面,丹尼尔·德劳鲍夫离成功只有一步之遥,这为重新找回案件焦点提供了依据,尤其在最高法院成员发生变动的情况下。首席大法官韦特的去世使反对德劳鲍夫的一派失去了决定性的一票。同时,前内政部长拉马尔被单独任命为法庭成员,这增加了多数派反对贝尔的可能性,不要忘了正是拉马尔在任时授权政府提起了欺诈诉讼案。[48]残余的德劳鲍夫利益集团密切关注诉讼程序,因为目前的程序主要是对证人的复审,尽管没有证据表明这些证人起到了具体的协助作用。[49]

然而,政府提起的诉讼案不会看到最终司法判决到来的这一天。随着漫长的证词收集工作的开展,贝尔电话附件专利案的律师团队人数不断缩减,最后只剩下了查尔斯·惠特曼(Charles S. Whitman)一名律师。在他的指导下,政府对证人证词的收集工作持续了两年零两个月,直到贝尔的第一项专利到期前几个月才结束;而贝尔公司收集证词的工作则持续到了1895年。[50]1896年惠特曼的去世基本上终结了这场诉讼。

§

政府对贝尔发起的第一件诉讼刚刚陷入泥潭,第二件案子就接踵而至。而这次则涉及埃米尔·柏林纳的麦克风专利,这一专利几乎从颁发的那一刻起,就取得了与贝尔电话专利相当的轰动效应。柏林纳的专利具备控制所有使用可变压力送话器的潜力,这种送话器也是自19世纪70年代末之后实际使用的送话器。因此直到1891年11月,也就是在提交送话器专利申请整整14年后,柏林纳的专利才获得授权,并号称要将贝尔公司的专利垄断延长到1908年。这项对美国贝尔公司有巨大利益关系的专利获得授权,本身就很反常,也不可避免地招人怀疑,这促使联邦政府又回到法庭上,对美国贝尔公司提起了诉讼。

柏林纳的专利是现在人们所熟知的"睡眠"专利或者"潜水艇"专利的典型。这两种叫法都是指专利申请过程中有意或无意地拖延了很长时间,然后获得授权"浮出水面",让已经成熟的与该专利相关的行业大吃一惊。[51]就像延期专利一样,这种专利权授予的类型能够规避专利制度的一个基本特征,即一项范围宽泛的基础专利的保护期在该技术的经济回报尚未成熟的情况下继续有效。基于人们的接受程度,一项发明可能要其首创者(包括任何基础专利的持有者)在安装、开发或销售新产品或新工艺方面进行投资之后才能收到效益。相比之下,潜水艇专利将首创性专利的宽泛权利与成熟行业更高的经济回报结合了起来。与即时颁布的一项权利宽泛的专利相比,一项睡眠专利的授予更能控制所涉及技术的迭代发展,而这些发展在发明之初是无法想象的。

考虑到这些特性,潜水艇专利支撑起了一些竞争最激烈的专利垄断也就可以理解了。经历了大量诉讼以及一次政府起诉的伍德伯里刨床专利就是一个很好的例子:最初的专利申请在1849年以失败告终,但在1870年专利法为重启旧的专利申请提供了宽限期后,该专利于1873年被重启并获得专利授权。[52]19世纪70年代,查尔斯·佩奇(Charles Page)的感应线圈专利也引发了争议。该发明是佩奇于1838年完成的,但其专利直到30年后才由国会特别法案予以颁发,其后被西联公司用于电报和信号公司中。[53]乔治·塞尔登(George Selden)于1895年获得一项汽车专利,此专利就是通过精细计算拖延时间而获得的。作为一名专利律师,他于

1879年向专利局提交专利申请,并通过一系列的延续申请,使专利始终处于申请状态,并定期修正专利说明书以跟进新的发展。1900年后,他的专利受让人向汽车行业放开授权,在亨利·福特成功击败塞尔登的专利权前,该受让人收了10年的专利许可使用费。[54]即便一个世纪后,专利法依旧无法避免类似的问题,20世纪90年代杰罗姆·莱梅尔森(Jerome Lemelson)凭借有关条形码和机器视觉的专利赚取了数十亿美元的专利使用费,而这两件专利是基于20世纪50年代的初次专利申请。[55]

这些例子表明潜水艇专利呈现出不同程度的预先谋划。柏林纳的专利并不是一项遭人遗忘的偶然被重新提起的专利,与伍德伯里和佩奇的发明不同,他不是"阁楼上的伦勃朗";这是一项实时专利申请,而且这项申请对整个电话行业一直都有非常明确清晰的意义。[56]美国贝尔公司声称整个审查过程都在专利局的控制之下,但贝尔的反对者们自然怀疑这是垄断者精心策划的故意拖延。

双方都认为14年的等待期可以大致分为三个阶段。1877年4月柏林纳提交专利预告申请,1882年6月他的申请面临一系列障碍,包括抵触审查程序,1881年12月柏林纳的专利申请突然被拒,随后他向专利局局长提出恢复上诉。第一阶段没有引起后来关于该阶段任何不法行为的指控。[57]第二阶段一直持续到1888年3月最高法院的电话案判决,这是由于对德劳鲍夫专利权要求判决的漫长等待。因为德劳鲍夫声称发明了麦克风(以及其他所有的电话基本部件),而且早柏林纳10年,所以柏林纳收到了抵触审查通知。[58]然而,在法庭对此事进行大规模的调查时,相关各方都觉得设立一个针对德劳鲍夫专利权的专利局听审没有多大意义。因此,贝尔电话公司、德劳鲍夫的公司和专利局三方达成了一种"默契":以上各方都将等至该案的结束。究竟这种中断是程序上的要求(贝尔公司的观点)还是非法串通(政府的指控)最后都成为了后续诉讼的核心问题。[59]最后,在第三阶段,柏林纳的申请又遇到两个障碍。1888年5月,专利局审查员再次驳回了其专利说明书,使得专利局局长不得不再次撤销柏林纳的专利申请。直到最后一项诉讼程序将德劳鲍夫的专利申请的剩余部分也从专利局扫地出门,柏林纳的专利授权一直悬而未决。政府后来指出这段时间也是不必要的拖延。[60]1891年10月,德劳鲍夫的诉讼被驳回,而柏林纳的专利在一个月后开始生效。

此案立刻引起了媒体的负面报道,但并未立即引发政府对柏林纳专利的审查。相反,就像泛电力电话公司事件一样,引发政府干预的催化剂是贝尔公司的一个竞争对手与一名联邦法律高官之间的私人关系,此案中是电气制造商米洛·凯洛格(Milo G. Kellogg)和美国司法部副部长查尔斯·奥尔德里奇(Charles Aldrich)的私人关系。凯洛格深度涉足电话行业,且由来已久。作为这个领域产量惊人的发明家,1892年,他已经拥有152项已授予或待授予的电话专利。19世纪70年代末,作为西部电气制造公司的负责人,他在芝加哥为相互竞争的贝尔公司和西联公司供货。[61]1882年西部电气制造公司已成为美国贝尔电话公司的生产制造业部门,同时凯洛格从贝尔公司的一些区域性被许可方那里买入大量股票。通过这种方式,凯洛格扩展了自己在电话服务领域的利益。凯洛格与贝尔母公司的关系很差。1887年,凯洛格以贝尔控股的大南方电话公司(Great Southern Telephone Company)的少数派股东身份起诉美国贝尔电话公司,声称贝尔公司以牺牲股息分红为代价,通过设备租赁来攫取公司利润。贝尔公司同意支付五年的股息,但在此项协议期满时,凯洛格再次抱怨起来。[62]

正是基于与贝尔公司系同盟公司的半超脱的关系,凯洛格才下决心反对柏林纳的专利,并声称此举是为了使贝尔专利的被许可人免于支付沉重的专利使用费。[63]1892年11月,他寄给查尔斯·奥尔德里奇(Charles Aldrich)一份对柏林纳专利的简评,而奥尔德里奇正是凯洛格作为股东起诉贝尔公司时的辩护律师,现在是哈里森政府的司法部副部长。事实证明,两人之间的私人关系对政府提起诉讼至关重要,尤其是在专利局局长威廉·西蒙兹(William Simonds)强烈反对的情况下,而正是西蒙兹同意了柏林纳的专利授权。[64]司法部长威廉·米勒(William Miller)任命罗伯特·泰勒(Robert S. Taylor)来负责此事,而泰勒自己也是一名专利律师,同时也是来自奥尔德里奇的家乡印第安纳州韦恩堡的一名法官。泰勒找到了政府提起诉讼的依据,并负责之后的案件准备。他所做的准备工作足以确保政府提起的诉讼在1893年3月的政府换届后得以延续。在说服新任司法部长的过程中,泰勒无疑得益于反垄断联盟和对电话服务现状不满的商业协会的支持决议。[65]

政府律师从一开始就明白直接起诉专利局存在内部欺诈是无法服众的。因此泰勒转而关注柏林纳在专利起草过程中的缺陷,以及1880年颁发给柏林纳的一项有潜在失效影响的重叠授权专利。事实证明,这些关注点足够引起专利审查员两次拒绝专利申请。相比之下,对故意拖延的指控是基于这样的影射:鉴于贝尔公司的强大影响力以及将电话专利垄断延长15年带来的巨大利益,拖延的过程一定受到了贝尔公司的操纵。[66]这一说法得到了一些印证:1888年,一位前专利局局长曾向国会报告说,"强大、富有和有影响力的当事人"表现出"拖延其专利授权过程的强烈愿望";而报纸的报道暗示了这位专利局局长具体所指的正是贝尔公司。[67]但是,没有直接证据表明故意拖延的存在,这一点美国贝尔公司可以提供在不同时间要求授予专利的函件来证明。贝尔电话公司辩称道:退一万步讲,公司就是在等待专利局批复这件事上做得太被动。因此,以"懈怠"(不合理的拖延)提起法律诉讼的依据是要求贝尔公司履行特定的高标准勤勉义务,其正当性在于电话技术垄断对于公众的重大意义。

贝尔侵权案件中被法院坚决否定的一项主张又在柏林纳诉讼案中出现了,那就是法院在检验专利是否符合专利法的基本要求时应考虑专利的垄断影响。[68]贝尔公司提交给马萨诸塞州巡查法院的案件辩护状中指责这一主张为"堪萨斯州的民粹主义想法"。[69]当法官乔治·卡朋特(George Carpenter)在判决中支持政府时,这种对拖延的指摘变得更加可信。卡朋特是来自罗德岛州地方法院的法官,被特别委任为马萨诸塞州法院的法官,他认为:既然"在柏林纳专利授予过程中的任何延误所造成的结果都会明显使得实际上的电传输语音的垄断时间变得更长,这种情况下,被告公司的职责就是尽最大努力来使专利申请获得授权"。[70]依据这种标准,贝尔公司"故意默许"专利局的懒政,"目的是为了推迟专利的授权"。[71]

泰勒对这一"高且全"的理论很是满意,并积极将拖延问题作为政府上诉主张的核心。[72]然而这一论点被诉讼巡查法院明确拒绝了,因为并不能简单基于专利的垄断性而对其专利有效性要求区别对待。法院裁决:美国贝尔电话公司的动机、市场地位和麦克风专利价值之间毫无关联。如果以此为基准而改变审查标准,将"否认法律是平等的,并将为裁决专利权人的权利要求设立过于善变和富有想象力以致于无法适用于法庭庭审的标准"。[73]

1897年,政府提起的柏林纳专利案被移交给最高法院,最终败诉。大法官戴维·布鲁尔(David Brewer)在判决书上写明没有发现欺诈证据,最高法院的法官们以六比一的多数否定了政府的上诉,维持原审法院的判决。这样,布鲁尔进一步否认了法律应当对垄断性专利的有效性提出特殊要求。他清楚地阐述了一种强有力的观点,即专利是发明人的"绝对财产":"政府律师似乎认为创造了发明并随后获取了专利权的公民处于公众的准受托人地位,并且拥有发明专利的公民在道义上有义务确保公众尽快获得这项发明的免费使用权。我们完全不同意他们大力推荐的想法。"[74]按照布鲁尔的观点,任何政府权力都不能侵犯专利权人以自己满意的方式处置自己的特权:"他可能会拒绝向公众披露专利所涉及的知识,他可以凭借专利法赋予他的所有法律优势和利益来起诉将自己的发明公之于众的人,任何公众代表都无权与他谈判,并让他就放弃发明的条件签订一份新的、独立的合同。"[75]

这种对专利权人主权权利的观点并非仅限于柏林纳案,而是代表了19世纪90年代至20世纪最初十年美国专利法重大改革进程的一部分。在这期间,一系列有影响力的法院判决把专利权不可侵犯变成了一种崇拜,以至于专利权人的权利开始超越发明本身的界限,并保护了专利所有人在专利许可和使用上附加"捆绑"条件的能力。法官们给出的理由是:由于专利权人有权保留其发明完全不被使用,其就必然有权以希望的任何条件对其专利权进行许可。[76]举一个当时判例法的著名例子,专利油印机的制造商有权要求购买者只能使用该公司的非专利油墨和纸张,否则将面临"间接侵权"的诉讼。[77]这种限制性做法在20世纪初期逐渐减少,1914年的克莱顿法(Clayton Act)将限制性专利许可纳入到反垄断法的管辖范围,最高法院也撤回了对附带捆绑要求的支持。尽管如此,从19世纪90年代中期到20世纪初期,绝对专利权原则方兴未艾。正如芝加哥一位巡查法官所提出的:"在专利权人的领域内,他就是沙皇。人们必须按照他授意的要求来使用这项发明,否则就要等17年。这是专利法的本质所决定的。对限制贸易和损害销售自由的抱怨都是徒劳的,因为为了促进实用工艺的进步,宪法和专利法授权了这种垄断。"[78]布鲁尔法官在柏林纳案中的意见不仅代表了司法立场,更是对这种立场的一种开创性陈述,并在此后半个世纪的主要专利垄断案件中不断被提及。[79]

然而,作为美国政府诉美国贝尔电话公司案的第一阶段,柏林纳案对专利法的影响要大于对电话市场结构的影响。1893年和1894年,贝尔的两项专利到期,美国贝尔电话公司的垄断地位不久也随之终结。非贝尔("独立")电话公司逐渐出现并开始提供服务,随后这些公司如雨后春笋般快速涌现。政府提起的诉讼案为早期的独立公司提供了一定程度的法律保护,使它们可以免受柏林纳就其专利提起诉讼的威胁,并成为中西部电力制造商领导推广非贝尔交换机的聚焦点。[80]但是柏林纳在1897年政府提起的诉讼中胜出,这既没有让独立公司感到意外,也没有让他们过分担心。[81]最高法院的判决只涉及政府提起的欺诈指控,这使得该专利的实质性缺陷容易在随后的侵权案件中继续受到攻击。此外,最高法院最近的判例法中有一个先例,暗指柏林纳的专利会因为其1880年获得的一项类似专利授权而被撤销。这一判决对柏林纳非常不利,以至于政府律师预计贝尔公司会试图通过立法来推翻这一判决。[82]当1901年波士顿巡查法院判定柏林纳专利无效时,关于前垄断者贝尔公司将无法实施其控制的另一项专利的预测最终被证明是正确的。两年后,上诉法院支持了柏林纳专利的存续,认为该发明的范围过窄,与柏林纳的专利权并无关系。[83]

最终通过将贝尔公司的一项关键专利拉下马,私人诉讼在十几年政府诉讼付诸努力却最终失败的地方取得了成功。当然,回过头来看,政府电话诉讼案中的"公"与"私"界线并不明晰。即使在联邦政府的头头脑脑不再充当泛电力电话公司利益集团的门面之后,针对美国贝尔电话公司的专利诉讼战实质上已经成为各方在法庭上反对贝尔垄断的第二前线。因此,这些案件让人想起斯蒂芬·斯考罗内克(Stephen Skowronek)对美国政府的描述,即美国是一个"法院和政党漏洞百出的国家"。在此案中,行政部门充当了实现私人利益的渠道,而不是按照独立机构的职责行事,或者说,行政部门发展成了一种永久性的官僚机构。[84]从另一个角度来看(因为最近美国史学已经不再持弱国和"政党时期"的观点),垄断性的电话专利本质上是政治目标。正如美国的政治经济最终将所有的技术和发展问题都变成了公众争论事项一样,在分配结果上的私人斗争也极易成为公众和政府事务。[85]不管怎样诠释,公和私都有重叠的部分,而不是完全对立的领域。

§

政府对贝尔提起的诉讼是一个历史性的不解之谜。这些诉讼是完全反常的行为,还是一种调控专利权的新的机构职能?有证据表明这些诉讼介于两者之间。从专利垄断非同寻常的力量到潜在市场进入者的政治关系,由于这些种种原因,电话案成为了一个特例。但政府提起的诉讼也涉及制度创新,并迫使政府官员们从法律和政治方面为自己的立场辩护。一旦我们揭开了充斥着丑闻和腐败的政府欺诈诉讼案的华丽外衣,就可以看到国家在知识产权中的角色。

尽管美国政府诉美国贝尔电话公司案体现了对专利垄断的政治敏锐性,甚至确立了撤销专利权的相关法律,但并未使国家在监管专利权方面发挥持久性作用。有两方面的因素阻止了政府进一步介入对垄断性专利的审查。首先,最高法院要求欺诈诉讼必须涉及的是真实政府管辖事项,并要求提起诉讼能证实具体的不当行为,而非指控一般的专利无效,因此最高法院停止了19世纪70年代和80年代初发展起来的对"欺诈"随心所欲的指控。通过将撤销欺诈性专利的权力正式化,最高法院终结了法律上的不确定性,而巴特勒将军和其他人正是利用这种不确定性将政府提起的欺诈案转变为了一件反垄断利器。

其次,随着20世纪初单一重大专利模式被取代,旨在使一项重大控制专利失效的高调政治化诉讼需求变得无关紧要。虽然首创专利仍然不断产生,但工业企业开始更多地依靠购买或持续研究来获得专利屏障,而不再主要依靠个人的专利授权。同样,企业发现与保护范围宽泛的首创专利相比,对集中性和限制性专利许可安排的管理更持久也更容易。随着专利垄断性质的转变,政策制定者的侧重点也发生了变化。到20世纪初,政府在专利方面享有的权力已成为一种反垄断的尝试,并聚焦于公司间的恶意串通和限制性许可。

最终,正如贝尔欺诈诉讼案所传达出的信息,对基础专利的抗议反映出的是专利权的优势而非劣势。即使是在国会,专利制度的拥趸势力也足够强大,以致对专利制度不利的立法无法通过。同时,联邦司法部门在19世纪末采取了越来越强硬的支持专利的姿态。结果,电话案未能影响公众对于美国法律体系下宽泛专利垄断的接受。在柏林纳诉讼案中,反对者曾试图对基础专利的所有者施加更高的标准,但上诉法院和最高法院却提出异议,拒绝将专利的有效性与其重要性等量齐观。接着,最高法院断然拒绝了公众在专利权人被授予所有权期限内享有任何权利的说法。

19世纪末期至20世纪初是专利权不受公众干涉的巅峰时期。直到19世纪80年代,州法院和联邦法院驳回了销售和使用专利物品(与权利本身不同)在某种程度上不受监管的主张。附属于贝尔公司的电话运营公司在几个州提起的诉讼验证了这一法则。在诉讼中,这些公司辩称它们的排他许可应使它们免于遵守州普通法的某些要求,但并未成功。[86]然而,从19世纪90年代末开始,影响柏林纳案判决的专利权绝对论观点使联邦司法机构改变了方针,将专利转让协议从其他适用法律中排除。最引人注意的是,最高法院最初否认了反垄断法对专利池的适用,并认为即使联合定价也是专利权人"在使用或出售权利方面的绝对自由"的合法行使。[87]直到20世纪头十年的中期,当法院的多数法官反对专利池和租赁限制时,政府才最终通过专利领域确立了其在调节市场控制方面的作用。[88]

第5章 横渡大西洋

电话专利故事从一开始就是国际性的。亚历山大·格雷厄姆·贝尔准备在美国申请专利的同时,就已经开始采取行动,以便在国外保护和利用他的电话发明。这项工作可不仅仅是在国外提交专利申请那么简单。贝尔和他的支持者一边在国外宣传贝尔的创新主张和良好声誉,一边争先恐后地与国外的投资者建立伙伴关系,并与外国政府达成协议。事实证明,并非所有对贝尔专利的质疑和挑战都是在电话领域内的。在获取外国电话专利和建立海外公司的过程中,贝尔利益集团很快发现他们陷入了与其他美国发明家的竞争,尤其是来自托马斯·爱迪生的竞争。这些发明家争夺最激烈的战略高地是英国,当时世界上最大的帝国和最大的金融中心。随后贝尔与爱迪生在英国的斗争充满了发明家们与不靠谱的当地专利代理之间的交锋、不可理喻的资本家以及英国政府对美国电报系统竞争者的怀疑。这个过程揭示了在全球范围内推广新技术的挑战。

在申请国际专利的渠道中,英国和美国之间的渠道非常成熟。1877年,217项美国专利(占总数的1.6%)颁发给了英国人,英国人所获得的专利数占所有外国人当年在美国所获专利总数的三分之一以上。[1]长期以来,英国的专利申请更加国际化:在1852年英国专利法颁布后的十年里,五分之一的专利申请来自外国人。从1867年至1869年,美国人向英国专利局提交了826份申请(占总申请数的7.2%),在外国人专利申请中仅次于法国人,位居第二。到1884年英国专利局开始系统地收集国籍数据时,美国人的申请数是1181项(占总申请数的6.9%),是申请专利的外国人中最多的。[2]

但是,这并不是说海外专利申请是简单而直接的。根据在目的国联络人的情况,发明人往往需要各种类型的中介从中操作才能获得外国专利。一种选择是吸引一个当地合作伙伴来监督专利申请过程。另一种选择是找专业的专利代理,此时的专利代理已成为发明人必不可少的顾问了,他们通常直接处理国际事务。位于伦敦大法官法庭巷(Chancery Lane)的英国专利局批准的专利说明书通常包括一个编号,这个编号位于伦敦专利代理机构名称的下方,而不是发明人名字的下方,同时专利说明书被界定为"来自海外的书信"。不管专利申请渠道如何,迅速采取行动是至关重要的,因为在目的国任何形式的在先公开都会对最终的专利授权造成损害。[3]然而,专利授权只是知识产权转让的第一阶段。每当一项专利跨越国界,就得重新开始定义、捍卫和利用发明人的合法权利。

贝尔很早就开始关注他在海外的权利。由于他与贝尔专利协会的协议没有涉及海外专利事项,预期海外专利的股份可以成为贝尔这位相对清贫的聋人教师的预收收入。1875年至1876年的冬天,贝尔把自己的多工电报发明和电话发明的加拿大海外所有权的一半分给了乔治·布朗(George Brown),一位自由党政治家,同时也是《多伦多环球报》(*Toronto Globe*)的所有者。布朗和他的兄弟同意承担在英国申请专利的费用,并每月预付50美元,直到申请成功。布朗兄弟担心向美国专利局提交专利申请的行为可能会造成英国法律规定的在先公开的情况,因此,布朗兄弟坚持要求贝尔在乔治从英国发来电报确认已在英国提交专利申请前,不再进一步提交美国专利申请。

1876年1月,把专利说明书寄给华盛顿的加德纳·格林·哈伯德之后不久,贝尔给了即将启程前往英国的布朗另外一份专利说明书。贝尔与布朗协议的其余部分从未生效,因为布朗在英国期间没有去积极申请专利。他的兄弟后来回忆说,这次失败源于布朗听信了一位英国电气工程师的反对意见。[4]与此同时,2月14日,在没有布朗和贝尔任何消息的情况下,哈伯德突然在华盛顿提交了美国版本的专利申请。哈伯德撕毁贝尔-布朗协议的意愿进一步表明他事先知道以利沙·格雷即将提交专利预告。[5]如果确实如此的话,那么随后几年美国电话业的成功证明了哈伯德将国内专利权放在首位的决定是英明的。然而,此时布朗兄弟在英国专利申请上的后退使得贝尔在海外的合法权利主张比围绕其发明的国际报道落后了一步。

因此,贝尔的电话发明第一次出现在英国的时间实际上比电话专利申请早了几个月,这一时间差使得寻求专利保护陷入困境。1876年9月,著名科学家威廉·汤姆森爵士(Sir William Thomson)首次在英国尝试进行电话发明展示。7月份在费城庆祝美国建国一百周年的百年博览会上,汤姆森从贝尔那里购买了一部电话机。回国后,他在格拉斯哥举行的英国协会(British Association)会议上展示了这个装置,但却没有实现语音传输。为了横渡大西洋,这台电话的一些零件被用螺丝拧紧,后来又在运输过程中被弄弯了。在格拉斯哥,拧紧的螺丝和被弄弯的外观这两个特点都被认为是经过仔细揣摩的设计。结果,让懊悔的汤姆森长舒一口气的是,"格拉斯哥的仪器"后来被认为没有抢先于贝尔的专利。然而,汤姆森的展示并不是唯一被认为具有潜在危险的在先公开。同年夏天,《英国电气机械师》(*English mechanical*)杂志刊发了一篇关于电话的描述,这篇描述最终迫使贝尔利益集团放弃了部分专利权要求。直到12月,贝尔公司在伦敦的律师威廉·摩根布朗(William Morgan-Brown)提交了专利申请,此项申请后来成为1876年第4765号专利,直到这个时候,授权的技术转让才真正开始。[6]六个月后,贝尔才首次利用他的权利获利,即以5000美元的价格将他英国专利的部分收益权出售给新英格兰棉花商人威廉·雷诺兹(William H. Reynolds)。

将电话作为一项公共议题引进英国的最重要的渠道已被打开,而这个渠道正是邮局电报管理局(Post Office telegraph administration)。1869年,英国的电报网络被收归国有,划归邮局管理,并有发展服务的开拓权限。[7]政府的电报官员敏锐地意识到美国在传输技术改进方面的领先地位:约瑟夫·斯特恩斯(Joseph Stearns)的双工技术已经被邮局网络所采用,随后爱迪生的四工系统也被邮局采用。[8]1877年春天,美国电报业大踏步的快速发展促使邮局高级工程师、著名电气专家威廉·普里斯(William Preece)进行了一次官方的实况调查。正是在这次任务中,普里斯会见了贝尔,带回了首批可用电话并在英国进行展示。[9]

1877年9月,贝尔的合作伙伴雷诺兹上校已经就为政府机关提供电话设备开始与邮局谈判。但官方的回应很是谨慎。邮局的主要工程师们一致认为,目前这项技术实际上还不可行,而且贝尔公司的电话被证明与现有的地区电报网络不兼容强化了这一观点。[10]然而电话的不成熟使官员们得出的结论大相径庭。普里斯认为在可用电话专利权的价格没有变得更高之前,邮局应立刻买下电话专利权。电报管理局的另一位副总工程师爱德华·格雷夫斯(Edward Graves)负责严格把控预算支出,他在此事上更为谨慎。格雷夫斯指出,按照现行的政策,邮局不应资助处于研发阶段的发明。[11]发明市场上的大多数私营公司都习惯于签订成品购销合同,而不是资助发明,在这一点上邮局更应该如此。邮局甚至曾拒绝发明人使用邮局电线测试发明设备。[12]邮局的不积极至少在一定程度上反映出一个原则问题:在格雷夫斯看来,承担一项不成熟技术的风险,违背了政府部门既不利用公共资金进行投机,也不偏袒任何发明人的初衷。[13]邮局的预算控制最终印证了格雷夫斯的观点。尽管邮局首席工程师卡利(R. S. Culley)与雷诺兹协商达成了一项协议,约定将电话以优惠条件租赁给一家政府的私人线路服务商,但即便是这种尝试性举措也因财政部拒绝批准合同而夭折。[14]当政府考虑是否对电话业进行立法管制时,邮局和贝尔利益集团就分道扬镳了。

在邮局审议过程中,贝尔和雷诺兹最关心的是重启在美国开展商业活动之前的宣传活动。蜜月期间的贝尔及时抵达英国,目睹了普里斯在普利茅斯的英国科学促进会上首次展示一部可用电话。作为发明人的贝尔在英国艺术协会和电报工程师协会发表了演讲。为了减少技术损耗,雷诺兹聘请了美国作家兼演员凯特·菲尔德(Kate Field)写文章并通过电话演唱《凯瑟琳·马福尔内》(*Kathleen*

Mavourneen），同时贝尔在奥斯本宫（Osborne house）向维多利亚女王展示了电话。[15]

这几个月的展示对于专利利益的形成发挥了重要作用。专利权的安全与科学意见有直接关系，因为维护良好的声誉和搞定一批富有同情心的专家证人才能防止将来可能发生的诉讼。贝尔充分利用了他与威廉·汤姆森爵士之间的友好关系。汤姆森爵士引荐贝尔进入英国工程机构的最高层，并为贝尔写推荐信，将其介绍给英国的物理学家和电报实业家。[16]毫无疑问，贝尔宣传的目标受众包括金融和科学权威机构。与英国邮局的谈判失利之后，成立一个私人电话合资企业的前景也随着专利公众形象的起落而飘忽不定。对贝尔来说，雪上加霜的是《泰晤士报》收到了一连串充满敌意的投诉信，其中一些抓住1876年发生在英国的可能的在先公开进行质疑，这一切似乎削弱了贝尔电话专利在1878年初的潜在价值。[17]

在英国财政部强势拒绝了英国邮局对贝尔的赞助之后，贝尔和雷诺兹开始转向私人资本。1878年3月雷诺兹以20000英镑的价格将专利权的55%卖给了一群资本家，其中10000英镑要在12个月以后支付。[18]这些资本家成立了"电话有限公司（贝尔专利）"，而贝尔的秘书后来吃惊地发现这些投资人代表了令人咂舌的700万英镑财富。[19]这些投资人中的主要标志人物包括商人詹姆斯·布兰德（James Brand）；股票经纪人和国会议员卡斯伯特·奎尔特（W. Cuthbert Quilter），而他后来很快成为最大的单一股东；大律师兼铁路总监约翰·巴顿（John W. Batten）；棉花商人乔治·杜赫斯特（George Dewhurst）以及金融家查尔斯·莫里森（Charles Morrison）。[20]

莫里森是他那一代人中最富有的英国人之一，他是通过自己的律师约翰·莫里斯（John Morris）加入贝尔电话集团的，莫里斯也是电话公司的筹备者之一，并担任该电话公司的第一位首席律师。[21]令人吃惊的是，英国强大的电报设备工业的头面人物没有一个是电话的支持者。加德纳·哈伯德后来对此事感到懊悔，他扼腕叹息道，"找到这么多非常能干但又几乎没有能力经营电话公司业务的商人是很遗憾的一件事"。[22]

尽管在电话公司成立的头八个月里贝尔就在英国，而且他还在公司董事会中占有一席之位，但在董事会商议时，专利权人的利益没有得到有力的代表。雷诺兹上校缺乏执行力，很快就被边缘化了。[23]贝尔在讨论公司应采用的商业计划施加了一次最重要的干预，他全力支持美国模式，"根据该模式，在某些限制条件下，电话可用于科学和家庭用途，虽然公司的主要业务是架设和维护电话通信线路，但报酬是以固定年租金的形式收取的。这种模式下，整个电话系统将仍然归公司所有，公司将从建立的每条电话线路中获得永久收入"。[24]

贝尔针锋相对地批评了公司第一任总经理麦克卢尔（McClure），在麦克卢尔领导下的公司似乎正朝着纯粹的电话设备销售方向发展。贝尔认为："若仅仅为了监督由一个不负责任的经理打理的电话销售商店，而组建公司、任命董事会是完全没有必要的。"[25]其他董事会成员也同意选择美国模式，并同意解雇麦克卢尔。除此之外，他们对贝尔在董事会上的贡献并不感冒，而随着时间的推移，贝尔的这种贡献逐渐变弱。作为发明家，贝尔更愿意把商业问题留给他年轻时的朋友亚当·斯科特（Adam Scott）来处理，而斯科特从当年4月份就是公司的代理秘书。但到了10月，贝尔与董事会间若即若离的关系急转直下，他声称"公司业务严重混乱以及董事会及代理经理的无礼对待"，迫使他向董事会请辞，并带着家人返回了美国。[26]

然而，专利权人的利益在1879年以加德纳·哈伯德的名义得到了恢复。随着波士顿资本家在新成立的国家贝尔电话公司中崛起，以及对美国投资者而言，他在金融事务上信誉的一落千丈，哈伯德把注意力转向了大西洋彼岸。随着贝尔与哈伯德的女儿梅布尔的结合，贝尔夫妇在英国、法国、比利时、奥地利和德国的专利权益被托管，而加德纳·哈伯德则是唯一的受托人。作为美国早期电话技术的主要推广者，哈伯德成为在海外推广贝尔专利权的关键人物。哈伯德以"梅布尔对英国、法国和奥地利电话专利的利益"为名，启程前往欧洲，决心要给明显沉寂的英国电话专利"注入一点生机"。[27]他发现英国的电话公司正处于从展示到商业运行的艰难过渡期："公司董事长布兰德（Brand）派萨瑟兰公爵（Duke of Sutherland）来监管电话业务，而在公爵和他的朋友一起监管的期间，所有业务都停滞了。第二天来的是公爵的儿子和女婿，公司所有员工的时间都浪费在向公爵、侯爵和贵族展示和炫耀电话设备上了。这些王公贵族似乎比正经的商人更加重要。"[28]

哈伯德在一个四分五裂、心猿意马的董事会中摸索出了自己的道路，开始进行两方面的重组。第一方面重组是创建地区公司，在郡级城市发展并提供服务。哈伯德的第一选择是格拉斯哥，但在咨询了电话公司里能力出众的爱丁堡代理人和公司主要股东乔治·杜赫斯特之后，他把目光转向了曼彻斯特。杜赫斯特本身就是曼彻斯特的居民，在他的积极帮助下，公司的两家代理商开始以1500英镑的预算为100个用户提供电话服务。如果成功的话，他们将在当地成立一家能服务500人的公司。哈伯德在和贝尔描述这个计划时，说"有点像我们在美国的运作方式，只是做了些适应性改变"。[29]

作为贝尔专利的受托人，哈伯德第二个方面进行的是重组母公司，其授权了一次资本扩充并卖出3000股股份以筹措急需资金。贝尔信托的持股比例从20%下降到不足法定资本的5%,但是哈伯德宣称他将股本的价值增加了一倍以上,因为股票的价格现在可以达到约2.1英镑,而不是原来的1英镑。按照贝尔的意愿,哈伯德试图让亚当·斯科特作为贝尔信托的常驻代表进入董事会,但这一人事任命被董事会否决,最终这一角色由理查德·霍姆(Richard Home)担任,而霍姆则是贝尔家族的另外一位朋友。

最后,哈伯德确保公司致力于明确的业务发展行动计划。这份计划将伦敦划分为15个区,并设立一名大都会总监负责游说和建立交换大楼,另外任命至少三家代理商,目的是在超过10万人口的城镇建立区域公司。哈伯德提出了区域公司的标准组织结构:发行价值2000英镑的优先股,母公司占一半的普通股。[30]忙碌了四个月(1879年7月至10月)后,哈伯德离开英国前往美国,他为期四个月的努力已经为一种更加扩张性的想法奠定了财务和战略基础。在通过当地合资的公司促进业务地域扩张的过程中,他还继续引进美国公司不断发展的组织模式,而这种模式则是从贝尔坚持出租电话设备而非出售电话设备开始的。

§

1879年,在距离英国电话公司伦敦总部仅几条街之遥的地方,一家横跨大西洋的企业成立了,这让哈伯德对贝尔所忧虑之事的改革举措显得太过斯文。一群美国工程师和工人挤在维多利亚女王街一栋建筑的地下室里,他们竭力使伦敦爱迪生电话公司成为一个可行的提议。这家公司的主流历史形象出自剧作家萧伯纳(George Bernard Shaw)的描绘,而萧伯纳曾短暂担任过该公司的代理。萧伯纳从他的同事身上看到了:

> 技术娴熟的美国技术无产阶级的影子。他们崇拜爱迪生先生,认为爱迪生是科学、艺术和哲学等各个学科有史以来最伟大的人,他们唾弃发明了电话的格雷厄姆·贝尔先生,因为贝尔与爱迪生是相互竞争的关系,并将贝尔视为死对头;但是爱迪生和贝尔都处在(或假装处在)完成电话改进的边缘,而这种改进通常集中在送话器的改良上。他们是精神自由的动物,是极佳的伙伴,他们敏感、乐观、不相信神灵;他们也是撒谎者,吹牛者,骗子;他们通常在自己制造的困难中挣扎,或者像迷路的羔羊一样在禁止通行的路上继续负重而行,并等待完全没有想象力、没有魄力犯错的英国人去营救,在这一过程中他们始终带着一种亘古不变的哼唱着古老的英格兰悠扬小曲儿的神情。[31]

除了萧伯纳具有浪漫情怀的电气工程师团队以外,还有另外一股力量,试图将移植过来的美国知识产权与英国资本结合起来。在美国,托马斯·爱迪生在西联公司的资助下已经研制出了碳送话器,并且以10万美元的价格把他一系列待申请的电话专利卖给了西联公司。[32] 1877年7月，爱迪生在英国申请了专利，而这次作为发明家的爱迪生有全新的机会可以直接参与专利商业的运作和开发。

1879年初，爱迪生有足够的理由来这样做。首先，抵触审查几个月以来，碳送话器（或模拟碳送话器的装置）在美国已经被公认为是高质量电话的重要组成部分。其次，很明显，贝尔英国专利的弱点使得它比美国原版贝尔电话专利更加容易受到攻击。最后，爱迪生发明了另一种电话接收机，也就是爱迪生所说的"电信号"接收机，它的工作原理与贝尔的接收机不同。由这种新的接收机和碳送话器组成的电话的前景似乎为加入英国的电话竞争增加了砝码，尤其在贝尔专利权的地位受到不断质疑的情况下，爱迪生似乎得到了一次千载难逢的机会。在这一希望的推动下，"门洛公园奇才（Wizard of Menlo Park）"和他的同事们在伦敦成立了一家公司，以在英国推广一种独立的爱迪生电话机，此种电话机由在新泽西州爱迪生电话公司的总部负责供应。[33]

为了开发使用在英国申请的专利，爱迪生求助于乔治·高洛德（George Gouraud）上校。高洛德上校是一位常驻伦敦的美国银行家，此前曾参与爱迪生自动电报的市场推广工作。19世纪70年代末，爱迪生凭借留声机、电话和电灯的发明成为国际知名人物。也就是从那时起，高洛德成为爱迪生在跨越大西洋宣传专利权方面的长期合作者。[34] 1878年6月高洛德被委任为爱迪生的经纪人，随后代理电话专利权成为他的第一个主要任务。[35] 不久后，爱迪生的其他帮手也从美国赶来，并带来了进行实验和准备公开演示所必需的设备和技术。

爱迪生电话的首次亮相清楚地表明了领先的科学团体在技术人员和资本家之间发挥的主要接口作用。威廉·巴雷特教授（William F. Barrett）在伦敦学院第一次介绍碳送话器后不久，高洛德就敦促爱迪生把电话设备送到英国皇家学会的约翰·廷德尔教授（John Tyndall）那里，以便廷德尔教授能够把电话加入到有关电气进展的综述中，并且高洛德把这次机会宣称为"资本运动的最佳开端"。[36] 此后，皇家学会成为电话设备展示和筹集资金的前线。1879年2月，廷德尔的演讲为进一步的电话展示活动奠定了基础，这次演讲的地点是英国皇家学会主席的家里，连威尔士亲王也出席了。在这次活动附带的谈判中，爱迪生公司迎来了第一位投资者：约翰·卢伯克爵士（Sir John Lubbock），他是一位横跨科学、商业和政治界的银行家、国会议员和博物学家。[37]

伦敦爱迪生电话公司的其他创始股东与卢伯克和皇家学会建立起了一个集社交和专业为一体的网络。担任董事长的爱德华·普雷戴尔·布维利（Edward Pleydell Bouverie）也是一位银行家兼政治家，曾在许多自由主义政府中任职，并同卢伯克一样是外国债券持有人委员会的委员。建筑师阿尔弗雷德·沃特豪斯（Alfred

Waterhouse)是英国皇家学会的会员,他参与爱迪生公司的事务看起来就像是家庭事务,因为股东的名单包括了来自普赖斯和沃特豪斯会计师事务所的律师 J. 沃特豪斯(J. Waterhouse)和 E. 沃特豪斯(E. Waterhouse)。他们的世交朱利安·戈德史密德爵士(Sir Julian Goldsmid)以及普赖斯和沃特豪斯会计师事务所的负责人罗威尔·普赖斯(J. Lowell Price)也入股了爱迪生公司。沃特豪斯和温特博森律师事务所接手了爱迪生电话公司的法律代理业务。高洛德引入的其他投资者还包括孟买前总督、庄信万丰矿业公司的合伙人以及伦敦证券交易所主席。[38]

与贝尔不同,爱迪生通过他的经纪人在英国电话企业中构建了有影响力的地位。[39]爱迪生作为发明人只持有200股原始股中的一股,但却拥有提名一名董事的权利,并且董事会的成员不得超过7人。爱迪生的代表可以否决总经理的人选,还可以自由召开股东大会。公司即刻支付给专利权人的酬金被限制为5000英镑预付款,而此后则以20%租赁收入或者公司派息金额中更高的部分来支付。此外,在专利到期后的第一年年初,爱迪生将获得该公司当时一半的商誉价值。[40]高洛德和投资方很快就在这些问题上达成了一致,到1879年5月底,协议的主要内容已成型。在公司8月份正式成立之前的大部分谈判,都围绕在伦敦以外的地方开发利用爱迪生的专利权而展开。

当爱迪生与伦敦的投资者们达成协议时,电话在郡区域的发展前景揭示了爱迪生对放弃专利权部分控制权的困惑。高洛德上校在考察了潜在的郡级市场后回到伦敦,却发现这家筹备中的伦敦公司的成员已经在利物浦和曼彻斯特设立了地方董事会,给人的印象是他们拥有全国特许经营权。正如另一位同事向在新泽西的老板爱迪生汇报时所说的那样,这代表着"你和他们之间的严重分歧点"。[41]高洛德发现有必要通过增加一个单独协议来实现与投资方的折中,即把兰开夏郡(包括利物浦和曼彻斯特)增加到爱迪生公司的业务领域,以换取提前支付给专利权人爱迪生另外10000英镑的专利使用费。

高洛德向爱迪生解释说,容许在伦敦董事会的控制之下成立这些本地公司是为了加速对抗加德纳·哈伯德改革一新的贝尔公司。[42]尽管如此,高洛德上校仍然认为通过授予更多独立于伦敦的特许经营权来坚决维护爱迪生专利权才最符合爱迪生的利益,并迅速着手在格拉斯哥推进另一家公司。[43]爱迪生和投资方最后达成的协议对授权进行了严格的限制:伦敦的爱迪生电话公司有权在伦敦东部中央邮政区开展运营业务,这里也是英国最主要的市场,并把伦敦其他区域纳入特许经营权范围,以换取每个邮政区域5000英镑的预付专利使用费。除了兰开夏郡,爱迪生保有在英国其他地方设立新公司的权利。[44]

8月份成立的伦敦公司并没有终结区域公司的问题。因为高洛德继续努力使地区电话开发业务独立于伦敦的董事会,这个问题一直持续到当年年末。随着时间的推移,关于谁是爱迪生在英国的代表问题浮出水面,这使得专利权人的利益和公司利益之间的紧张关系进一步复杂了起来。在兰开夏郡谈判期间,高洛德持有发明人爱迪生的委托书,并且在进入董事会后更新了委托书。[45]但是,从7月份起,来自爱迪生门洛公园代理人爱德华·约翰逊(Edward H. Johnson)开始负责这家伦敦公司的技术事务,在为即将到来的与贝尔公司的专利大战做准备的过程中,约翰逊在其他董事之间的威信与日俱增。在通过伦敦公司协调爱迪生电话在英国推广的过程中,约翰逊站在了董事会的其他成员一边。最终,他和董事会其他成员一起推翻了高洛德对爱迪生和爱迪生公司联合行使所有新区运营投票控制权的反对意见。[46]格拉斯哥项目在投资者的激烈批评中分崩离析,而高洛德在此项目中对独立公司的坚持也未能积攒可信度。[47]到1879年底,爱迪生公司艰难地发展成与其竞争对手类似的母子公司结构,但内耗和迟滞所造成的后果也日益凸显,而贝尔利益集团则巩固了在电话领域的领先地位。

伦敦爱迪生电话公司有意避免重蹈美国专利僵局的覆辙。爱迪生甚至发明了一种"电信号"接收机,用电化学电荷代替了贝尔的电磁,以将他的碳送话器专利从贝尔式接收机的束缚中解放出来。[48]然而,在最初几个月,两家公司就展开了一场旷日持久的对抗性竞争,与此同时他们也听取法律意见,并计算着各自的专利是否能经得住考验。每一条新的支持或者反对意见都会在董事、公司高管和技术人员中引起剧烈的集体情绪波动。哈伯德曾汇报过一次董事会集体悲观沮丧的事件。1879年8月,电话公司的律师们认为贝尔的专利无法维持,这让公司董事会感到沮丧。在爱迪生公司,对爱迪生这位发明家的忠诚使美国雇员普遍对他们的专利地位充满信心,但其实就连强烈支持爱迪生的爱德华·约翰逊的信心也可能动摇了。[49]跟美国的情形一样,专利大战的主角们无法预测是财务和商业因素决定法律地位,还是法律地位反制财务和商业因素。

与大西洋彼岸正在进行的洲际规模的电话竞赛相比,英国的电话竞争才刚刚开始。尽管美国语音电话公司在追赶贝尔电话公司的过程中利用了西联公司的大量技术和企业资源,爱迪生电话公司仍没有办法缩小竞争对手领跑抢先的优势。爱迪生伦敦公司的运转从一开始就为拖延所困,包括等待最新发明的电信号送话器、电话设备的技术问题以及碳送话器专利中还不可靠的部分在专利局的诉讼程序中被驳回所造成的长时间中断。从电话技术的确立到两大主要电话公司迟缓的商业起步,时间上的滞后使得英国的电话发展落后美国一年多。1879年至1880年间,在英国相互竞争的电话公司简直就是美国情形的微缩翻版。

结果,在城市里没有发生激烈竞争。高洛德先期订购的2000台电话设备被证明是过于乐观了。到1879年底,爱迪生在伦敦的三家电话交换所的用户不到170个,而贝尔公司只有200个。在各个郡,英国电话公司的交换所已开始在利物浦、曼彻斯特、爱丁堡、伯明翰和布里斯托尔开展业务,尽管每个交换所的用户数量都仅有几个而已。[50]目前还不清楚爱迪生公司在利物浦、曼彻斯特和格拉斯哥的游说是否在建立电话设施方面取得了成功。在该领域没有重大竞争的情况下,很难推断出爱迪生公司每年12英镑的收费和贝尔英国电话公司每年20英镑收费所产生的影响。当下的对比集中在质量上,而在这方面贝尔公司略微领先。1880年初,贝尔公司在美国引进了弗朗西斯·布莱克(Francis Blake)的送话器,以抵消爱迪生在这方面的优势。而与此同时,应用电信号的接收机拖累了爱迪生发明的电话。[51]在使用爱迪生的电话时,必须用一只手不停地转动这个组件,这样就妨碍了电话使用者记录有用信息。另外,爱迪生的电话设备也是出了名地大声。乔治·萧伯纳将爱迪生的电话描述为"一部声音效率极高的电话,以至于它需要你把最私密的交流内容在屋子里大声地喊出来,而不是小心翼翼地低声耳语"。[52]

1879年底,英国邮局采取的行动使这个萌芽中的行业阴云密布。根据将电报国有化的议会法案,针对贝尔和爱迪生两家公司的诉讼都强调邮局对电话业的管辖权。英国政府选择拿爱迪生公司开刀,因此爱迪生公司不得不在一个意想不到的法律战线上予以还击,来证明电话实际上不是电报。[53]更危险的是,邮局开始挑拨两家电话公司的关系。爱迪生公司的秘书阿诺德·怀特(Arnold White)发现贝尔英国电话公司与邮局之间进行了先期谈判,要求贝尔公司服从监管规定,并上交10%的收据税,以换取政府的照顾和支持。直到最后一刻,怀特说服了约翰·巴顿(John Batten)这个"有影响力、有头脑的贝尔董事会成员",来共同反对这种分而治之的策略。[54]正如爱德华·约翰逊所指出的,从战略合作到两家公司的合并,这一步合乎逻辑。[55]但是,邮局的威胁促使两家公司的董事会开始考虑稳定市场和安抚投资者的战略,以促进股票价值的上涨,为可能的国家收购做好充分的准备。

从11月开始,爱德华·约翰逊表示在合并的情况下,保留而非攻击贝尔专利可能会带来回报,而此时爱迪生公司开始萌生合并的想法。但是,随后贝尔英国电话公司开始公开不支持这种前景,这也对爱迪生公司投资者的斗志产生了恶劣的影响。约翰逊抱怨说:"单靠我一个人的力量是无法扶起这些膝下无力的软骨头的。"[56]此时有两股势力开始直接接触位于新泽西州的爱迪生。第一位是来自西部电力公司(Western Electric)的经理德兰西·卢德巴克(DeLancy H. Louderback),他曾是西联公司在美国南部的代理,也是该地区终止竞争协议的两名主要操盘手之一。根据尚不明确的授权,卢德巴克提议成立一家联合英国公司,每家公司将获得相当于其企业价值的股票。[57]不到一个星期,来自贝尔英国电话公司的一位英国代表也找到了爱迪生。[58]

两人都遭到了爱迪生的断然拒绝。爱迪生认为西联公司在美国卖空了他的电话专利,同时他认为贝尔在英国的专利权要求虚弱不堪,所以这次他决不允许自己的专利权再次屈服于贝尔的专利权。他在卢德巴克的提案上草草写下了意见:"他们的专利一钱不值""布莱克的电话就是盗版,一定会被制止。当他们通知我停止在英国使用贝尔的接收机时,我照做了。如果我在英国花光了所有的钱却没有赚到一个子儿,那我提议让他们停止使用我的碳送话器。这件事我说到做到"。[59]很显然,爱迪生个人直接参与伦敦公司使得爱迪生公司与贝尔公司之间的和解比在美国时更加困难。如果爱迪生的专利最终被确认有效,作为发明人的爱迪生最终持有的股权与"软骨头"的股东的纯粹财务投资相比,就完全不在一个数量级上。

仅仅两个月后,这些提议就成为了与爱迪生公司擦肩而过的机会。1880年初,贝尔英国电话公司新一轮股票的发行残酷地暴露了爱迪生公司资金和时间的双重短缺。通过100%的溢价发行大量股票而获得巨额资本流入后,贝尔公司的领导层宣称"现在丝毫不在乎专利了"。[60]爱迪生公司的法律顾问一致认为,这种财务上的优势将使贝尔公司可以通过延长诉讼时间的策略,将对手逐出电话领域,而爱迪生公司在法庭上也胜算无几。屋漏偏逢连夜雨,此时企业并购的提议也被收回。[61]面对这样的危机,爱迪生公司出现了分裂。高洛德极力主张公开发行股票,而布维利、怀特和约翰逊对这一提议不屑一顾,并抗议说,"买卖股票运动"将把公司变成一种投机工具,并使爱迪生的声誉成为"金钱祭坛上的牺牲品"。[62]他们的解决办法是合并伦敦和格拉斯哥的爱迪生公司,并从现有的投资者那里筹集更多的资金。

爱迪生公司的命运现在取决于如何在公司内部处理好专利权人的利益,而这则体现在两方面:首先,需要重新展开针对发明人专利使用费的谈判。在艰难的讨价还价后,托马斯·爱迪生放弃了总收入20%的抽成,换成了10000英镑的固定专利使用费和一定比例的利润分成安排。[63]其次,爱迪生的经纪人和其他主要高层之间的激烈权力斗争使董事会层面的决策陷入僵局,高洛德始终跟布维利和约翰逊作对,这种情况一直持续到爱迪生公司不复存在。伦敦董事会和爱迪生正式代表之间的关系最终恶化到了极点,约翰逊游说爱迪生撤销给高洛德的委托书,而董事会也撤回了对高洛德的授权,并且董事会主席布维利开辟了能够直接与门洛公园团队沟通的渠道。[64]如果说爱迪生公司内部重新调整的使用费方案让公司还有维持下去的希望,那么上述斗争让这些希望消失殆尽。而这一切都是管理结构造成的悲剧,爱迪生处于遥远的大洋彼岸,他只是偶尔亲自行使发明人的权威,从而纵容其经纪人阻挠董事会。

1880年春,爱迪生公司和贝尔公司进行了合并谈判,贝尔公司的动机是想在邮局收购之前取得电话的垄断地位,而爱迪生公司则是迫于财务上的失败。尽管根据分配的股份所反映的工厂价值和财务状况来看,双方的专利地位是平等的,但实际上爱迪生公司在合并后的公司中处于劣势。[65]合并后的新公司叫做"联合电话有限公司"(基于贝尔和爱迪生的专利),初始法定资本为500000英镑,其中200000英镑以全部付讫股票的形式归属于贝尔英国电话公司,而115000英镑归属于爱迪生公司的所有者,85000英镑面向现有投资者销售。贝尔公司的詹姆斯·布兰德(James Brand)成为新公司的主席,布维利任副主席。促成此次合并的铁路高管詹姆斯·斯塔茨·福布斯(James Staats Forbes)此时也加入了董事会,成为新公司的一股强大势力。与此同时,发明人及其经纪人的作用逐渐削弱。作为爱迪生代表的高洛德稀释了爱迪生的个人股权,但是他此后仍在一系列其他公司中继续插手电话事务。而哈伯德在一年内卖掉了贝尔专利信托在联合电话有限公司的大部分股份。[66]在经历了横跨大西洋的干预造成的动荡时期以后,投资者期望与英国当权资本家的关系更加和谐。

§

从英国和美国对比的角度来看,电话专利体现了一项技术中专利利益的不断发展和再创造。从最初的阶段开始,专利途径的选择决定了该技术采用的商业模式,例如将电话业务保持独立于国家电报运营商,而不是被它们所融合。但后来,当专利成为公司内部治理的一个因素或成为在新的国家和新的地区开疆拓土开展经营的工具时,专利权属问题就被推到了前面。

在各国内部,现有企业对新技术的立场会对该技术发展的商业环境产生强大影响。尽管将语音传输作为对远程电报服务的本地补充纳入到现有通信网络在技术和经济上都是完全可行的,但西联公司和英国邮局的决定实际上迫使美国和英国的电话专利所有人开创了一个新的、独立的行业。[67]现有企业面对一项新专利发明时可以采取一系列的策略:他们可以采用这项发明供自己使用,也可以拒绝使用从而将这项发明拱手让与他人,就像电报公司一开始拒绝电话发明一样。再或者,由于不能想当然地认定所涉专利权是否会有极大影响,现有企业也可以选择逐渐弱化专利效用。

对知识产权和技术本身的判定决定了对专利的策略:购买、忽视还是攻击。当时的电报垄断企业将贝尔的电话设备视为一种"科学玩具",对这种傲慢态度媒体多有描写,但是决定收购专利的公司都会对购买的专利进行理性的分析。[68]在

1876年至1877年间,有效性没有获得证实的不仅是贝尔四四方方的电话原型,还包括他的合法权利。鉴于这种不确定性,西联公司拒绝贝尔发明的决定看起来并不是对这项技术的轻视。毕竟,西联公司继续赞助了爱迪生的研究。奥尔顿和他的同事们非常清楚在后续发展中他们还会有很多机会按照他们的想法发明、收购或摧毁任何专利。相反,英国邮局的官员更关心贝尔专利权随着时间的推移会增值的可能性,这将使政府收购变得更加困难,同时他们认为贝尔专利的弱点是采取行动的一个机会窗口。正是出于这个原因,在财政部最终结束商谈之前,威廉·普里斯主张与雷诺兹上校迅速达成协议。可以肯定的是,对语音电话自负的假设,比如商业用户会倾向选择书面记录式的通信,确实影响了电报公司高管的决定。但是,对这些人未能抓住贝尔发明的机会的任何回顾性评价都应该承认当时专利状况的不确定性。

如果说专利有助于决定谁来实现电话的商业化,那么专利对于电话业务的形成也有同样重要的影响。资本家和专利权人之间的关系在以专利为基础的公司扩张中占据了中心地位。19世纪末的发明家通常也是活跃的企业家,他们在负责开发自己发明的公司中任职或担任负责人。[69]在这种情况下,随着企业的扩张,重新商定专利所有人的地位可能是一个剑拔弩张的过程。因此波士顿金融家第一次注资贝尔电话公司就成为了知识产权转移的开始,此时加德纳·哈伯德迅速对新英格兰进行再许可来实现新资本的注入,同时通过将新加入的出资人圈定在特定的范围内来加强专利所有者的特权。乔治·高洛德在英国与爱迪生的投资者的斗争也面临着同样的问题:专利权人拥有的细分合法所有权的能力使得爱迪生的专利权得到了逐步的开发使用,从而使发明人和他的经纪人得以实现独立。这些例子显示了专利权人利益在使公司整体战略方向做出妥协上的潜在影响力。另一方面,拥有专利的企业家的角色也可以提供一种本不会有的动力,加德纳·哈伯德发起贝尔英国电话公司在郡级的扩张就是很好的例子。最后,不管结果是好是坏,所有新成立的电话公司都经历了持续不断的知识产权转移转让,这也改变了公司内部的权力平衡。

国际专利转移不仅使目的国专利利益的构成公开化,同时也公开了专利本身的有效期和范围。19世纪70年代,时间、距离和国家法律制度的多变性都不利于外国(尤其是跨大西洋)专利权人,尤其是在对发明的描述已经流转开来的时候。对具有国际抱负的专利权人来说,获得专利权保护和寻找当地商业伙伴是非常复杂的任务。然而,当专利权人这样做的时候,知识产权从一个国家复制到另一个国家给技术知识和物质产品的传输笼罩上了法律的阴影,这也就是传统上所说的"国际技术转移"。[70]电话的例子表明,在技术的传播过程中,知识产权的流动和机器或思想的流动一样重要。[71]

国内电话行业之间的进一步比较可以说明这一点。一方面,英国、法国和加拿大都授予了电话专利,而这些专利正相当于美国贝尔和爱迪生的专利。在这些国家,早期的私人运营商联合或汇集了电话的基础专利并创建了全国性的母公司。各国的情况不尽相同:1889年法国将电话公司收归国有,而1885年贝尔(不是爱迪生)的专利权被加拿大宣布无效,但在电话技术发展的前几年,电话公司的组织确实惊人得相似。[72]相比之下,在德国知识产权的转移尝试却以失败告终,其主要原因是时机不佳。1877年是德国第一部帝国专利法(Reich patent law)开始实施的第一年。该法在沃纳·冯·西门子(Werner von Siemens)多年的游说后颁布,并于1877年7月生效。贝尔8月份提交的专利申请已经太晚了,来不及抢先在技术媒体上公开电话设计。正如西门子11月知会贝尔的那样,在德国生产电话不需要他的许可。[73]在德国,电话专利并没有被控制在私人手中,这为建立由相互竞争的制造商构成的国家邮政垄断扫清了道路。[74]电话发展的第三种模式盛行于瑞典,而瑞典在19世纪70年代还没有专利法。尽管贝尔已经拥有了专营权,但电报工程师爱立信(L. M. Ericsson)研发出了他自己的基本电话设备,并在斯德哥尔摩与贝尔展开了本地化竞争。当时贝尔专利权覆盖的领域上的一点小空隙,但最终竟成为了电话技术史上的一个重大的开端:爱立信的公司成为创新和出口的领军企业,同时斯德哥尔摩也成为19世纪90年代早期世界上人均拥有电话数量最多的城市。[75]

在其他国家,专利和早期电话服务之间的关系就不那么直接了。在较小的欧洲国家(包括同样没有专利法的瑞士和荷兰),电话供应主要是由地方政府许可和市政合作机构掌控的。[76]在这类国家的市场上,电话业的专利权往往采取由跨国公司单独或作为合资企业的一部分来经营当地特许权的形式。1880年后,出现了许多推广"贝尔"或者"爱迪生"电话的媒介,这些媒介有的受所在国法律的保护,有的则不受所在国法律的保护。加德纳·哈伯德在纽约成立了国际贝尔电话公司(International Bell Telephone Company),接管了许多欧洲国家的贝尔专利。不久之后,哈伯德和美国制造商西部电气公司共同组建了贝尔电话制造公司(Bell Telephone Manufacturing Company),从位于比利时安特卫普的集中生产基地向欧洲大陆供货。[77]同时,爱迪生和他的伙伴组建了欧洲爱迪生电话公司(Edison Telephone Company of Europe),公司的大部分业务在比利时和葡萄牙。在欧洲以外,美国贝尔公司主管乔治·布拉德利(George Bradley)掌舵的大陆电话公司(Continental Telephone Company)在马萨诸塞州获得特许,并依据贝尔的专利许可开始在南美建立电话体系。最波澜壮阔的要数东方电话公司(Oriental Telephone Company),该公司也是哈伯德推动的,一同促成公司成立的还有包括海底电报"电缆之王"约翰·彭德（John Pender）在内的一群英国资本家。这家公司致力于在包括中东、远东和大洋洲在内的英国殖民地发展电话业务。[78]

电话专利的命运在欧洲和世界各地各不相同，而在美国和英国发展起来的专利企业看起来同质性很高。英国不仅比其他国家更快地从美国获得了知识产权的转让，而且还创造了最接近贝尔公司原始商业模式的外国模仿公司，并很快又创造了另一个模仿公司，即爱迪生的企业模式。当然，这一结果并非机缘巧合。早期横跨大西洋的专利故事的相似之处，源于美国先驱电话发明家和企业家在英国以他们自己的专利推出这项技术时所扮演的个人角色。专利本身的内容则是另一回事。有人可能会认为，同样的技术由同样的发明人负责推广，会在大西洋两岸产生同样的专利权属主张。但是，最后的结果却大不相同。

第6章　地球都可申请专利？！

　　1913年，"根据贝尔对电话发明的贡献，尤其是电话接收机的研制"，英国皇家学会将休斯奖章（Hughes Medal）授予亚历山大·格雷厄姆·贝尔。[1]据一位同时代的观察家所说，这次授奖把贝尔从唯一发明人的地位贬低为发明人之一。这反映出他在英国的评价普遍低于美国。[2]这种国家层面对贝尔的漠视似乎非常令人吃惊。自然地，德国肯定会宣称菲利普·里斯是最早的电话发明人，意大利则会欢呼雀跃地说意大利人曼泽缇（Innocenzo Manzetti）是最早的发明人。但是，出生在苏格兰的贝尔始终是英国这一殊荣最靠谱的候选人。[3]事实上，英国皇家学会所做的历史评价是根据贝尔专利在当时英国法律中的处境做出的。贝尔的英国专利实际上只控制了电话接收机。因此，托马斯·爱迪生的专利不仅成为控制送话器的关键，并日益成为电话垄断的基础。如果贝尔的专利能像在美国那样完全控制电话，那么他肯定不需要与人共同分享专利权的荣誉，但事实上他确实分享了。

　　在英国，关于电话发明的整个法律理论不同于当时盛行于美国的理解。在分配电话发明所有权时，贝尔的"波动电流"并没有成为主导概念，这使得英国前沿的电气杂志嘲笑道，"美国是唯一一个允许这种与任何设备都不相关的荒谬主张（贝尔的第五项权利要求）作为一种宽泛权利要求而存在的国家"。[4]相同的技术就这样在两国有了不同的专利权分配。最终对各国专利不同的起草和解释方式再次提醒我们专利权属的偶然性，这一迹象也表明合法的专利权要求可能有多种方式映射到某一特定发明上。同时，它还提供了一个反事实的场景。如果更狭隘地理解贝尔的权利要求，并且电话类型之间的技术差异真的被重视的话，那么透过贝尔专利在英国的故事就可以了解本来可能发生在美国的事情了。

　　对比两国在电话专利上的经验可以看出两国在专利法结构上的不同和相似之处。尽管两国在名义上拥有共同的法律传统，但两国的专利和司法制度在许多方面存在差异。然而，英国和美国一样，有两个因素决定了电话专利战争的结果。一个是成功的律师策略：事实证明，联合电话公司（United Telephone Company）的律师们所采取的决策和策略，能够从最初不被看好、毫无希望的材料中构建出专利的主导地位。另一个因素是司法对英雄式的发明人想法的支持，这成为专利制度存在正当性的有力说明，并逐渐渗透到专利制度的理论学说中。由于这两个因素，这两个国家的电话专利故事有了相似的结局。19世纪80年代的一系列法庭诉讼结束后,联合电话公司成功地挫败所有竞争对手并实现了对基本电话技术的垄断,这一点与美国贝尔公司类似。令人感到惊奇的是,尽管英美两国电话专利的结局有如此多的共同之处,例如唯一的首创性发明人、一项宽泛的专利权利要求以及一个垄断公司,但是,在英国,发明人和所谈及的专利要求却完全不同。

§

英国和美国的专利制度在规模、实质和重要性方面各不相同。到19世纪后期,美国的专利制度是民主的行政化的,并且也是根深蒂固的,专利事务在联邦法院处理的事务中占据突出地位。相比之下,英国的专利制度在行政管理上没有那么强悍,在司法支持上更加单薄,并且一度还面临被彻底废除的危机。这种差异由来已久。从1790年开始,美国专利制度作为一种鼓励产业发展的工具,在政治和司法上具有广泛的合法性。英国的专利制度则蜕变成为享有皇室特权的体制,发展缓慢,因此其法律和政治地位也备受指摘。直到19世纪30年代,对残存垄断的疑虑导致英国法院对专利普遍持怀疑态度。许多法官以对待专利的严厉态度而被人熟知,"好像法官的目的就是要撤销专利,而不是捍卫专利",并且法官会仅仅因为发明人没有遵守专利授权的法律要求而判决发明人权利无效。[5]

在行政管理方面,英国进展缓慢。整个19世纪上半叶,专利获取仍然是一项昂贵而又复杂的工作,涉及至少7个不同的政府部门。查尔斯·狄更斯(Charles Dickens)曾对这一过程进行过令人印象深刻的讽刺,说这个过程是一个个急等着收费的王室官员的强制游行,从大法官和内政大臣开始,到"哈纳帕(Hanaper)的副书记员、副盖章员和副封蜡员"结束。[6]到19世纪中叶,专利法的尴尬状况已经到了不容忽视的地步。

1851年在水晶宫举办的"世界博览会"使改革者作出的努力修成正果,改革者指出,在如此盛大的展览中展出的发明和产品缺少有效的法律保护。[7]第二年,英国就掀起了自1624年垄断法后的第一次专利法重大改革。1852年英国专利法降低了全国范围内专利的申请成本,首次申请费用从300英镑(英格兰和威尔士申请费用例外,为100英镑左右)降低到25英镑。[8]新专利局也应运而生,负责处理申请专利以及专利的存档工作。但是新专利局只是纯粹负责专利登记,并不负责审查申请专利的新颖性或有效性。整个专利局由一群高级法官和兼职担任专利专员的法律官员负责。[9]

具有讽刺意味的是,这次改革创造出了更现代的专利制度,同时也引发了一场反专利法运动。从1852年到1883年,专利专员们的管理始终处于困境之中,这一阶段出现了对专利制度工作机制的反复调查,以及要求彻底废除专利法的持续运动。[10]专利废除主义是各种经济和政治动机的混合体,其中一系列客观存在的反对和不满就是动机之一。1852年的改革并未终结人们对取得专利授权高昂成本和复杂程序的抱怨。与此同时,降低专利申请费用带来了专利数量的大幅增加,使得一些使用专利制度的工业企业逐步意识到,受保护发明数量的增长对于产业而言可能是阻碍而非促进。知名的工业界评论家,包括著名工程师伊萨姆巴德·金顿·布鲁内尔(Isambard Kingdom Brunel)和军火大亨威廉·阿姆斯特朗(William Armstrong),都站出来抨击专利制度,声称专利制度"阻碍了其本来要鼓励的事情,并且摧毁了其宣称要保护的阶层"。[11]专利废除主义的第二条战线贯穿了大英帝国的政治经济。1852年专利法在专利保护上明确排除了殖民地,此举显然是为了鼓励西印度制糖的机械化,但却激怒了国内制糖商,并催生了一个更有影响力的游说团体呼吁废除这一制度。[12]第三个废除专利制度的推动力是自由贸易。自由贸易是19世纪英国自由主义在经济领域的主流意识形态,在许多评论家看来,它似乎与垄断专利授予的制度格格不入。这一观点在当时的其他欧洲国家得到了认同。受自由贸易原则的巨大影响,德国各州推迟采用统一的专利制度,荷兰在1869年废除了专利法。[13]

19世纪60年代末和70年代初是废除专利运动的巅峰时期,此时废除专利运动得到了来自实业家和科学界、《经济学人》和《泰晤士报》,以及包括司法部长和上议院主要人物在内的高级政客的支持。[14]然而,专利废除主义也引发了反击,这次反击不仅代表专利制度,也代表发明观念本身。发明人、科学团体、专利从业人员和他们的盟友都行动起来宣传英雄式发明的理念,并将其与专利法带来的益处相联系。其中一位主要的宣传者是发明家兼专利代理人博内·伍德克罗夫特(Bennet Woodcroft)。他在1852年成为专利专员的书记员,实际上也是新专利局的负责人。精力充沛的伍德克罗夫特利用一切可能的机会对发明人进行有利的宣传,包括出版小册子、设立并开放专利局博物馆、撰写发明先驱的传记以及编纂1617年以来专利制度的历史记录。伍德克罗夫特与作家联系密切,这些作家对积极向上发明人的描绘成为维多利亚时代通俗文学的中心。比较有代表性的是英国作家塞缪尔·斯迈尔斯(Samuel Smiles)1859年的《恋歌自救》(*Paean Self-Help*),这是当时最畅销的图书之一。[15]

英雄式发明的捍卫者利用英国文化庆典促使英国社会开始提升技术的地位,而这是近期才有的。19世纪中叶前,英国的发明世界缺乏名流发明家,许多后来被视为工业革命的先驱人物生前都籍籍无名,他们穷困潦倒、晚景凄凉,一生无人问津,死后终被遗忘。这种情况在19世纪30年代开始改观。这种变化始于詹姆斯·瓦特(James Watt),他去世后成为蒸汽时代的唯一象征。对瓦特的崇拜反映了国家对发明人身份的界定正在逐渐转变,国家将技术成就和新兴的工业阶级提升到了与昔日军事贵族英雄平起平坐的地位。[16]

然而,最大规模的发明庆典发生在1850年至1875年间。已故发明家的传记和雕像以前所未有的频率不断涌现。除了瓦特,人们也在发明家各郡的墓地以及威斯敏斯特教堂纪念着其他工业革命的英雄们。这一时期关于专利制度的争论达到了顶峰,而专利法的捍卫者们既利用了伟大发明人生平事迹的文献,也为之做出了贡献。[17]当然,他们也受到了挑战。专利废除主义者提出了另一种观点,认为发明是一个累积的、集体的过程,其特点是同时的、渐进的改进,而不是个别天才的行为。这种观点对英雄式发明人理论的支持者和他们所能聚集的文化资本来说,自然是不利的。[18]

最终,专利废除运动没有成功。1874年保守党政府当选,一些最活跃的自由派专利废除主义者下台,而对专利法的批判则被引导为对专利法的改革。[19]应运而生的法律改革创造了一个更加规范有序,并且更加亲民的专利体制。根据1883年英国专利法,首次申请费用降至4英镑,专利的大门向急剧增加的专利申请者打开了。较低的申请费用使得专利申请量大约增加了一倍。虽然,英国新专利法终于规定了对专利有效性进行专业审查,但是这种审查仍然不同于美国专利的有效性审查。直到20世纪初,英国的专利审查员才开始审查专利申请的新颖性。这种对专利最低限度的质量控制并没有对减少大量潜在无效或明显低价值的专利起到作用。在1883年专利法颁布前后,大约三分之二的专利在三四年后第一次维护费用到期时就被废弃。[20]20世纪初,一项官方调查显示,当时授权的专利中有超过40%仍然来自早期未经实审的授权。[21]在这种制度下获得专利并不能代表其描述专利权的有效性。专利权有效性问题被更多地留给法庭解决。

进入到法庭审理阶段的专利权人发现专利诉讼的圈子很小。其有限的规模在一定程度上反映了司法制度总体上的局限性。民事诉讼主要集中在伦敦,而伦敦以外的商人就只能依靠效率低下的巡查法官审判制度。19世纪末的诉讼至少体现出了一种进步,即对前几十年复杂程序和拖延的改进,特别是改变了传说中大法官法庭的停滞期,但仍然受困于处理能力的不足。屡屡受挫的商业界越来越多地求助于仲裁,这一趋势直到1895年才得到遏制,这一年成立了由具备相应资质的法官组成的特设"商业法庭"。[22]

在这种环境下,专利案件似乎很少发生。律师西奥·阿斯顿(Theo Aston)依据自己的从业记录和对同事的一项调查计算出在1865年至1870年之间英国法庭的专利案件大约有109起(平均每年18起),其中65起在此期间得到了判决(平均每年11起)。[23]正如阿斯顿所指出的那样,这些数字与同期在普通法高等法院和衡平法法院提起的三万多起诉讼相比就是小巫见大巫了。[24]另一权威机构认为19世纪70年代中期发生的专利诉讼更少,大约每年9起。[25]随着1883年专利法改革,其后的诉讼案件略有增加,专利申请也有所增加,但具体增加了多少仍不清楚。公开的法院判例汇编中确实显示了1883年专利法之后的几起关联诉讼:1886年有8起电话案件(全部由联合电话公司提起),并产生了57项司法判例;1894年集中出现了留声机专利诉讼(其中8起由爱迪生贝尔留声机公司提出);1900年至1901年发生了一组威尔斯巴赫煤气灯专利诉讼案;1896年至1897年,以及1901年至1902年间爆发了两次充气轮胎诉讼高潮。[26]

虽然法庭上的专利业务量很小,但却足以吸引有头有脸的专利律师。19世纪中期,一些精通技术的律师参与到了专利实践中,其中比较著名的是一本一流教科书的作者威廉·希德玛芝(William Hindmarch),以燃料电池发明而闻名于世的知名物理学家威廉·罗伯特·格罗夫(William Robert Grove),以及在19世纪40年代到70年代引领专利诉讼领域发展的托马斯·韦伯斯特(Thomas Webster)。[27]但以韦伯斯特的儿子理查德为例,下一代的专利律师仍然是一个小众团体。19世纪80年代,专利律师中很少有完全专职于专利诉讼的。托马斯·韦伯斯特的学生西奥·阿斯顿是个例外,他只受理专利案件,甘当商业律师的绿叶,以换取自己在专利领域的突出地位。[28]而其他律师接的案子就五花八门、范围更广,最常见的是将专利诉讼案与衡平法实践或者商法结合起来。

在这些专利律师中,主要代表人物的地位得益于各种资源。其中一些受过数学或科学方面的教育,包括凭借自己的电气研究获得英国皇家学会会士的约翰·弗莱彻·莫尔顿(John Fletcher Moulton)以及除了从事法律工作外还担任工程和数学教授的古德夫(T. M. Goodeve)。[29]在其余从事大量商业诉讼的专利律师中,也许有那么几位有足够的专业知识来撰写大量有关专利法的报告或论文。最后,英国政府总检察长和副检察长成为了专利案件中典型的不可或缺的力量。在专利诉讼的战场上,没有人比理查德·韦伯斯特(Richard Webster)更重要了。韦伯斯特是一位才华横溢的律师,年轻时就获得了英国女王法律顾问的头衔,他子承父业,参与了一系列专利诉讼。[30]从1885年到1900年,韦伯斯特在三届政府担任总检察长,期间他继续从事私人律师业务,并主导了许多重大案件。《电气评论》(*The Electrical Review*)称他是诉讼中"令人敬畏的冒失鬼"。[31]19世纪90年代,韦伯斯特担任总检察长的第二个任职期间,政府要求他搁置私人业务以聚焦公务,正因为此,专利律师的领军地位交给了莫尔顿。[32]19世纪末,几乎每个主要专利案件都涉及这两个人或者至少涉及其中一个人。

在专利诉讼案中与这些专利律师共同出庭的还有另外一种专家,即专家证人。有时案件审理中会邀请特定领域的科学家,因此向法庭解释技术细节以及清楚划分现有技术来支持一方观点的能力获得了高度重视,常见的做法是雇佣多面手咨询工程师,其真正专长是在法庭上提供专家证词。这些人之间的交锋和专利律师的名人光环使专利诉讼变成了"辩护律师和对方证人间的一系列决斗,这对庭审中的当事人都很平等,因为辩护律师通常非常熟悉科学事务,而证人则非常熟悉诉讼程序规则以及牵扯到的法律原则。更进一步讲,双方在长时间的诉讼过程中都已经非常了解对方的心理了"。[33]

这种私人之间的熟识程度逐渐增强,因为像专利律师一样,专家证人的队伍也有了内部圈子,而这种内部圈子几乎体现在所有重大案件中。19世纪后期,约翰·伊姆瑞(John Imray)作为专利代理人经常出庭,咨询工程师和电气工程教授约翰·霍普金森博士(Dr. John Hopkinson)和弗雷德里克·布拉姆韦尔爵士(Sir Frederick Bramwell)也是如此。[34]有一次,伊姆瑞、霍普金森和布拉姆韦尔同时出现在一起案件中,法官登曼不由为"如此权威的人物之间的证词冲突"所震惊。[35]他们三个人中,布拉姆韦尔是最受法官和辩护律师尊重的。布拉姆韦尔通常以土木工程师自居,但他实际上是英国横跨法律、科学和工程系统的中心人物,在19世纪70年代和80年代他担任一系列协会的会长,其中包括机械工程师协会(Institute of Mechanical Engineers)、土木工程师学会(Institute of Civil Engineers)和英国科学促进协会(British Association for the Advancement of Science),并担任英国艺术协会理事会(the council of the Society of Arts)的主席。凑巧地是,他还有个兄弟,并且是著名的法官。[36]在电话诉讼案中,布拉姆威尔代表贝尔和爱迪生在法庭上提供过权威证词,此外,他还在电灯诉讼案中为爱迪生提供过权威证词,这使他成为英国法庭上最重要的电气技术解释者。

在律师和其他法庭专业人士共同积累专利专业知识的过程中,司法机关的贡献或许最难评估。公开的判例法体量很小,尤其是1884年以前的判例更少,这使得几乎没有英国法官能在这一领域树立起权威的领导地位。某些在体制上具有重要地位的政府机构给了官员更多接触专利的机会。六名专利局专员中有御前大臣和掌卷法官(这两个职位是衡平法院的最高法官),以及总检察长和副检察长(这两个职位都是获得法官席位的基石)。但在1900年之前,很少有法官与专利这一领域密切相关。[37]乔治·杰塞尔爵士(Sir George Jessel)将职权和自己的个人兴趣结合了起来,他于1873年至1883年间担任掌卷法官。根据1852年专利法,杰塞尔被委以专利局专员的职责,并且他的工作思路比专利局更超前,同时他也是专利法理学发展的推动力量,这在很大程度上是通过他在编写书面文件方面的权威来实现的。[38]19世纪80年代,能够在专利问题领域与杰塞尔相提并论的法官也许只有格罗夫(W. R. Grove)了,这位科学家和前专利律师于1871年至1880年间担任普通诉讼法庭(Court of Common Pleas)的法官,1880年至1887年间担任王座法院(Queen's Bench)的法官。[39]尽管这些专家偶尔会出现在庭审中,但与专利法相关的主要裁决都是由一群不相干的法官作出的,并且没有像在美国一样,成为法庭中的主流业务。

大约从1881年到1886年是英国主要电话专利案件发生的时期,经常出现在法庭上的主要专家证人往往站在诉讼当事人一方,而不是法官一方。对专利权人来说,法律意见和法律支持可能不像在美国那样容易获得,但这对贝尔公司或爱迪生公司这种组织严谨并且资源丰富的公司来说无关紧要,因为他们能够而且确实雇到了最优秀的法律人才。事实上,专利律师队伍规模的有限性以及专利领军专家的缺乏成为了有权势的诉讼当事人的另一个优势因素,因为这使得垄断最权威人士的建议和论点成为可能。这种权力的不平衡在电话案中至关重要,甚至是决定性的。

§

对英美电话专利的比较始于书面文件本身。鉴于专利说明书中精确的用语能极大影响到专利的解释,并必然性地改变法院理解两位发明人权利的方式,在申请英国电话专利的过程中,贝尔和爱迪生都修改了他们最初的专利说明书。更重要的是在获得英国专利后对专利所做的修改。在第一批电话公司存续期间,电话基础专利的内容一直在不断地变化,导致专利权主张发生了很大的改变,这使英国电话的专利权属分配走上了一条不同的道路。

贝尔的法律处境中最复杂的几点都源于最简单的一个问题,即时间的延迟。贝尔在美国申请专利之前准备了一份英国专利申请书,也就是1876年1月乔治·布朗带到伦敦的专利说明书,但乔治·布朗却没有付诸行动。到10月份,贝尔准备了第二版专利说明书,并于12月9日由专利代理威廉·摩根·布朗(William Morgan-Brown)在伦敦提交,而此时距美国的专利申请已经整整过去10个月了。[40]贝尔提交的新专利申请说明书充分考虑到了电话在这段间隔期的发展。在美国申请专利时,语音传输还没有真正实现(在美国版专利说明书中只提到了"发出声音"),而到贝尔起草英国版专利说明书时语音传输已成为现实。英国版专利描述了贝尔基于"磁"设计的可用电话。通过把他自己最新发明融入英国版电话专利申请中,贝尔获得了一项综合性的英国专利。这项专利由六个"设计图"组成,前三个设计图描述了多工电报系统,第四和第五个设计图描述了语音传输的途径(分为电路中有电池电源和无电池电源),第六个设计图呈现用于传输文字的"签名"电报形式。随后提出的正式权利要求不少于18项。在这18项权利要求中,有4项是一字不差的源自贝尔最初的美国电话专利,7项权利要求与贝尔在美国的第二项电话专利一致,主要描述了磁电机电话,2项权利要求来自于贝尔其他较小的专利。

大部分权利要求都是直接复制之前的文字,而一个明显的例外是最初电话专利的第五项权利要求,正是这一句话成为了美国电话专利垄断的基础。在贝尔的英国专利中,第五项权利要求被分解为两项不同的、有更多文字描述的权利要求,以区分与"空气中说话声音产生的密度变化"对应的电流波动(第七项权利要求)和与"声音产生过程中空气粒子的运动速度和方向"对应的电流波动(第八项权利要求)。[41]贝尔认为通过这种区别会得到什么尚不清楚。重要的是,这一变化告诉我们,贝尔最初并没有特别强调他的第五项权利要求,正是昌西·史密斯在波士顿巡查法院的诉讼策略赋予了这部分专利特权。

抛开起草时的选择不谈,贝尔在英国的专利权不能建立在单一的权利主张之上还有更根本的原因。英国专利申请的延迟为在先公开创造了机会,这也极大地改变了这项专利的前景。1876年10月,当贝尔准备将他的最终版专利说明书寄往伦敦时,这位发明家忐忑不安地说道:"我应该祝它好运,尽管我担心我已经失去了一切。"[42]他感到悲观的直接原因是9月份威廉·汤姆森爵士在格拉斯哥英国协会上的讲话。汤姆森解释并演示了贝尔给他的一部电话(尽管没有成功)。汤姆森描述了7月份在费城博览会上亲眼目睹的电话实验并向听众总结了贝尔尚未在英国申请电话发明专利的要点:"根据数学概念,如果电能传递出所有使语言清晰可辨的细微品质,那么它的电流强度必须不断地变化,并且尽可能地与产生声音的空气粒子的速度成比例。"[43]甚至在汤姆森的演讲之前,《英国机械师》杂志就已经描述了贝尔的另一种早期电话装置,即一种使用"类肠膜"一样的拉伸薄膜来接收声音振动的电话。[44]

汤姆森在格拉斯哥所披露信息的影响成为后来诉讼中的一个主要问题,但短期内贝尔依靠放弃权项程序挽救了自己的权利。类似于美国的再颁专利程序,该程序涉及向专利局专员申请许可,来删除或纠正已授予专利中的无效权利要求。与再颁专利程序一样,放弃权项程序是一种非常有用的工具,可以根据特定的诉讼策略调整专利,特别是在贝尔诉讼案中,已经发现了对专利的具体威胁。贝尔于1878年2月完成放弃权项程序,宣布放弃6项设计图中的4项,并将专利权要求从18项减少到了8项。多工电报设备、签名设备被搁置一旁,与之一起被搁置的还有如下的权利要求,其中包括音箱、对讲管以及调节音板和电磁铁位置的方法。剩下的权利要求包括大部分用于语音传输的通话电话的权利要求,并新增加了一个段落,明确放弃对《英国机械师》所描述的肠膜仪器的权利要求。[45]

在先公开和放弃权项的最终结果是一个保护范围很窄的专利,其原因与其说是因为贝尔明确否认了《英国机械师》所描述的接收机的专利,或者放弃了部分权项(多工电报),倒不如说最终是因为此专利不能够支持对更广范围的波动电流原则主张权利。放弃权项的专利说明书没有承认这一点,因此最终裁决仍然需要诉诸于诉讼。但贝尔专利的总体专利权主张在很大程度上做出妥协,将可靠的保护只留给磁电机电话这一具体设备。在接下来的几年里,这项发明仍然是接收机技术的核心组成部分,但在其他方面留下了其他强大专利可以填补的空白。

然而贝尔没能够对电话提出全面化的专利权要求所造成的最重要的影响是,这开启了对第二代电话技术可变电阻送话器的控制争夺。贝尔在电话送话器和接收机两端实际采用的电磁仪器几乎立即败给了托马斯·爱迪生和弗朗西斯·布莱克的高级送话器,后者的传输语音质量使得电话能够达到商用的标准。爱迪生和布莱克的这些仪器所采用的变阻法早就以几种形式出现过。其中一种变体形式(很大程度上是不切实际的)是导线在声音的作用下进出导电液体,贝尔和以利沙·格雷都在他们的第一个电话专利申请中描述了这种形式。第二种变体形式的工作原理是,两个轻触或可压缩触点之间的电阻随着两者接触而发生变化。这种技术出现在1877年埃米尔·柏林纳和托马斯·爱迪生在美国申请的专利中。1878年,物理学家大卫·休斯对这种技术进行了理论解释,并将其命名为"麦克风"。尽管变阻器通过在爱迪生和布莱克的碳送话器中的应用而普遍存在于商业电话中,但只要贝尔的波动电流权利要求能够控制所有类型的电话,贝尔公司就不需要将这两项专利付诸实施。相比之下,在英国,因贝尔未能提出一个全面化的权利要求,使得是否存在电波动改进方法置关重要。

由于埃米尔·柏林纳未在英国申请专利,托马斯·爱迪生就成为第一个为实用变阻送话器寻求专利保护的人。爱迪生在英国获得了两项主要的电话专利,从法律角度来看,第一项比第二项重要得多。第一项是1877年7月申请的,它描述了膜片在"张力调节器"(另一种导体的电阻随着压力变化产生变化)的作用下可使导体振动的各种方式。[46]这一专利确立了爱迪生在通过压力变化实现可变电阻传输的优先权,并一举奠定了他在英国的法律地位。这项专利说明书也说明了电信号接收机的基本原理,这是爱迪生为避免对贝尔电磁接收机侵权而定制的发明解决方案。这个精巧但有点不切实际的装置(必须不停地转动才能工作)没有使用磁性,而是通过当变化电流经过触点与流动电解液表面之间时产生的摩擦变化来产生声音。爱迪生在1878年6月提交的第二项专利申请中进一步完善了送话器和接收机。[47]新的专利说明书介绍了碳按钮电话机,这是应用变阻原理而呈现的高级形式,电话机使用一块压缩碳粉作为张力调节器,同时它还展示了爱迪生改进版的电信号接收机。第二项专利所描述的电话机基本上成为爱迪生英国公司进军商业的筹码。

和贝尔一样,为了在英国申请专利,爱迪生也将他的美国专利进行了整合。但是爱迪生在1877年夏天惊人的发明产出使得他的美国专利和英国专利之间的关系没有贝尔那样一目了然。爱迪生的第一项和第二项英国电话专利分别包含30项和39项权利要求,并整合了至少十余项美国专利说明书中的权利要求。每一项在英国申请的专利都包含了多项发明,整合了送话器、接收机和录音机的设计。例如,1877年7月爱迪生提交的专利申请中,除了电话之外还包括录音的设计,使得该项专利成为英国第一个留声机专利,同时也是一项基本的电话专利。虽然整合的专利说明书错综复杂,但英国专利说明书的措辞通常不会照搬美国专利说明书。爱迪生的1877年英国专利有30项权利要求,但只有6项与美国专利一致。

然而,和贝尔一样,爱迪生发现自己的专利已经超出最初说明书的描述范围。在接下来的五年里,三个放弃权项完全改变了他的主要电话专利。1879年8月,伦敦爱迪生电话公司成立,并且几乎在成立的同时就开始争取第一个放弃权项。此举也是诉讼策略的要求。爱迪生的代理爱德华·约翰逊和爱迪生公司的董事会都预设他们会在法律上大获全胜。他们对可变电阻传输的广泛原理主张权利,并且推断,"如果我们赢得这场战斗,贝尔公司将被赶出欧洲,我们将独占电话市场"。[48]爱迪生公司的法律顾问在准备诉讼的过程中指出了专利说明书中的几个明显的缺陷,而修改这些缺陷才能使专利具有战斗力。但是,他们没有在修改专利说明书的最佳方式上达成一致。爱德华·约翰逊和著名的专利代理人以及专利律师J·约翰逊(两人没有亲属关系)想保留每一项不会危及专利本身的权利要求。但是公司的法律顾问理查德·韦伯斯特支持大幅削减权利要求项,而此时的他已经是一颗冉冉升起的法律新星。最终,韦伯斯特占了上风,因为这给予了爱迪生对手最少的策划反攻的机会。[49]爱迪生的放弃权项于1880年2月正式发布。最初的30项权利要求中只有4项得到了保留,即云母膜片的使用、膜片和张力调节器的整合、电信号接收机以及留声机。[50]

然而,爱迪生利益集团的激进策略被证明是徒劳的。爱迪生的专利进入诉讼准备阶段已为时过晚,无法使公司成为独立企业。到放弃权项公布时,与爱迪生公司的法律准备相比,贝尔公司的财务优势已经占了上风,并在不久之后迫使爱迪生公司妥协。[51]因此,爱迪生修改后的专利所带来的利益就落到了合并后的联合电话公司的头上,此后联合电话公司又对专利进行了两次修改。第一个放弃权项发生在1881年6月,鉴于当时联合电话公司拥有了贝尔更胜一筹的磁接收机,爱迪生的电信号接收机的权利要求就显得多余,因此就被放弃了。[52]第二个放弃权项有更明显的防卫属性。在1882年的诉讼中,由于留声机部分没有出现在提前提交的完整专利申请的临时专利说明书里,爱迪生的专利作为一个整体被暂时无效。作为回应,联合电话公司放弃了留声机的权利要求,并完全放弃了云母膜片的权利要求,而这项权利要求曾经经受住了具有争议的小小挑战。[53]经过一系列的变动和调整,爱迪生的专利被简化为一项膜片和张力调节器的组合的权利要求,而这项单一权利要求担负起了对可变电阻电话送话器实现广泛控制的全部责任。

国际知识产权转移远远不是在英国复制贝尔和爱迪生的专利那么简单,它在专利起草、放弃权项和专利环境三个方面改变着原有专利。在起草过程中,权利要求措辞的选择很明显是为了描述发明的精确性,而不是着眼于法律策略。在放弃权项的过程中,法律策略逐渐浮出水面。专利权人专注于去除潜在的容易受到攻击的弱点,并在此过程中提炼出专利最重要的要素。最后,发明优先权这一新的专利背景改变了专利的含义,即使这种新环境没有强制要求改动专利文本。专利获得批准前其内容公开的时间节点意味着与在美国的初始专利相比,贝尔和爱迪生的英国专利彼此之间以及与电话技术的关系都不同了。

所有这些因素折射出的综合作用结果是,贝尔的英国专利只涵盖了一种类型的仪器,即不可或缺的接收机,而不是电话机的整体;而与此同时,爱迪生的英国专利则涵盖了另一种仪器,即不可或缺的送话器。如果爱迪生公司能够熬过商业困境,那么可以说爱迪生公司很可能通过完全控制变阻方法,实现将贝尔公司赶出英国电话领域的既定目标。这一结果的可能性当然不亚于贝尔用法律手段赶走爱迪生的可能性。两项专利似乎都不太可能控制另一项专利,而在这两项专利中,贝尔的专利面临着更显而易见的有效性挑战。[54]但是,这样的预测在专利诉讼史上几乎毫无用处。从贝尔或者爱迪生与其他竞争对手的既往诉讼案结果并不能推断出贝尔诉爱迪生案的结果。因此,谁起诉谁,什么时候起诉,在哪里起诉才是最重要的。

§

1882年至1885年间审理的一系列专利案件,使得联合电话公司确立了其宽泛的专利权覆盖范围。对联合电话公司来说,这些诉讼都具有判例法性质,在很大程度上是为了明确和公开确立专利权人的权利。尽管有过一次短暂的挫败,但总体上这些案件还是大获全胜的。就像美国斯宾塞案和多尔贝尔案的判决一样,联合电话公司判例诉讼案中的判决解释了控制所有电话形式的基础专利。由于英国专利代表的是完全不同的东西,诉讼必然遵循不同的过程。爱迪生的专利承载着垄断电话业的使命,也带来了一系列科学上的不确定性,但这种不确定性几乎没有在美国的诉讼案中出现。与此同时,围绕贝尔专利的问题主要集中在他搞砸的国际转移环节,而不是集中在贝尔专利的优先权本身。所有这些对联合电话公司专利地位的挑战都被商业电话竞争所导致的特殊对抗性斗争进一步重塑。

随着法律诉讼战大幕的拉开,两个主要问题凸显出来。第一个问题围绕贝尔的专利可能会因在先公开而无效。这一指控与之前在美国出现的大量事先发明的指控不太一样,因为英国法律不承认那些不为人知的发明。取而代之的是,电话发明的内容是否在贝尔获得专利之前就已经在英国公开。因此,只有当英国公众事先知道贝尔的发明时,里斯的发明才能推翻贝尔的权利。然而,一个比里斯更明显的威胁源于在英国申请专利保护的延迟期间,贝尔以出版物的方式公开了自己的设计方案。1876年9月,威廉·汤姆森爵士在格拉斯哥展示了电话,此举令这位英雄科学家极为尴尬,并且成为贝尔专利有效性的最大威胁。[55]为了挽救电话专利,联合电话公司不得不充分挖掘利用对它有利的一个小幸运,即在格拉斯哥展示的电话发生了故障,没能够成功传输语音。汤姆森不知道的是,在横渡大西洋时,为了安全起见,接收机的振动钢盘被拧紧了,并且意外地被向上弯曲,形成了一个像开口的易拉罐一样的结构。汤姆森以为这样的结构是电话的正确工作模式,而实际上,钢盘应该被松开且平放在圆柱形音箱的顶部。由于无法实现语音传输,汤姆森将弯曲钢盘版本的电话在英国科学促进会上进行了静态展示。同样重要的是,随后这个变形的仪器出现在了报道以及对此次事件的说明中。基于这次在先公开的是缺陷版的电话,联合电话公司可以辩称贝尔的发明没有被事先公开。

第二个主要的不确定性是爱迪生的专利权是否可以覆盖范围不断扩大的电话送话器。尽管现代技术史通常将早期的可变电阻送话器归类为"麦克风",但在19世纪70年代末和80年代初的英国,这个术语在法律和科学上都具有争议。1878年5月,出生于威尔士并且常驻肯塔基的电报发明家戴维·休斯向英国皇家学会宣读了一篇论文,这是麦克风理论的第一次公开亮相。休斯描述了三根钉子的"H"形排列方式,其中两根钉子形成一个不完整的电路,另一根钉子横放在它们之间,并展示了在周围空气小幅振动下,通过轻微接触和小的接触面可以实现电阻的实质性变化。另一种变通方案使用的是碳"铅笔",两端削尖的碳"铅笔"松散地放在凹进去的碳块中。这种设备的灵敏度如此之高(人们宣称可以捕捉到苍蝇的脚步声),以至于它的发明人把它比作显微镜(microscope)的声学版本,因此取名"麦克风"(microphone)。[56]休斯拒绝为此申请专利,这赢得了科学界的喝彩,因为此时狂热的电气专利申请已经开始引起社会对"投机"的担忧。[57]这也让英国电气工程师印象深刻:麦克风原理已进入了公共领域。

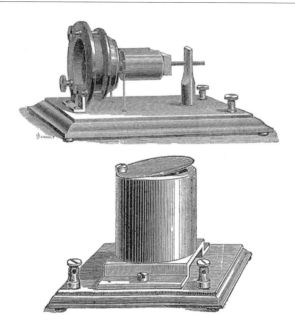

在格拉斯哥展示的电话差一点毁掉了贝尔在英国的电话专利。在贝尔的专利申请提交之前，威廉·汤姆森爵士就在英国科学促进会上做了展示。对贝尔来说幸运的是，接收机顶部的钢盘被错误地拧紧了，使得电话无法工作。法院裁定这次展示不是发明的在先公开。"贝尔的发声电话"，《工程学》，1876年12月22日，518页。

托马斯·爱迪生还另有打算。他不仅坚持认为休斯的论文重述了自己1877年10月份获得的英国专利的原理，并且疯狂指责邮局首席电气工程师威廉·普里斯将自己的技术秘密泄露给了休斯。[58]对英国电气科学领军人物的攻击并没有使伦敦的社论对爱迪生和他的权利要求产生任何好感。对于爱迪生专利的所有者来说，休斯公开了潜在的尚未申请专利的送话器才是更棘手的问题，这立刻开始影响潜在市场进入者的技术选择。新的可变电阻送话器的发明人将自己描述为休斯的追随者，将自己的设备描述为麦克风，且多数情况下是直接建立在碳笔设计基础上的麦克风。[59]作为对市场上出现的第一批商业化的碳笔送话器的回应，联合电话公司以20000英镑的价格买下了这个专利。[60]更多类似的收购很快被证明是不可持续的。面对外界质疑这些麦克风是否落入爱迪生专利权的保护范围，联合电话公司产生了强烈的动机来寻求有利于自己的法律解决方案。

英国的电话专利诉讼始于1882年的两起判例案件，即发生在爱丁堡的联合电话公司诉麦克林案（United Telephone Co. v. Maclean）和发生在伦敦的联合电话公司诉哈里森、考克斯-沃克公司案（United Telephone Co. v. Harrison, Cox-Walker & Co.）。当第一起电话专利案庭审将近判决之时，这两起案件都得到了电气媒体的高度关注，这些媒体一页接一页地转载了完整的专家证词和质证。[61]这两起案件都是联合电话公司精心挑选的判例案件。

这两起判例案件的时间反映出了联合电话公司竞争重点的演变。自1880年5月公司成立到1881年后半年,联合电话公司对电话专利的裁决不太重视,通常都是在庭外解决侵权诉讼。爱迪生公司与贝尔公司对峙期间专利大战剑拔弩张的紧张气氛随着两家公司的合并而消散,并且在联合电话公司集中精力对抗邮局控制时,这种气氛又进一步被淡化。直到1881年春,联合电话公司与英国邮局达成和解,对专利采取的法律行动才开始在清理侵权领域和为郡级的扩张铺平道路方面发挥作用。然而,在这一阶段,联合电话公司的政策是通过诉讼来进行有侵略性的积极收购。当常驻巴黎的美国人弗雷德里克·高尔(Frederic Gower)试图在英国创办一家与联合电话公司竞争的公司时,联合电话公司以专利威胁阻挠了该公司的创办并且通过组建一家合资制造公司吞并了高尔的利益集团。随着这家专利持有公司通过推广区域性运营公司在地域上不断扩张,出现了起诉例如格拉斯哥的D. & G.格雷厄姆(D. & G. Graham)和曼彻斯特的莫斯利父子(Moseley and Sons)这样的电话独立交换运营商的案件。同年末,这两家被告都同意将公司出售给即将成立的联合电话公司的附属公司。[62]虽然收购策略成功地铲除了最强的竞争者,但这样做并没有产生针对专利权的法院判决,因此不能有效阻止其他的市场进入者。到1881年底,这种策略的成本开始上升,表现为侵权行为的蔓延,以及专利权法律地位和范围的普遍不确定性。[63]事情发展到这个地步,联合电话公司现在"渴望得到判决"。

专利权人首先寻求在苏格兰的判决,而不是在伦敦对日益增多的侵权行为进行追究,对此,电话行业的观察人士发现这是一个"有待评论的问题"。[64]这项策略的优势很快就变得明朗了。亚历山大·麦克林(Alexander Maclean)是一个小规模的侵权人,他是一名电报工程师,曾为一家律师事务所安装过电话。[65]他的电话机是由伦敦泰勒父子公司(Messrs. Theiler and Sons of London)提供的。该公司的技术是建立在休斯碳笔模型的基础上,这也是对爱迪生专利权的一次测试,以检验其是否涵盖了不断发展的麦克风送话器领域。麦克林最重要的特点就是他位于爱丁堡。尽管在苏格兰判决的案件无法成为英格兰法庭上具有约束力的先例,但它最大限度地提高了该公司主要专家证人威廉·汤姆森爵士的声望。在此案中,汤姆森爵士不仅是苏格兰电力领域的权威,同时也是争议事件的关键参与者。[66]汤姆森在格拉斯哥过早地展示贝尔的电话装置给联合电话公司带来了很大麻烦。通过将汤姆森送上证人席说明他永远不可能在格拉斯哥根据他所获得的信息演示出一部正常工作的电话。公司就可以反驳其他人本可以成功进行语音传输的说辞。

汤姆森出庭仅仅是联合公司在麦克林案庭审中掌握主动权的一个例子,而这与是非曲直相去甚远。苏格兰最重要的两名辩护律师为联合电话公司进行了辩护，其中一名是苏格兰政府的法律事务部长，另一名是苏格兰法律事务部副部长。在专家证人方面，联合电话公司也有很大优势。除了汤姆森，联合电话公司还聘请了刚刚获得爱丁堡皇家学会最高奖项的电气工程师弗莱明·詹金(Fleeming Jenkin)，以及两名杰出的咨询工程师和一流的"专业证人"，弗雷德里克·布兰韦尔爵士(Sir Frederick Bramwell)和约翰·伊姆瑞(John Imray)。麦克林的专家证人是《工程》杂志的科学新闻记者康拉德·库克(Conrad Cooke)。库克在科学界影响力有限，自从与爱迪生电话公司的短暂交涉结束后，他就一直对爱迪生施加压力。[67]但他还不足以与联合电话公司抗衡。

1882年2月1日，麦克拉伦(Lord McLaren)法官宣读了一份判决书，这份判决充分反映了联合电话公司强大的火力。麦克拉伦宣读到，"接受布兰韦尔对电话技术描述的所有细节"，并明确了里斯的渐进式发明和贝尔的波动电流发明之间存在发明鸿沟。[68]听取了汤姆森的意见后，法官认为格拉斯哥的演讲着眼于"描述结果而不是过程"，导致对电话的描述不太完整，无法构成在先公开的事实。[69]关于爱迪生的专利权，麦克拉伦法官驳回了麦克林的第一项辩护，即麦克林认为由于爱迪生临时专利说明书和完整专利说明书之间存在差异故其专利无效。麦克风问题是本案中技术上最复杂的部分，最终麦克拉伦发现"虽然厘清这个问题有些困难，但最终我形成了一个清晰的观点"。[70]麦克林的律师们提出了一个微妙的论点，声称麦克风与爱迪生的设计不同。他们提出，休斯是通过两个导体之间微妙的接触实现了可变电阻，而爱迪生的可变电阻则来自半导体材料的压缩，因此爱迪生的专利说明书中的用作"张力调节器"的弹性物质是与碳相摩擦的丝纤维。麦克林的律师在描述爱迪生的专利时，宣称"贯穿爱迪生专利说明书的原理是压缩"。[71]

这一主张在法庭上正击中了要害，即专家对可变电阻原理的拿捏不准。究竟在接触点发生了什么，就算将当代的知识应用到当时的仪器上也不能得出明确答案。[72]然而，在科学上很多东西都未确定的情况下，麦克拉伦法官再次听从了联合电话公司专家的意见。他宣称，无论分子之间发生了怎样的相互作用，爱迪生的送话器和麦克风必然都是采用同样的方法。[73]因此，法官最后裁定赋予爱迪生宽泛的专利权保护范围。爱迪生的专利"不是针对某一特定仪器"，它可以包含任何可变电阻设备。[74]

伴随着这次诉讼的结案，联合电话公司和它的批判者都开始期待下一阶段的诉讼。尽管麦克林案的判决对英格兰法院没有约束力，但联合电话公司的律师正式向法院索要了专利有效性的证明，以便在随后的英格兰诉讼中呈出。[75]与此同时，《电气评论》的编辑们在为读者总结案件时预测，专利将在伦敦法庭经历更严峻的考验,"与刚刚过去的诉讼相比,双方都将配备有能力的且不夹带个人利益的更强的电气工程师阵容"。[76]

§

第二场诉讼考验始于4月底"联合电话公司诉哈里森、考克斯沃克公司案"(*United Telephone Co. v. Harrison, Cox-Walker Co.*)的庭审,该案回顾了麦克林案中提出的所有问题。但对联合电话公司来说,又出现了另外两个挑战。首先,被告所代表的反对派势力更强大。尽管名义上的被告是总部位于达灵顿的电气工程合伙人公司即哈里森、考克斯-沃克公司,但此案的主要被告是伦敦环球电话公司(London and Globe Telephone Company),该公司由美国人经营,正努力试图进入伦敦的电话交换业。[77]伦敦环球电话公司在诉讼开始的时候资金并不充足,但是公司信心满满并且深谙专利门道,收购了一系列英国和欧洲的专利,其中包括知名发明家阿莫斯·多尔贝尔(Amos Dolbear)和托马斯·沃森(Thomas Watson)的专利。[78]值得一提的是它从约克郡牧师亨利·亨宁斯(Henry Hunnings)手中收购的一项专利,这给联合电话公司带来了第二个挑战,即如何确保对另一种不同类型的可变电阻送话器的控制。[79]

不同于布莱克和爱迪生的送话器使用单一触点,也不同于休斯式麦克风使用碳笔,亨宁斯的送话器是在金属触点之间使用松散的碳颗粒。碳颗粒堆中进行的大量电接触使得这种装置具有优越的性能。这也在实际使用中得到了验证,以至于从19世纪90年代起,碳颗粒型送话器事实上已经成为了英国和美国的标准。[80]即使亨宁斯的装置在早期还不完善,但代表了重大的进步,联合电话公司几乎承担不起放弃对其控制的后果。更重要的是,联合电话公司专利的保护范围并不涵盖这个实用的送话器。亨宁斯送话器和爱迪生的发明在外形上有明显的不同,这使得联合电话公司在法律上击败它变得更加困难。特别是,侵权的问题取决于亨宁斯的送话器是否拥有"膜片"(也称为"鼓膜")。放弃权项之后的爱迪生的专利范围严重缩小,此时,其唯一的权利要求就是电话中的膜片和张力调节器的组合。麦克林案的法院认为这些特征属于爱迪生专利宽泛保护范围的基本要素,即通过改变接触实现可变电阻。但是休斯的实验已经表明,声音振动会直接作用在导体上产生信号,这是爱迪生没能够实现的。如果装置可以像亨宁斯发明的送话器这样在没有膜片的情况下工作,那么爱迪生的专利就失去了对可变电阻原理的控制优势。

庭审中的争论主要集中在膜片构成的语义问题上。联合电话公司的律师辩称亨宁斯碳颗粒一侧的薄铂箔就相当于一个膜片。哈里森、考克斯-沃克公司的证人则回击说,那只不过是一个电极。第二项最受争议的问题是发生在格拉斯哥的演示是否构成"在先公开",针对这一点发生了更多的吹毛求疵的讨论。其他一系列的辩护受到的关注则较少,例如爱迪生的专利中临时专利说明书和最终专利说明书之间不该有的差异,或对里斯的在先公开的假设——尽管联合电话公司确实不遗余力地否认了里斯在德语期刊上发表的文章构成在英国的公开发表。双方都动员了大量著名科学人士来支持各自的立场。与在爱丁堡的审判相比,双方这次在专家证词方面平分秋色,尽管双方召集的是不同类型的证人。除了威廉·汤姆森爵士,联合电话公司再次邀请了专家证人行业的精英弗雷德里克·布兰韦尔爵士、约翰·霍普金森博士和约翰·伊姆瑞。与此同时,被告则依靠学术工程师,例如西瓦努斯·汤普森(Silvanus P. Thompson)、威廉·弗莱彻·巴雷特(William Fletcher Barrett)和威廉·埃尔顿(William Ayrton),以及美国发明家阿莫斯·多尔贝尔和托马斯·沃森(这两人都与伦敦环球公司有联系)。在律师方面,双方也是旗鼓相当,同专家证人团队一样,专利诉讼领域的领军律师都出现在了联合电话公司这边。理查德·韦伯斯特(Richard Webster)、西奥·阿斯顿(Theo Aston)、H.科岑斯-哈代(H. H. Cozens-Hardy)和约翰·弗莱彻·莫尔顿(John Fletcher Moulton)代理了作为垄断方的联合电话公司;一些经验丰富但不那么知名的专利律师代理了哈里森、考克斯-沃克公司。

在对相互矛盾的陈述进行判决时,弗莱(Fry)大法官几乎在所有方面都站在了联合电话公司这边。他裁定,格拉斯哥的展示不足以作为在先公开,因为最终"事实证明即便是在汤姆森爵士这样世界上最有经验的人手中,这项展示最终还是失败了"。[81]缪尔黑德(Muirhead)博士清楚地记得他在土木工程师学会的图书馆里读过里斯这篇德语文章,因此里斯的发明可能已经在英国"公开发表"了,但是它的开关工作原理并不能否认贝尔的专利。关于亨宁斯的侵权问题,弗莱允许休斯的无膜片实验"来证明亨宁斯和爱迪生的送话器分别是根据不同的原理运作的"。但是,他把这种可能性搁置了,并通过解读出亨宁斯说明书中存在膜片,维持了爱迪生专利宽泛的保护范围。如果把膜片定义为振动可以通过的任何隔离物,法官发现亨宁斯的铂箔非常符合这个描述。[82]

这种对爱迪生专利的解读,其范围之广足以覆盖所有现存的商用送话器。不过,弗莱大法官的判决确实给专利权人带来了一个令人不快的意外,即法官不情愿地解释说,由于爱迪生专利的临时专利申请说明书和最终专利申请说明书存在不一致,爱迪生专利被判无效。[83]弗莱几乎为自己做出的对爱迪生不利的判决而道歉,他说"不管对这个案子的最终判决存有多少怀疑,我必须牢记我是一个有能力判案的法官"。[84]但对联合电话公司来说,这项判决只是暂时性的挫败,通过放弃被侵权的留声机部分的权利要求就可以恢复这项专利。1882年8月,放弃权项完成,弗莱对专利的广泛解读就变成了完全可操作的内容了。与此同时,上诉法院区分了贝尔的接收机和完全不相干的"格拉斯哥展示的错误接收机",并根据贝尔专利维持了对哈里森、考克斯-沃克公司的禁令。[85]

联合电话公司诉巴萨诺和斯莱特一案(United Telephone Co. v. Bassano & Slater)巩固了爱迪生专利至高无上的地位。此案贯穿了1885年整个夏天,还涉及巴萨诺和斯莱特试图通过研发出没有膜片踪迹的电话来绕过爱迪生的专利。巴萨诺和斯莱特销售了一种装置,其话筒直接开口面向一支装在木质外壳内的碳笔。鉴于这台装置在张力调节器和声源之间没有任何隔离物,来自德比的这两名电气工程师希望以此来规避休斯先例的判决。作为回应,联合公司再次动员了它的专家证人,这一次专家证人辩护道:木盒子背板的震动显然起到了爱迪生专利中隔膜的作用。汤姆森、布兰韦尔和其余的人都尽职尽责地反复重申:背板通过振动把振动传递给了张力调节器,所以背板就是一个膜片。尽管辩护律师提出了令人难以置信的主张,按照他们的这种解读几乎没有东西可以不被视为膜片,但是诺斯大法官还是赞同这一理论,并支持了联合电话公司。[86]第二年,这一判决得到了上诉法院的确认。[87]

巴萨诺案的判决引发了主要电气和工程期刊的普遍愤慨,这些期刊的编辑和记者把他们一贯严厉讽刺的风格提升到了新的水平。有人发问:一个放在地上的麦克风是否会使地面变成一个鼓膜？如果答案是肯定的,那么爱迪生是否打算为地球申请专利？[88]尽管针对诺斯法官的批评不绝于耳,但关于这项判决有两点值得注意。首先,诺斯法官意见书中明显荒谬的逻辑早已经体现在弗莱法官早先的判决中。和诺斯一样,弗莱不是根据专利说明书来解释爱迪生的权利。爱迪生在申请专利时认为膜片在可变电阻送话器中起到了必要的作用。然而事实并非如此。为了防止这一事实限制爱迪生的权利,弗莱法官选择通过一系列描述性特征而不是通过任何有效功能来界定膜片。弗莱没有要求原告证明所谓的膜片与爱迪生的膜片作用相同,而是把举证责任转移到被告身上,要求他们证明他们的装置没有可以被视为膜片的组件。这样诺斯法官的工作就简单多了,他只需要确认这次测试没有通过的可能就可以了。

尽管诺斯法官没有实质性地扩大专利垄断,但他确实引起了人们对此的关注。因此,关于巴萨诺案判决的第二个重要观点出现了:对判决结果的遣责在舆论上汇集成了一个更广泛的指控,即法院扭曲科学证据和专利说明书以保护范围宽泛的专利权。西尔瓦努斯·汤普森(Silvanus Thompson)在《泰晤士报》(The Times)上提出了司法"专利曲解"的指控,矛头直指三个主要专利,即电话、爱迪生的电灯和奥托(Otto)的燃气发动机,该指控一经刊发就引起了工程媒体的广泛反响。[89]特别是爱迪生的电灯专利诉讼,它复制了19世纪80年代下半叶电话专利诉讼的模式。[90]

在电灯诉讼中,是否构成侵权取决于对"灯丝"的定义,而法院对其作出了宽泛的解释,以涵盖相互竞争的发明人所使用的形状和材料差别很大的灯丝。正如《电气评论》所控诉的那样,"所有东西要么是灯丝,要么是膜片"。[91]

在所有这些案件审理中,每个人都意识到了垄断力量、法律和科学资源,以及法院认为的宽泛专利保护范围这三者之间的联系。《泰晤士报》评论说,汤普森"对专家和手段高超的律师诱导作用的抗议,尽管有些多余,但也并非完全不合时宜"。[92]《电气评论》的编辑在谈及电话专利判决中专家证人的角色时反问,什么时候专利法可以不受制于"对丁点儿大的细节喋喋不休,又在下结论时闪烁其词的、立场偏颇的科学家们的影响,只要专利法合乎他们的目的,即使面对一口吞骆驼,他们也会洋洋自得地闭上双眼,视而不见"。[93]与此同时,《帕尔迈尔公报》(*The Pall Mall Gazette*)将巴萨诺案视为顽固的并且"有害的法律实践,它扩大了专利权人的权利范围以偏袒势力强大的垄断"。[94]如果这些批评是可信的,那么在工程师看来,律师手中的科学已经危险地偏离了科学,而法院建立起来的法律垄断与经济垄断越来越一致。

§

回过头来看,人们可能会发现19世纪80年代对垄断专利的各种批评集中在一个共同点上,即对"首创性"发明的司法偏袒。正如希尔瓦努斯·汤普森所指出的那样,专利权人获得"宽泛保护范围和延长期的司法偏袒"的先决条件是,他被法院认定为"一项具有绝对新颖性的基本发明的伟大原创发明人"。[95]换句话说,授予这些发明极为宽泛的保护范围是法院对关于某些首创性发明争论的回应。

关键性电话专利案的意见书中所载的语言和逻辑充分说明了汤普森的观点。在支持贝尔反对格拉斯哥在先公开的辩护中,弗莱大法官强调了发明人贝尔的"非凡发现";在上诉中,乔治·杰塞尔(George Jessel)爵士称赞贝尔的发明为"本世纪最重要、最优秀的发明之一"。[96]这些评论可不仅是空洞的赞扬,两位法官都将贝尔该项发明成就与他们对专利说明书的解释联系在了一起。弗莱认为,在这种情况下,"法官有责任对专利说明书的文字进行扩大解释",而杰塞尔在法庭辩论中宣称,"伟大的发明家不会被技术轻易击败"。[97]专利的首创性地位帮助贝尔逃脱了失败的命运,对爱迪生来说,同样如此。理查德·韦伯斯特在联合电话公司案中为扩大解释的爱迪生专利辩护道,"爱迪生的专利说明书对全世界来说是一个完整的启示,它完全开启了新知,并在此事上对科学界有革命性影响"。[98]律师的态度很明确,他的辩护词不仅仅是华丽的辞藻;相反,也是"整个案件所依赖的特定事实"。[99]

其他同期的案件也显示了审查时对发明原创性的重视。19世纪80年代初,杰塞尔在对奥托燃气发动机专利的裁决中,提出了将专利解释为"一项真正伟大且重要的发明"的意义,以此来支持而不是限制专利的范围。[100]同样地,在1887年,当上诉法院支持爱迪生的电灯专利权时,《电气评论》断言,"任何追随此案审理的人都应该相信爱迪生公司律师所作的陈述,即在爱迪生的专利出现前,白炽灯在商业上并不为人所知,而爱迪生的专利出现后不久,这种灯就紧接着被成千上万地制造出来。律师的这种陈述显然极大地影响了法官的想法"。[101]

此外,法院准备将这种推理纳入到专利理论中。在巴萨诺案结案一年后,大约与电灯案同期,上诉法院宣布了1887年普罗克特诉本尼斯案(*Proctor v. Bennis*)的判决意见书,这也成为细分"首创性专利"或"重大专利"的主要解释。[102]该案的判决授予了一项旋转式加煤机基础性专利,法庭以新颖性是这项发明价值的一部分为依据,将这一旋转式加煤机视为一种全新的设备。实际上,普罗克特诉本尼斯案承认了英国法律中对首创性发明和纯发明改进之间的双重区别。我们可以看到这一区分标准在美国法律中已经确立。这一规则并不是凭空捏造出来的理论创新,它引用了很多可以追溯到1841年的判例。[103]但在侵权案件审理中,这一规则立刻成为了一项有影响力的法律声明。

在普罗克特案前后,法官们对首创性专利的处置似乎与英国法院的主流历史观有些不一致。就这一时期专利判决的历史记载而言,它表明英国法律对权利要求的解释有一套相对严格的规则。法律学者科尼什(W. R. Cornish)明确了一种解释专利的"围栏柱"方法,按照这种解释方法,法官将对专利的权利要求视为对授予的专利设定严格的外部限制。19世纪70年代,英国上议院发布的主要意见确立了"凡未提出的权利要求,概不承认"的原则,主张不应给专利以回旋的余地,因为"受保护的一定是专利说明书中明确的内容"。[104]科尼什注意到,1883年专利法第一次对明确专利权要求做了强制性规定,他称19世纪80年代和90年代的专利保护范围受到越来越多的限制。据此观点,对权利要求的解释变成了一种语言上的争论,即一种"以最优秀的大法官们的标准来决定语言意义的游戏"。[105]

这种明确且迂腐的裁决观点与同时代的其他裁决一致,都强调了19世纪末和20世纪初法院日益增长的形式主义。形式主义描述了一些注定在当时盛行的相关倾向,其中包括法官目光短浅地专注判例,而不考虑政策,并不愿背离摆在面前的法律协议中的文字条款。形式主义作为一种司法风格,通常与"契约自由"这一强大的意识形态联系在一起。自由达成契约的双方讨价还价后的协议是神圣不可侵犯的,这种理念在19世纪末的裁决中占主导地位,而在专利案中,自由契约的双方是专利权人和广大公众。[106]专利法中也有类似的说辞。法官们试图"像解读其他文件一样"解读专利法,这一原则既承认也鼓励了专利法与合同法之间的密切联系。[107]正如一位专利代理人所言,律师所接受的教育使律师"比其他人都更加重视文字的严谨性"。[108]

电话案表明,形式主义和严谨的解读并不是至高无上的。语言的准确性确实具有一定作用,正如"膜片"一词的定义成为了侵权案件的核心问题一样。但法官们显然是为了更宽泛地解释爱迪生的专利权而故意曲解了这个词。更重要的是,法官的核心假设是首创性专利应该得到特殊对待,而这与中立的、契约性的专利解读方法相背离。总体来说,形式主义或以文本为中心的方法从来没有垄断过专利裁决。尽管一些理论规定将权利要求理论推向了严格遵守文本的方向,但与之相抗衡的一股潮流敦促法官们看得更远,而不只局限于所使用的精确语言。上议院的一项决议指导法官们去寻找专利设备的"核心和精髓"。[109]此后,法院对涉案发明专利的性质进行了超出书面文件的系统调查。"围栏柱"和"标志柱"解释法的共存使得英国专利法是偏向狭义专利还是广义专利的问题更加令人困惑。鉴于法官可用的审判原则既有扩大解释的,也有限缩解释的,那么真正的问题是为什么有些法官在电话和电灯案件的特殊历史时刻选择了强调首创性专利宽泛的保护范围。

从专利权判决的语言来看,法官明显受到了英雄发明家思想的系统性影响。19世纪80年代,专利废除运动逐渐销声匿迹,而其反对者的主张却保留了下来:英雄发明家的名流们持久地灌输着大众对技术变革的看法。[110]因此,新专利法的通过证明了,个人天才的典范既在文化上占有优势,在政治上也是正确的。但是,这如何影响某一项专利就是一个复杂的问题了。在法庭上,英雄发明家思想并不总是对专利权人有利。至少,后来一位观察家认为它导致了法院以"缺乏创造性"为由驳回了许多专利,因为法官们以瓦特等著名的发明家为基准,而轻视了较小的、渐进的改进发明。[111]此外,19世纪末的专利权人与这种文化理想并不完全契合。近年来关于发明概念的通俗和文学著作指出,伟大的发明家总是以18世纪和早期的人物为基础,并且伴随着维多利亚时代,英雄发明家的理想变得越来越怀旧和老套。至少有一种说法认为,19世纪80年代和90年代,公司组织机构创新使得个人发明越来越不受信任了。[112]

然而,电话案表明这种英雄主义思想在英国法庭上仍然存在。法官们的判决意见书反复体现了司法对原创天才的尊重。最重要的是,托马斯·爱迪生获得了司法上的支持,这种支持在一定程度上最终使一向持怀疑态度的《电气评论》感到沮丧。《电气评论》的编辑们抱怨说:"爱迪生的名字变成了一种崇拜,包括法官在内的公众,已经开始把爱迪生视为一位非凡的发明家。"[113]乔治·杰塞尔爵士绝对是在"当之无愧的首创性发明家"这个话题上最有发言权的法官。以关注公众情感而闻名的他,能够通过一个看似合理的渠道,用广泛认可的伟大发明家的舆论促成法律上的成功。[114]另一个可能的模式来自诺斯法官,他努力消化专利案件的技术知识,但不得不承认听懂电话专利案的辩论有多困难,这最终使他断言,正是闻名寰宇的爱迪生发明了电话。[115]

诺斯所遭遇的困难也指向了另一个很可能同样重要的问题。首创性专利的裁决源于对抗性诉讼,因此它反映了双方律师的能力和辩护论点。不止一名法律界的观察人士认为,19世纪80年代授予专利宽泛保护范围的权利是"一种由一些著名的领军律师和一些行业专家刻意打造出的趋势,而这些人通过采用这种模式来确保专利权人的垄断地位"。[116]在英国专利法中,那些为诉讼当事人代言的经常扮演专家证人的专业人士(而不是法官),拥有很大程度上的权威。专业知识的不平衡既是专利这项专门法律领域的现实(由少数律师主导且由少数法官掌控),也是法院需要裁决的复杂技术问题。1871年,著名的专利律师威廉·格罗夫(William Grove)在即将成为法官的当口,概述了强大的专利律师可能对英国议会专利特别委员会产生的影响。格罗夫担心,"律师凌驾于法庭之上所带来的不可避免的恶果"是,要么法庭温顺地顺从于一方选择的结果,要么法庭做出反对裁决以显示独立性,对此法庭必须二选一。格罗夫巧妙地避开了谈及这种力量不匹配发生的频率。然而,他以经验相警告,"没有什么比律师凌驾于法庭更糟糕的事情了;在如此情况下,将产生更严重的不公"。[117]

在随后的几年里,专业证人的崛起使诉讼当事人变得更加强大。1883年,一名国会议员援引了大法官的话抱怨道,"在专利庭审中出现的专家证人绝对是法庭、起诉人和陪审团的控制者"。[118]第二次工业革命中出现的技术进步使得这些失衡加剧:法庭对科学权威的重视程度空前,法官的职权范围和其能力之间的差距在有些场合特别明显,同时高素质的律师队伍极为有限,以至于会被诉讼中的一方垄断。特别是在争夺对新电气技术控制权的斗争中,"诉讼双方如果都资产雄厚,通常都会通过'普通律师聘约'聘请到电气专利诉讼领域的领军律师"。[119]

考虑到律师和专业证人的影响力,我们就多少可以理解英国电话公司偶然取得胜诉的概率了。正如理解首创性专利所引发的争议深度一样,把法官对英雄发明辩护的回应全部归功于专利律师可能不完全合适,但他们肯定竭尽全力地充分利用了这种倾向。通过这样做,专利制度的经常性参与者确保了法律结果不仅反映了法律本身,而且也反映了法律实践本身的结构。

第7章 专利、公司和系统

1887年,贝尔公司的律师詹姆斯·斯托罗在美国最高法院的大法官面前,对一位手下败将说过的话娓娓道来。斯托罗回忆说,"在他看来,整个电话系统就像一个倒立的金字塔,而平衡点在塔尖上;如今全世界庞大的电话体系都基于贝尔专利中所描述的这个小小的不完美的装置"。[1]19世纪规模最大的专利审判白热化的时候,如果贝尔的专利主张被法院否定,竞争者们随时准备蜂拥而入。一个庞大的垄断公司矗立在贝尔专利权狭窄的地基上,随时可能轰然倒地,这种形象描述似乎非常贴切。然而,到斯托罗在法庭上说这番话的时候,电话业务已经有了更广泛的基础。自1880年以来,美国贝尔电话公司已从一个过度扩张的专利特许经营商转型为一个全国性的企业,负责附属公司和关联业务的整合、协调。这个集团是电话领域强有力的当权者,即使在专利被废除的情况下,其领导地位也不会轻易受到挑战。

为什么大公司会起起落落?为什么技术会游走于"封闭"的单片机系统和"开放"的创新生态系统之间?在解释工业变革的大图景时,电话所起到的作用可能出人意料地难以确定。[2]电话就是这样的一个典型例子。传统上,电话产业结构的研究更多地关注管理策略和监管,而不是基础专利。这种侧重至少有两种可能的解释。一种是专利的重要性是有限的。毕竟,事实证明,电话服务有能力在不具备控制性专利的情况下形成垄断;美国最终会发展成这样,而大部分欧洲国家和加拿大在早期就已经是这样了。因此,更明显的故事主线可能不是专利,而是其他要求集中和整合的压力,无论是行业经济上的压力,还是公共政策上的压力,再或者两种压力兼而有之。第二种可能的解释是,这些专利呈现的故事非常简单,即专利排除了竞争,之后它就过期了。对于大多数研究美国电话技术的作家来说,专利的重要性可以完全总结为从1894年之前的封闭市场("专利垄断时代")到1894年之后的开放市场("竞争时代")的转变。正如一位有代表性的作者所解释的那样,"大多数工业组织在竞争下的经营方式与在垄断下的经营方式有些不同"。[3]

基础专利的影响既不简单,也不同于电话行业的发展方式。专利不纯粹是防御性的工具,它还是贝尔公司下属的新兴公司集团的原动力,其将公司联合起来,协调技术标准,并将资金、创新和政府政策融入到新技术的具体愿景中。理解基础专利的作用意味着要突破诉讼抑制竞争的视角,把知识产权与组织发展紧密联系起来。通过禁止竞争者进入市场,专利成为了影响电话早期发展最重要的因素。如果没有专利,电话服务的性质,以及提供电话服务的公司的性质将会不同。即使在专利的法律保护期到期后,专利垄断的遗留影响仍然存在于具有强大影响力的电话业先驱公司的战略和竞争地位中。

可以肯定的是,这些专利并没有在当时创造出一个单独的"贝尔系统"。这是后来的事情。20世纪初,贝尔公司的财务和管理一体化程度大大提高。1907年之后,贝尔公司的高管们投入了大量精力来推动实现集中、高效、统一的全国性电话公司的设想。具体而言,对内,向仍然独立运营但由贝尔公司监管的区域公司宣传;对外,向仍然对贝尔公司和垄断持有怀疑态度的公众宣传,这些怀疑是贝尔公司必须要迈过的坎。[4]如果把这种精心构建的统一形象追溯到19世纪和电话行业最初几年来进行解读,那就大错特错了。然而,专利垄断的存在使新技术具有了组织上的协调一致性,这一点是毫无疑问的,如果没有垄断,就没有这种一致性。19世纪90年代中期,没有明显的理由来解释为什么德克萨斯、加利福尼亚和芝加哥的电话运营公司应该与波士顿的公司建立联系,或者应该共享设备和业务。考虑到所涉及的管理和资本的要求,所有这些都是极不可能发生的。基于很多原因,电话服务本质上是本地化和分散的。但是,专利却导致了电话服务的集中和统一。

后来事实清楚地证明,这些争论还牵涉许多影响着电话行业的企业整合和竞争结构的其他因素。总的来说,法律垄断与其他影响电话服务的因素完全交织在了一起,事实上,这也是专利如此重要的原因。

§

在商业电话发展的最早期,贝尔在写给英国投资者的一封信中,大致勾画出了他对这个行业的理解。在信中,他以大城市地下从一个中央源头以主干线和支线的形式向外辐射,然后延伸至家庭和企业的"完美的天然气管道和水管网络"进行类比,并请投资者们进行反思。贝尔建议,"以同样的方式"建立电话网络。

"我们可以想象电话线的电缆可以铺设在地下,或架在地面上,通过支线与私人住宅、乡村住宅、商店、工厂等进行通信,并且通过主电缆将它们统一接入到一个中央站点;而在中央站点,电线可以根据需要连接,以在城市的任意两地之间建立直接通信。""尽管这样的计划现在看来还不现实,但我坚信随着电话被大众所了解这一定会实现。不仅如此,而且我相信未来电线可以把电话公司在不同城市的总部连接起来,这样身处这个国家某个地方的人可以与另一个地方的人进行对话交流。"[5]

正如贝尔所写的,美国电话总机的首次亮相已经开始把他关于城市电话交换机的预测变成了现实。[6]几年之后,城镇之间的长途通信变得普遍起来。以长远的眼光来看,贝尔的设想都得到了充分的验证:电话发展成为网络式工业,或者用贝尔1878年的话来说是一个"宏大的系统"。[7]

和贝尔一样,现代作家在描述如铁路、电力或电话服务这种大规模的分布式技术时,经常交替使用"网络"和"系统"这两个术语。[8]这两个词的含义都涉及相互关联的部分组成"复杂的整体",并且都可以描述导致复杂的设计和协调问题的结构。[9]然而,这两个概念之间存在着一些细微的差别。"网络"一般是指用户之间或地点之间连接的物理网络。这些连接线路可以分流像天然气或水这样的产品,也可以点到点传送,如通信行业和交通运输行业。不管是哪种方式,网络形式都为服务提供者带来了个性化选择:线路应该如何布局?需要给谁赋予权限?如何使用户分摊共享机器的成本?这些选择的结果是,网络本身的物理配置对相关行业具有强大的塑造作用。"系统"可能是一个更广泛的术语,是指一组相互依赖的技术和操作。因此,包括交换机、线路、终端设备和操作员在内的电话网络才构成系统。但是像空中交通管制或导弹制导这样的非网络技术也可以构成系统,因为二者都依赖于信息、硬件和操作控制的结合。网络的中心特征主要是将远距离的地点或节点连接在一起,但系统隐含着更多一般性的协调问题,比如如何确保组成部分之间的兼容性,如何使商业组织与技术要求相匹配,如何在整个结构的运行中实现效率的最大化。

总的来说,电话业务的网络和系统这两个方面一直是历史学家关注的中心问题,当然这也是有充分理由的。与电话行业的其他特征相比,网络和系统重叠的急需解决的部分更能说明电话独特的经济和政治地位。特别是,网络和系统特征都与电话服务走向垄断的趋势密切相关。由于电话的网络特性,电话在其存在的大部分历史时间里,一直被广泛地认为是一种"自然垄断"。[10]这一分析是基于一个简单的命题,即一个电话网络可以连接所有的用户,而两个或两个以上的相互竞争的网络很可能会拒绝互连,从而迫使各自网络的用户要么加入多个网络,要么削减联系。此外,对电话服务的需求受到经济学家所说的"网络效应"的外部影响,即随着更多的用户加入系统,对每个用户来说所获得的服务的价值就会增加。[11]对于许多感兴趣的参与者来说,这些特性使得电话服务的合理结构变得相当清楚。1918年,加州公用事业委员会表示,"电话是自然的垄断,应该有一项通用服务,因为这可以使所有电话用户之间的通信实现完全的互联互通"。[12]虽然专利垄断者可能是这种论点最早和最狂热的支持者,但事实证明,他们的观点能够吸引用户和政府的支持。

电话所处的行业环境和电话自身的特点同样重要。作为一种网络技术,电话和一些其他工业领域一样在19世纪的经济中占据特殊地位。由于基础设施的重要性,拥有大型网络的工业部门脱颖而出。铁路和电报重塑了各国的经济地理,天然气、水和电车改变了城市环境,随后电话和电力的触角开始延伸到办公场所、工厂和家庭。从一定意义上说,这些行业有别于其他经济领域的重要方面是:通过不断地向垄断靠拢,这些行业提出了经济治理的独特问题。铺设轨道、管道和电线的高昂固定成本和沉没成本使不同网络之间的相互竞争变得低效和不稳定。19世纪,铁路、电报、天然气和自来水公司屡次卷入毁灭性的价格战中,直到一个竞争者吞并了另一个,形成了资本富余的垄断局面。[13]

针对这些竞争失败的政治经济反应是零零散散的。直到19世纪80年代,基于规模扩大而平均成本相应下降的"自然垄断"理论开始正式出现。[14]但是,消费者、投资者和政府早已熟知某些行业天生就不适合竞争的观念。在这一背景下,公共政策在规定网络提供条件方面发挥着越来越积极的作用。地方政府、州政府和中央政府利用他们所掌握的手段来规范市场准入、公司的价格、质量和资本,这些手段包括市政特许经营、公司法和公共事业法。到19世纪末,网络化行业已经成为公有制和政府调控的主要试验场所。[15]电话服务业也无法避免地被卷入围绕类似技术的政治和经济成见中。

如果说"网络"是一种外部信号,标志着电话行业将要遭遇各种竞争和调控,那么"系统"就会对公司内部组织产生同样的重塑影响。与系统紧密相关的不仅是日常运营,还包括战略决策和投资。日常系统管理包括监控流量、收费、维护网络的技术完整性等任务。战略挑战包括协商整个行业的技术标准,管理互联公司之间的关系,以及通过创新追求效率收益。外部因素就更多了,比如支线的错误可能会影响到关联交易所提供的服务质量,而一家公司采用新技术会对其他公司造成兼容性问题。这些协调问题本身推动了电话业务的中心化和统一化,鼓励了关联业务的横向合并,将分散的地方业务整合形成整齐划一的大型系统,同时也鼓励设备制造和服务提供的纵向融合,来大力支持技术标准化。因此,电话系统的功能性完美地解释了为何电话网络可以形成垄断:正如网络形式看似要求每个地点都有唯一的服务提供者一样,系统要求倾向于从一个地点到下一个地点的统一服务管理。

然而,系统的意义超越了组织决定论。正如许多技术史学家所指出的,系统的概念是社会建构的抽象概念的典型,可以指导管理和技术决策。举例来说,托马斯·爱迪生是一位"系统建造者",他构想并设计了自己的电力照明路线:从发电到电力传输,再到照明。[16]像爱迪生这类人的个人愿景一旦实现,就会为行业的集体认知打下基础。"系统不仅仅是物理现实的一个简单的速记,它是对现实的一种解读,它强调功能层次的价值、操作流畅性的价值、一致性和集中控制的价值",这一点对于发明家、工程师和管理人员来说都是一样的。[17]19世纪末和20世纪初,这些价值在工业企业管理中获得了越来越多的认同。这些价值在大型官僚企业中成了金科玉律,因为这些价值可以通过各种途径实现制度化,如通过标准部门、交通部门以及宣传"系统工程"的主导精神来实现制度化。[18]电话的发展史经历了所有这些阶段,其达到顶峰的标志是20世纪早期"贝尔系统"这个术语开始使用,用来描述美国电话电报公司及其附属公司所形成的全国网络。

历史学家则以不同的方式来看待电话的网络特征和系统特征。一种观点表明,在垄断公司发展初期事实上就接受了统一服务和集中管理是组织要务,这再明显不过了。[19]这个观点在20世纪中叶尤其令人信服,当时美国和欧洲的国家电话垄断已经一统江湖,其中美国的垄断基于调控下的贝尔系统,而欧洲的垄断则基于公有制。这些垄断实体体现并积极宣传了电话服务本质上是"不可分割的"这一观点。[20]

近些年来,研究电话的历史学家大多反对这种假设。在解释20世纪的工业垄断结构时,这些历史学家呼吁要更加重视商业文化和政治选择。对于早期的观察家来说,当时很多事情看起来是合理的,甚至是不可避免的;但现在看来,当时的事情成了权力关系和制度偏见的产物。这种新观点的出现得益于若干事态的发展。其中,20世纪80年代英美两国电话垄断的瓦解起到了催化作用,这促使学术界重新关注了1894年至1920年间美国电话服务的竞争时期。[21]其他的影响因素本质上都是方法论。关于"技术的社会建构"的文献体量不断增长,并推翻了关于技术变革的决定论解释,取而代之的是坚持认为技术产品反映了其生产者和使用者的文化和政治价值的观点。[22]同时,类似的批判传统开始在商业历史研究中盛行,淡化了以效率为中心对支持文化因素、国家制度本身以及社会和政治力量的经济效果进行的解释。[23]由于网络结构的产业承载着重要的社会意义,并与政府机构有着千丝百缕的联系,因此受到了两个学派的广泛关注。[24]

这些观点促使研究电话的历史学家不遗余力地去证明,电话行业所采取的模式是经过选择和竞争的,而不是预先设定好的。因此也产生了一些相互重叠的观点。其中一个观点揭示了早期电话行业垄断效应的经验性弱点。持这种观点的笔者通过揭示垄断者未能满足电话多样化市场的需求,证明了统一和标准化的电话服务模式在经济上是相当脆弱的。此外,他们还指出,各种竞争带来了服务覆盖范围的快速扩大,这也意味着公众对一项方便的单一性服务的兴趣并不够明确。[25]另一组研究审视了电话系统构建背后的思想和社会背景。这些研究为大型统一的系统找到了各种各样的思想支持,包括贝尔公司工程师对标准的热衷以及美国电话电报公司致力于实现更广阔的全国通信的企业愿景等,不一而足。但他们也发现了相互矛盾的价值观体系,这些价值观通常是民粹主义的,对垄断控制持怀疑态度,并且更看重成本较低的本地化服务。因此,有人认为,一种电话服务对另一种电话服务的胜利涉及不同技术愿景之间的思想斗争。[26] 鉴于服务经济的不确定性,许多问题必须在政治领域得到解决。无论是地方政府、州政府和还是中央政府最终都义无反顾地支持垄断。因此,网络和系统的政治意义重大,因为这些政治活动能指导公共政策规避某些选项,而不是简单地批准行业"自然"形成的存在方式。[27]

如果现代电话史学的首要主题认为垄断是人为制造的,而非与生俱来的,那么重新评估基础专利的控制作用的时机已经成熟。在商用电话出现的最初15年里,如果不是法律法令将垄断强加给它,电话行业本可以采取其他形式。专利权归属机制将市场塑造权分配给特定的市场参与者,而参与者的行为反过来又决定了不同群体争论电话含义的背景。最重要的是,专利控制是首要的,它预见并带来了各种对集中垄断的压力。

在网络和系统尚未确立之前,基础专利将电话行业维系在一起。早期阶段,电话技术还很初级,人们还没有完全领会到电话所蕴含的机会。一方面,网络构建逐步推进;另一方面,电话服务继续保持高度本地化。尽管地方政府层面的政策调控对于电话服务各个业务方面的形成至关重要,但公共政策在市场结构问题上往往是含糊的。在电话发展的早期,专利是垄断条款和公司间关系的唯一最大决定因素。此外,专利还对网络和系统作出了基础性贡献。一开始,专利持有者能够通过颁发专利许可来对新行业的其他参与者进行直接控制,并有能力提出某些标准或者要求某些实际行动来作为进入该行业的条件。它们还开始以股权换取专利许可的方式,将合同关联强化为财务关联。与此同时,垄断回报为大力的技术投资和长途电话线路的建设提供了资金,而竞争压力的缺乏则使垄断企业着眼于自身的长期可能性而进行此类投资。

最后,专利垄断奠定了未来市场结构的基础。专利有效期内的首要任务是利用专利的控制权,这也有助于巩固电话公司之间的财务和企业关系。这也反过来促进了技术和管理的一体化。随着时间的推移,行业领导者开始在最初分散的业务中应用系统思想,并优先采取业务一体化和标准化的项目。通过这种方式,专利持有者试图充分利用他们的先发优势,巩固和加强他们的垄断地位,甚至在专利保护期届满后仍可以处于垄断地位。在这个过程中,垄断企业积累了资本和政治力量,来对付后来的市场进入者。垄断企业在面对政策制定者时也以事实上的垄断自居,这在很大程度上影响了随后有关电话服务的"自然"市场结构的争论。

综上所述,这种说法提出了"历史很重要"的观点,这一点在技术和产业组织的研究中都达成了共识。[28]就电话而言,专利垄断开始产生反馈效应:法律保护支持了网络和系统的一体化,而网络和系统帮助专利所有人将暂时的垄断发展为永久的市场主导地位,并进一步促进服务的一体化。保护范围宽泛的专利权在电话的商业史中占据了中心地位,原因有二:其一,它在垄断企业积累经济和政治力量的过程中发挥了作用;其二,它对早期工业的结构产生了决定性的影响。

§

贝尔公司的专利控制对电话行业产生了两个明显的影响:"竞争效应"和"建构效应"。专利阻止了无专利许可的公司进入市场,也就是目前为人所熟知的"竞争效应"。同样重要的是"建构效应",即专利权控制着公司内部和公司之间的投资和商业关系。表现为专利许可形式的专利联系将电话行业的各个组成部分连在了一起,而除了专利以外没有其他力量能为电话行业的功能和组织整合奠定基础。

小阿尔弗雷德·钱德勒(Alfred Chandler Jr.)在他的经典商业史著作《看得见的手》(*The Visible Hand*)中,讲述了19世纪一个使用专利的行业故事,如今这个故事已经家喻户晓。在这种情况下,参与营销和分销是专利产品制造商的关键投资。辛格缝纫机公司(Singer sewing-machine enterprise)和赛勒斯·麦考密克(Cyrus McCormick)的收割机业务等公司的成功在很大程度上取决于这些公司营销组织的构建,这些营销组织最终发展成为包含分支机构和一支带薪销售团队在内的组织。与其他因新发明的商业化而成立的公司一样,这些公司最初也是通过授权代理商进行销售,这一策略缓解了资金短缺的问题,使有时限的知识产权资产迅速进入市场并得到快速开发。[29]然而,随着专利持有公司站稳了脚跟,它们也发现了一体化销售渠道的优势。这其中包括提供消费信贷的能力、专业的安装和售后维修,而所有这些都是说服消费者购买复杂机械所必不可少的。到19世纪80年代,集中式销售组织已成为收银机和打字机等主要的新型商业设备供应商所必不可少的,并成为电梯和电气设备等产品制造商的必要条件。[30]在对辛格等市场领军人物的崛起进行了调查之后,钱德勒认为正是对销售组织的投资才使得这些专利初创企业成为永久的商业力量。正如钱德勒指出的那样,"没有组织的专利永远无法保证其主导地位,而没有专利的组织却可以"。[31]

电话服务所采取的组织形式不同于钱德勒的标准类型,并且控制专利也起到了不同的作用。新电话装置的专利权人不仅要扫自家门前雪,还要为其他机器制造商分忧,其中就包括质量可靠性、客户服务、市场拓展等等。但是,由于电话行业发展所依赖的基础是高度分散的,因此阻碍了统一销售渠道的建立。专利权的全国覆盖性是电话这个新兴行业所涉及的方方面面中较有特色的。如果没有全国性专利权的存在,从本质上说,电话业务无疑是本地化的。私人电话线路是第一种推销的电话服务,其服务范围不过几个街区而已,比如从商店到证券交易所,或者从医生的办公室到药房。即使在有了电话交换网络之后,绝大多数的电话拨打都是市内的,最长的也就是邻近城镇之间的。

从商业角度来看,电话交换机的出现迫使电话服务供应商开始去本地化。电话交换站的建设成本远远超出了母公司集中融资的能力,因此不得不在电话服务覆盖的城市和地区进行本地化融资。[32]其他形式的本地联系也很重要。电话服务的宣传把重点首先放到了与当地城镇的社会和商业名流建立联系上,从而让自己的服务对其他人更具吸引力。[33]事实证明,与地方政府打交道也是必不可少的,因为市政条例或专营权通常要求在街道地下架设线路或铺设电缆。[34]这些特征使得电话与铁路或电报这样的长途网络相比,更像天然气、水或电力照明等一类的城市公用事业。

因此,电话服务采用了下游一体化这样一种不同的发展模式,也就是公用事业公司采用的模式。这种模式的基本框架是通过独家供应和专利协议实现特许经营的本地公司与母公司(通常为设备制造商)的关联。这种关联关系的核心是专利许可合同,通过专利许可合同,当地投资者希望从中获得垄断地位,而专利持有公司则获得了由相互关联的公司组成的公司网。专利企业集团成为了19世纪80年代和90年代新电气工业的一种独特的形式。基本上出于同样的原因,电灯、电力和牵引企业也采用了这种结构。发电站和电话交换公司一样,需要在当地进行推广,而新产业的发展则需要专利权人参与服务。正如一位研究通用电气公司的历史学家所指出的,解决办法是让新技术的制造商以公用事业公司的形式来"创造"客户,这样他们自己也能宣传。[35]

如此形成的专利企业集团不是三言两语就能描述清楚的。其组成公司之间的关系介于正常交易关系和管理一体化之间。在持股方面,专利持有公司采用了弧光灯制造商查尔斯·布拉什(Charles Brush)早在1879年就施行的一种做法,即持有当地公司四分之一到一半的股票作为专利许可费用,偶尔也加持更多的股票作为设备费用。母公司持有这些股份,也意味着其在服务供应方面有了直接财务利益以及一定程度的控制权。不过,控制也仅限于此。在专利保护伞下的公司之间的关系通常是合作关系,而非等级关系,技术和管理创新沿着供应链上下移动,并在关联公司中横向移动。知识产权没有在企业组织之间"选边站",而是在对组织结构的持续管理中发挥着重要作用。

在美国,随着母公司谨慎地调整其专利许可协议以适应不断变化的环境,电话营销也经历了一系列不同的阶段。获得第一批专利许可证的区域代理的规模参差不齐。随着贝尔公司的管理层开始与原代理机构开展谈判以推陈出新创造更适合新的交易所模式的城市专有特许经营权,1879年当地公用事业的推广也开始调整。[36]而贝尔公司面对这样的政策调整则采取了观望的态度。专利许可证有效期为五年,并且专利持有公司有权在许可证到期后以成本价买下他们的股权。但很快,与西联公司竞争的压力迫使母公司更加深入地介入电话交换业务。西联公司威胁要在最大的城市里超过贝尔电话,而贝尔公司也没有坐以待毙,转而支持核心特许经销商。贝尔公司不仅收购了波士顿和纽约的附属公司,加德纳·哈伯德还直接向芝加哥的电话交换业务注入了4万多美元。已经获得贝尔企业控制权的保守派投资人拒绝进一步收购专利许可人的股票,这在一定程度上是对哈伯德在芝加哥近乎搏命式的举措的反制。[37]随着竞争以及美国贝尔公司资本化的结束,进一步推进一体化进程的问题才逐渐重现。

1881年,随着对被许可人关系的第二次全面审视,所有权入股这项日趋明朗的政策开始实施。这一次,美国贝尔公司致力于用永久专利许可取代现行的五年专利许可合同。从理论上讲,根据五年期专利许可合同的购买条款,贝尔公司可以选择收购电话交换业务并直接运营。在西联公司退出以后,贝尔公司股票受到了前所未有的重视,以至于一位研究电话金融的历史学家提出直接运营是可行的。甚至几十年后,至少有一位高管声称贝尔公司曾认真考虑过直接运营的方案。[38]然而,当时美国贝尔公司的公开言论从未动摇过对集中化的承诺,用1883年年报上的原话说,"我们的政策一直是在电话业务中尽可能保持本地资本和本地影响力"。[39]永久性专利许可这项政策的实施给贝尔公司带来了30%至50%专利被许可人的股本(通常是35%),而被许可人换来的是永久特许经营权。

1881年后,美国贝尔公司起草了电话行业的新金融章程,其中只有很少的部分参考了钱德勒对功能整合益处的详细计算。此时,贝尔电话公司的领导层已经对加强协调电话服务产生了明显的兴趣,主要是为了保持电话服务的质量和促进相邻电话交换的互联。[40]但是,从本质上讲,收购"特许经营股票"的主要目的是从专利权中获取价值,而不是扩大有用的集中控制。从母公司的角度来看,专利权换股票的做法使得公司可以"获取电话业务的、独立于电话专利使用费的永久既定利益"。[41]永久特许经营扩大了基础专利期满后的收入范围,并增加了第二项收入来源,即运营公司股票的未来股息。[42]尽管有更多的信息补充,波士顿的高管们仍然一直强调分散管理。运营公司拿到了永久专利许可,实现了其主要目标。此后,运营公司除了在专利权范围内进行经营外,未收到贝尔公司的其他任何承诺。[43]

专利权换股权的做法本身并没有使美国贝尔公司致力于更深层次的整合战略。其他公用事业公司的专利持有者采取了多种方法对其关联公司的现行管理进行干预。电弧灯制造商布拉什(Brush)、美国电灯公司(United States Electric Light Company)和美国电力照明公司(the American Electric and Illuminating Company)均选择在公用事业经营确立后卖掉其在中央站公司的股份。1885年后,电气制造商汤姆森-休斯顿(Thomson-Houston)开始组建自己的公用事业公司,成立了一个独立的控股公司来持有原来的股票。在所有的照明公司中,爱迪生白炽灯公司与被许可人的关系是保持得最紧密的。通过向母公司施压,要求其对该领域的竞争对手进行无情的专利诉讼,双方都能获益。爱迪生公司集团也是最具凝聚力的,在一个名为爱迪生照明公司协会(Association of Edison Illuminating Companies)的贸易机构下形成了一个利益和技术交换的团体。[44]

与爱迪生照明公司(Edison Illuminating Companies)相比,美国贝尔公司只对其运营公司的整合有兴趣。发端于最初的免费特许经营股票平台,美国贝尔公司在专利有效期内不断提高其在被许可运营公司中的股份占有额。运营公司之间的财务和组织变动为实施这种做法提供了主要机会。随着传输技术实际应用范围的扩大,以及内部交换"收费线路"开始实现本地系统之间的互联,此起彼伏的整合浪潮席卷了整个行业。在没有贝尔公司占多数股权的情况下,一些合并已达到相当大的规模,最著名的莫过于"洛厄尔集团组织"(Lowell Syndicate),该垄断组织于1879年至1883年间,在马萨诸塞州、佛蒙特州、缅因州、新罕布什尔州建立起了大规模的网络。[45]美国贝尔公司也坚决支持产业联合集群运动,宣称"许多城镇连接在一起,这使得尽可能将大的区域纳入到一个管理系统更加必要"。[46]其结果是,在纽约州和大西洋中部地区产生了几家公司,每一家公司的业务都覆盖了多个城市和市镇。再往西和往南,地理覆盖的范围要大得多,整片跨越多个州的区域都纳入到了区域公司的管理。[47]从贝尔运营公司的数量就能看出公司集群的趋势:1880年,贝尔电话服务代理为185个,1888年减少到50个,而到1893年进一步减少到了35个。[48]

合并使母公司的股权得到了决定性的提升。例如,1883年10月注册成立的新英格兰电话电报公司(New England Telephone & Telegraph Company)由八家公司合并而成,其中贝尔持股30%的公司有两家,并在另外一家未注册的公司持有部分股份,持股总价值约为67万美元。除了用这些股份交换新特许经营公司的股权外,专利持有公司还获得了新特许经营公司票面价值4268000美元的股票。当合并风潮尘埃落定时,美国贝尔公司拥有票面价值6215600美元的普通股,占新英格兰公司大约60%的股份。[49]当新英格兰电话公司作为发生在贝尔公司心脏地带的极为引人注目的大型合并崛起之时,其他地方出现了在合并中提高特许经营公司持股的模式,并且母公司通过及时购买运营公司新发售的股票来进一步提升持有率。

截至1885年12月,美国贝尔公司持有被许可经营公司2120万美元的股票,其中1300万美元的股票是通过专利权置换的,大约800万美元股票是1883年和1884年期间通过现金购得的。在整个专利有效期内,美国贝尔公司用专利权置换了1400万至1600万美元的股票,另外还购买了2000多万美元的股票。[50]在19世纪80年代末和整个90年代,母公司总共拥有运营公司45%的股份。尽管贝尔公司在各个运营公司的持有股份比例有很大的不同,但是联邦通信委员会(Federal Communications Commission)后来的一项研究得出结论:贝尔公司在法定垄断到期时,已建立了对"大多数主要被许可公司"的股权控制。[51]

19世纪80年代中期的专利权换股权的做法以及期间的合并风潮创造了研究贝尔的历史学家罗伯特·加内特(Robert Garnet)所称的"现代贝尔体系的基础"。[52]这个贝尔体系与20世纪的贝尔体系还相差甚远,所以这种称谓有点为时过早,但也是合理的,因为控股母公司旗下的服务公司的横向结构将保持不变,边界将定期变化,并且这种结构一直维持到了20世纪80年代美国电话电报公司的解体。公平地说,专利垄断的存在极大地促成了这种公司形式的产生。美国贝尔公司收到的价值1400万到1600万美元的特许经营权股票有效推动了整个电话行业的资本整合。不言而喻,正是这种专利垄断的存在,才将地域跨度如此之大的公司联系在了一起。

§

如果说以专利为基础的关系支撑起了电话行业的公司和财务结构,那么它对包括公司之间的物理、技术和管理关系的电话其他"系统"方面也有着重要影响。贝尔公司领导层很高兴将协调成本的降低归功于专利垄断,从而为更大规模的电话服务网络铺平道路。在贝尔公司1885年的年报中,公司董事长威廉·福布斯(William Forbes)写到:"为了实现现有小型系统之间的通信,各方应共同努力;美国所有的电话公司都受制于政府专利权下的统一规划,这一事实对公众来说是并且一直是极其重要的,因为其他任何方式都无法更快地实现,或者在没有引起竞争公司之间大混乱的情况下实现目前的发展状态。"[53]另一方面,基本合作的存在意味着还远远没有达到集中管理,或者说仍未统一行业从业者的目标。在专利范围内,"共同努力"来协调电话的工业和技术发展最终演变成母公司和附属公司的谈判过程。

在电话行业发展的第一阶段,协调是通过合同实现的,即通过专利许可合同中的规定实现的。贝尔公司对电话服务设置了大量的限制条件,这对潜在的专利被许可人来说极为意外,他们中的很多人原本只是简单地期待"取走电话,付上租金,然后就可以自由使用电话了"。[54]但现实却是被许可人要受制于专利持有公司的严格租赁模式,并且在1880年后,还要受到与越来越多的相邻公司和收费供应商线路连接的规则约束。[55]合同关系也支配着美国贝尔公司的生产安排。尽管贝尔公司与电气仪器供应商查尔斯·威廉姆斯(Charles Williams)的密切关系已经达到了非正式纵向合并的程度,但威廉姆斯的车间很快被证明无法满足日益增长的设备需求。最终,在1879年,贝尔公司与遍布全国的其他四家制造商签订了供货协议。理论上,这些合同使得贝尔能够控制价格、质量和销售条件。但实践中,一旦制造商们开始相互竞争来争取业务,这些协议条款就很难实施。[56]

美国贝尔公司处于这些合同关系的中心,但它本身并不会事无巨细地指导电话发展。波士顿的管理层负责该领域出现的运营问题,但在许多问题上,他们的能力(如果有的话)并不比专利被许可人强多少。[57]母公司保留了一个由托马斯·沃森管理的电气部门,该部门负责检查制造商的产量,并致力于电话和交换机的改进。然而,该部门最重要的工作是评估外部专利以决定是否需要购买,这项职能非常关键,但在本质上却是一项被动的职能。[58]

1882年,美国贝尔公司通过重新集中电话设备的生产,在一定程度上改变了这一局面。贝尔公司获得了对西部电气制造公司的股权控制,并授权该公司成为贝尔运营公司电话、交换机和其他设备的独家供货商。总部位于芝加哥的西部电气是电气工程领域举足轻重的参与者,该公司通过向西联公司提供电报和电话设备成长为美国最大的电气制造商。对美国贝尔公司来说,西部电气公司的生产能力足以解决公司长期存在的供应问题。但同时,它还代表了一种已被证明的创新和专利申请的原动力,如果不加以控制,可能会对贝尔公司构成威胁。[59]1882年2月,贝尔公司收购了这家制造商,并因此成为了电话行业重要的技术中心。从长远来看,母公司与其制造子公司形成了一种极为成功的合作和共生关系,尤其体现在基于科学研发能力的进步上。[60]从短期来看,在专利垄断阶段,美国贝尔公司收获了一个在设备创新方面强大的合作伙伴,并大大提升了自身能力来确保供货、监控质量和促进标准化。

母公司在电话运营方面日益增长的既得利益明显体现在其与运营公司之间的关系上,19世纪80年代中期的一个事件尤其能说明这一点。1885年,许多电话运营公司面临财务压力,他们将这种情况部分归因于美国贝尔公司对他们征收的高额专利使用费。贝尔公司领导层的回应则是,当地公司低估了维护和升级工厂的成本。[61]尽管如此,面对价格上涨和用户流失,美国贝尔公司还是在波士顿富丽堂皇的恩多姆酒店召开了一次专利被许可人大会,并在觥筹交错和友谊长存的氛围中对原条款进行了重新谈判。[62]具体而言,针对不同公司采取一事一议的原则,母公司将连续数年持续降低专利使用费,平均每年约减少20万美元,这个数字占到了专利使用费总额的10%左右。此外,美国贝尔公司允许运营公司将特许经营股票的股息转移到新线路建设上,从而"分担业务开发成本"。[63]美国贝尔公司对外宣称,"专利被许可人应该会感觉到他们的成功符合我们共同的利益"。[64]这些措施不仅代表了对暂时不利状况的让步,而且代表了母公司放弃追求眼前的专利开发利益,以巩固电话业务的决心。

在随后的几年里,电话业的高管对整合的认同逐渐升温,主要体现在长途电话服务和设备标准化方面。1885年,母公司成立了美国电话电报公司,作为其"长途电话服务"的子公司,负责发展长途电话业务。这家公司也就是为世人所熟知的美国电话电报公司(虽然当时并不流行公司名称的缩写)。美国电话电报公司所运营的收费线路系统与本地运营公司的电话网络不同。美国电话电报公司线路采用双铜线"金属线路"的新技术取代了常用的单线接地回路的方式,而后者已被证明不适用于长距离传输。要使用这项长途服务,电话用户要么租一条金属线路进行通话,要么从长途电话公司的通话间打电话,前者的价格远高于本地电话服务的价格。

尽管最初对电话设施进行了划分,但美国电话电报公司还是成为了贝尔集团内部进行整合的推动力。受大城市电话交换所的影响,为了与美国电话电报公司的金属电路系统互连,本地电话公司面临着与日俱增的升级线路和交换机的压力。[65]由于实现城市间的互联需要本地公司与长途电话公司协调收费和流量管理,因此美国电话电报公司成为了贝尔公司设想的电话公司之间组织关系的核心。这些特点使美国电话电报公司自然而然成为崇尚"系统"价值的公司典范。西奥多·维尔(Theodore Vail)是成立这家长途电话公司的幕后主要推手之一,他以前是美国贝尔公司的总经理,也是最早设想搭建长途电话网络的高管之一,他对区域电话互联的抱负远远超过了运营公司和母公司相对谨慎的领导层。[66]1887年维尔离职后,美国电话电报公司的其他管理层开始宣传长途电话公司是对电话运营逐步实现中央集中控制的理想载体。这些管理人员积极寻求利用专利垄断的优势,通过集中、互联和标准化三部曲为即将到来的竞争做好准备。

这三部曲有其局限性。尽管美国电话电报公司信心满满,但与运营公司的电话业务相比,长途电话业务显得微不足道。1892年,美国电话电报公司开通了纽约至芝加哥的旗舰线路,结果长途电话公司仅处理了不到预计的6亿次电话呼叫的1%的业务。[67]运营公司的收入和资本投资都甩出美国电话电报公司好几条街。此外,这些运营公司在技术和管理上都各怀绝技,风格迥异。不同类型的市场和资本可及性意味着波士顿或纽约的电话高管与南部或中西部农村地区的电话高管对理想电话系统的看法有很大的不同。先进的交换机、地下电缆和长途线路日益体现出东北部城市地区电话业领导者的雄心壮志,但在需求不太集中且新工厂缺乏资金支持的地区,这些就不那么有吸引力。[68]

美国贝尔公司和美国电话电报公司虽然居于这家多元化和分散化的集团公司的顶端,但是他们影响电话服务方式的能力却是有限的。具体而言,全国性的电话公司的高管们甚至能够在贝尔电话集团附属公司中推动标准化并推广具体实践做法,而且他们也做到了。但他们的努力主要体现在年度工业大会上的演讲和演示,主要包括全国电话交换协会(National Telephone Exchange Association, NTEA)相关的会议,以及交换机和电缆的两个论坛。即便在这些会议里,美国贝尔公司的影响力也是有限的。全国电话交换协会作为本地运营公司的行业协会并不是以遵从的态度来对待贝尔公司和西部电气公司的影响,反而较为谨慎。[69]如果说在某些地方他们间的合作协调效果达到了最佳的话,其原因无外乎他们对电话业的技术和商业发展达成了共识。

1894年,美国贝尔公司的董事长约翰·哈德森(John E. Hudson)宣称:"一种国家电话交换的体系正在形成,取代了一系列单独的电话交换和分散的电话线路。"[70]这种说法相当夸张。虽然美国很多大城市已具有区域间的电话互联,但全国范围的一体化电话服务直到20世纪才实现。就像哈德森一样,后来的观察家们试图推想19世纪80年代和90年代初的电话业并不存在的凝聚力,并试图在美国电话电报公司管理层的具有系统意识的业务发展中寻找后来的"贝尔系统"的初级版本。然而,只有我们将目光从20世纪的结局挪开,我们才能够更好地欣赏整合、合作和自治的相互交织,而这种交织也代表了专利垄断下电话业的特点。

§

从电话的故事中可以看出专利将事物联系在一起的方式。专利控制通过技术和商业组织得到扩散,并从一种技术和一家公司蔓延到另外一种技术和另外一家公司。就电话而言,专利产品与相关产品和服务之间产生的第一个溢出效应表现为电话设备和电话所依存的体系之间的关系。从技术上或经济上讲,终端电话设备在控制电话服务方面的作用是难以确定的。电话本身是整个系统中最简单的组成部分,其最初的制造成本比电话铃的成本还低。[71]交换和语音传输是电话的主要创新点,而控制电话行业准入门槛的是送话器和接收机专利。电话设备和系统之间的这种关系一定程度上要归因于贝尔公司的电话租赁做法,即公司通过出售服务而不是单纯出售电话设备,将整个电话网络与电话服务交易绑定在了一起。同时这也反映了专利对相互依赖的技术的控制力。专利权对行业一部分的控制力可以影响该行业的其他部分,这一点在很多行业都得到了体现,包括照相机、电影、音乐播放器、录音、灯泡和发电机。通过专利权外溢覆盖相关产品而获得的竞争优势与技术标准化、兼容性和相互依存性,甚至与声誉和品牌的影响相似(通常结合使用）。[72]在这种情况下，专利仅是严密的技术控制网络中的一个组成部分，知识产权的影响力很难与技术集成和系统管理的作用力区分开来。

基础电话专利不仅为广泛的技术系统提供了专利，也为商业组织提供了专利。电话公司和其他早期的电力相关行业一样，都"基于专利权而得以成型"，公司组织结构在很大程度上依赖于专利持有者开发其知识产权的策略。[73]这一点值得仔细揣摩。盛行的企业经济学理论认为，企业组织是通过从一系列协调机制中选择而形成的：有些职能是在公司内部通过综合管理结构或"等级制度"来实现的；有些交易留给公平的市场处理；其他的则交给行业协会或者其他机构；如此，一个行业的水平和垂直结构就逐步明晰了。然而，与上述模型有细微差别的模型指出，市场或者层级决策并不是在真空中进行的，也不是纯粹基于效率方面的考虑。相反，它们是在特定的战术情境下做出的，决策信息有限，并受到社会网络、文化偏好等各种因素的影响。[74]

只有将目光从效率和交易成本上放而远之，我们才能搞清楚专利所扮演的角色。专利权，尤其是专利垄断权，框定了管理层的选择范围，从而限制了他们的动机、机会以及攻防策略。知识产权也成为管理交易的工具，这是介于纯粹市场交易和一体化等级制度之间的另一种协调机制。从电话和其他电力行业中发展出来的"专利应用"模型并不是由于这些行业自然的一体化趋势，而是源于它们的持续分散化。在这一框架下，专利许可所附加的条件以及与特许经营股票相关的公司关系成为整个行业的重要协调机制。其结果是，提供电话服务的公司身上留下了专利垄断的印记，即使专利权过期后，依然如此。

第8章 专利和电话系统互联的国家

19世纪90年代初,贝尔公司的电话垄断为基础专利的到期做好了准备。亚历山大·格雷厄姆·贝尔的两项基础专利的17年专利保护期将分别于1893年3月和1894年1月到期。对各电话公司来说,这两个日期都非常关键。不管是政府还是企业都想知道一旦失去法律保护,专利所创造的电话行业的垄断模式是否依然适用或可持续。

在贝尔专利保护期到期前夕,美国电话公司拥有大约25万部电话。[1]但是,其增长的历史记录并非整齐划一,而是好坏参半的。1880年至1884年底,全国范围内的电话交换所的数量从100多家增加到900多家,电话用户数量以平均每年25000户的速度增长。然而,从那时起,扩张性增长就放缓了。由于工业萧条、成本上升以及对利润的担忧,贝尔公司旗下的公司在拓展新客户方面表现得较为保守。1885年以后,随着电话交换设施公司的合并或破产,实际运营的电话交换所的数量反而下降了,之后的增长速度也比之前慢得多。电话用户的数量以平均每年13000户的速度小幅增长。[2]

从另一方面来说,用户数量只是电话业发展的一个指标。在同一时期,这些电话公司积累了不可胜数的技术进步记录。直立"多用"交换机已经取代了早期的平板交换机,这一进步大大增加了交换机的容量和复杂性。在城市里,铜线和地下电缆取代了铁丝和木杆。美国贝尔公司谨慎地注意到,公司的投资"不仅扩大了服务范围,也从各个方面提高了服务的质量和品质"。[3]

适度的业务增长速度和对技术质量的密切关注反映了贝尔公司的主导经营战略。这在一定程度上与传统垄断者的高价格和限量供应策略是一致的。在整个专利保护期内,垄断回报为美国贝尔公司赢得了46%的年平均资本回报率。[4]1883年,母公司的股息支付达到了每股面值的10%,此后这一数据始终保持在15%~18%,直到专利保护期结束,此时,母公司的股息支付累计已达2500万美元。[5]波士顿母公司规定的电话设备专利使用费有助于通过运营公司向下推行高价策略。[6]在这种情况下,被许可运营商即使在向母公司缴纳专利使用费后,总体上也仍然享有垄断利润。但是公司在19世纪80年代初小城镇扩展"或许过于迅速",公司的利润大幅削减了。其后果是,运营公司的经理人们关闭了边缘电话交换所并减少了建设投入。[7]

关于电话服务市场,贝尔公司还采取了一套特定的社会和商业假设。公司高管们设想的用户群由商人、专业人士和服务机构组成,同时也将富裕家庭的家用电话视为潜在的市场。他们有充分的理由认为,对电话的需求也就仅限于此,不会进一步扩大。1893年,大多数城市的电话用户年费从30美元到150美元不等,在最大的城市年费高达250美元。那时,非农业工人平均年收入为450美元,因此,大众是负担不起电话使用费用的。[8]

基于这样的商业市场,贝尔电话公司根据设想用户的特定偏好调整了他们的服务。正如美国贝尔公司年报中所言,"对于美国的商人来说,电话的使用是影响其经营活动的一个重要因素,因此他们希望能从电话所提供的方式和技术中获得最好的、最广泛的服务"。[9]贝尔公司对这类服务的关注具体体现在其电话网络的发展中。例如,中长途电话线路是贝尔公司最优先的业务之一。到19世纪80年代中期,所有贝尔公司旗下的公司及大多数当地经理人都见证了相邻城镇或城市之间的互联互通。这些电话线路的地理位置取决于当地条件。在东北地区,大量的技术和组织力量都投入到了几百英里长的城际电话线路的建设,以满足精英客户群体与远距离的商业中心的通信需求。而在美国城市化程度较低的地区,经理人发现长度为15英里至50英里的较短电话线路有着更大的潜力。但就连中小城市的电话从业者也认同实现"商业上紧密相连"的地点互联的重要性。[10]19世纪80年代末和90年代,贝尔公司的城际互联电话线路计划开始发力,并最终被视为贝尔公司技术成就和公司抱负的象征。1892年,美国电话电报公司高调开通了从纽约到芝加哥的电话线路,这条线路被誉为在专利保护下电话技术的"最高成就"。[11]

然而,撇开这种荣耀不谈,其实最重要的电话网络建设发生在城市内部,尤其是城市地下。19世纪80年代末和90年代初,贝尔公司花大气力将其最大的电话网络从地上拉入地下,从铁丝网线改为地下铜线。此时,地下线路的搭建是城市电话业务的当务之急。到19世纪80年代中期,高架电线在主要城市的普及造成了电话线严重的电磁感应问题,并引发了公众对这种"碍眼的、构成危险"的电话线路的不满。因此,电话公司竞相开发可以入地的电缆。随着各个城市开始通过法律强制电线入地,入地电缆的开发节奏明显加快。[12]同时,金属电路的选择也体现了贝尔公司的高质量和系统一体化的策略。金属线路的使用不但实现了在城市内提供优质服务,而且使本地电话交换系统与美国电话电报公司的长途网络实现了互连。贝尔公司的理念是,高服务质量理应是"商人或专业人士"所享有的,而地下金属线路的发展成为美国贝尔公司提高服务质量的主要举措。[13]"建设电话线路和购买昂贵设备"是贝尔电话公司最大的一类工厂开支,没有比这个更能体现贝尔公司的承诺了。[14]

1892年,贝尔首次使用新开通的从纽约到芝加哥的长途电话线路。贝尔在公司成立的最初几年里参与了电话业务,后来逐渐淡出,最后甚至和公司业务没有一点关系;但是贝尔公司在对外宣传时仍然强调这位发明家和他的伟大发明。美国国会图书馆,印刷和照片处,吉尔伯特·格罗夫纳(Gilbert H. Grosvenor)的照片收藏:"亚历山大·格雷厄姆·贝尔家族",LC-G9-Z2-28608-B

很显然,建立在这些原则基础上的电话网络并不以最大限度地增加用户数量为目的。贝尔公司在复杂的本地系统和区域互联方面的投资使他们能够进军城市市场,并成功立足于商业通信。但实际上,贝尔公司的策略从地理和社会角度限制了电话传播。1893年,一半的电话用户居住在人口超过5万的城市里,这些城市的人口数只占美国总人口的五分之一。足足有三分之一的电话拨打量发生在波士顿方圆300英里以内的地区,而这里是美国工业最发达的地区。在美国农村和小城镇的大部分地区,贝尔运营公司最多也就提供了零零散散的服务,同时这些公司经常明确拒绝小型社区建立电话交换所的请求。[15]即便在电话分布最密集的大城市,一栋楼里的酒店和报社可能拥有数十部电话,但电话交换服务的用户数和居民总数的总体比率却很低。1895年大致估算的比率为:纽约1:150,芝加哥1:100,波士顿1:70。就全国而言,这个比率大约是1:250。[16]除了富裕家庭和药店,电话几乎还没有开始普及到城市工作场所以外的日常生活中。

§

事实证明,未满足的需求和限制性垄断的组合是极不稳定的。在整个专利保护期内,贝尔公司控制着电话服务的价格和电话服务的可获得性,与此同时对这种控制的攻击也如影随形。[17]早在1881年,纽约市的电话用户就抱怨电话服务收费高、服务差;华盛顿的电话用户发起了为期12天的抵制或"罢工",以对当地贝尔公司从统一收取年费转向按呼叫次数收费表示抗议。心怀不满的费城电话用户在第二年组织成立了抗议委员会。[18]这些电话用户认为不断上涨的价格和比小城市高得多的大城市费率敲诈了他们。事实上,这两种抱怨都源自一处,即伴随着运营更大、更复杂的电话交换网络,规模的扩大导致了成本的不断上升。由于随着用户数量的增长,可能的电话连接数量也呈现了几何型增长,因此每增加一个电话用户意味着对电话公司的交换机和操作人员都提出了更高的要求。大城市的服务成本高于小城市,而快速增加的电话交换所导致了电话服务价格不断创新高。对贝尔公司来说,不幸的是他们从来没能够说服他们的客户相信,在更大的电话系统中成本应该更高,而不是更低。[19]

到了1885年和1886年,电话公司开始大规模提高电话费用,用户的不满已经到了一触即发的地步。美国各地的电话用户发起了一系列抵制和价格抗议活动,导致了从田纳西州孟菲斯到纽约州罗切斯特的电话交换所统统关闭。其中,罗切斯特的抗议从1886年11月开始,到1888年5月结束,一共持续了18个月。[20]至少有12个州和主要城市提出了对贝尔公司来说具有惩罚性的最高价格限定政策。印第安纳州于1885年通过了每月最高3美元电话费的立法,这是第一个通过的州范围内的最高限价。很快,在印第安纳州运营的两家贝尔公司旗下的电话公司作出了迅速并激烈的回应。经波士顿的美国贝尔公司批准,中央联合电话公司(Central Union Telephone Company)从反贝尔运动的中心印第安纳波利斯市开始关闭电话交换所,几周之内切断了该市四分之一的电话线路。坎伯兰电话电报公司(Cumberland Telephone and Telegraph)完全撤出了印第安纳州,并使得该州南部地区成为电话服务的盲区。在这四年间,印第安纳州的这项最高限价法律一直有效,该州被拆除的电话机和交换机着实为贝尔公司决心以自己的方式独立自主地控制这个领域提供了可资借鉴的经验教训。[21]

鉴于专利受阻及其产生的挫败，不难想象贝尔公司在很多方面都面临着市场准入威胁产生的压力。1886年，公司总裁威廉·福布斯（William Forbes）告诉美国贝尔公司的股东们，"美国法院的一项宣告我们专利权无效的判决足以使美国相互竞争的电话公司遍地开花，泛滥成灾"。[22]电话的基本部件很容易加工出来，并且安装的成本很低。如果用户不想要或不需要贝尔公司专门提供的昂贵而复杂的电话设施，那么大多数社区都有办法搞定小型电话系统。企业家、机械师、推销商、地方电话用户委员会，以及可疑的电话专利投机者都看到了贝尔专利所覆盖的市场。

想要知道在专利保护期内，究竟有多少电话供应商在未经贝尔公司许可的情况下开展了电话运营服务基本上是不可能的。一方面，即使贝尔公司提起了600起侵权诉讼，也无法曝光每一个偏远地区的电话交换所、每一条随意操纵的农村电话线路和每一部工作室制造的电话，并且如果不采取法律行动，根本没人会注意到这些侵权行为，侵权也不会被勒令停止。另一方面，在这600名被告中，许多公司仅仅是纸面上的公司，从未在电话领域提供过实际的服务。很明显，几乎没有一家非贝尔电话公司能够达到商业公司的规模和经营年限。[23]1884年，美国国家电话交换协会的主席宣称，"可以完全肯定地说，没有一个地方的电话交换所能从其业务中真正获得收入，同时这些业务也不会对任何一家贝尔电话交换协会（Bell Exchange Association）成员的收入产生实质性影响"。[24]大多数侵权者都倾向于在贝尔垄断的电话市场的边缘地带寻找业务，比如他们会在电话服务稀少的南部各州、中西部的北方各州以及反对贝尔运动的温床即印第安纳州经营价格低廉的简陋电话设施。[25]但是，宾夕法尼亚州是个例外，该州在1883年和1884年间成为了东部罕见的侵权中心，此时该州联邦法院暂时中止了贝尔公司的诉讼，以等待纽约州德劳鲍夫一案的判决。[26]若非如此，那些在贝尔公司所在的核心城市和工业地区公然挑战他的诸多公司将不可避免地会面临法院的禁令。贝尔公司在这些地区电话垄断的大部分竞争对手都把希望寄托在了电话专利的觊觎者身上，比如由费城电话用户委员会推举的安东尼奥·梅乌奇（Antonio Meucci）或受到芝加哥政客和药店老板支持的西尔瓦努斯·库什曼（Sylvanus Cushman）。[27]在电话诉讼案的间隙，贝尔公司的敌对势力也没有闲着，他们抓住每个机会来宣传他们的诉求、签约可能的电话用户，并且表达了对服务（而非令人生厌的垄断）的支持。

回顾过去，我们不难看出专利保护期到期之后的大规模竞争是不可避免的。但是，在贝尔公司的法定垄断即将到期之时，贝尔公司仍然十分乐观，其商业地位也仍未受到直接考验。正如许多电气媒体观察家所认为的那样，其他电话公司认为贝尔公司有足够的资源抵御围攻。《电气评论》指出,"过去贝尔公司在电话方面的成功打下了坚实的基础,这也给了它相当的信心来面对未来"。[28]

然而,还没等到这个观点获得验证,美国贝尔公司的领导者们就采取了行动来保护其在电话方面的垄断,而保护的方式也是老生常谈,即延长电话的专利控制。贝尔公司采取行动的机会窗口在于对埃米尔·柏林纳和托马斯·爱迪生的两项极其反常的、拖延的专利授权。1877年,两人都就电话送话器的基本方面申请了专利,结果经过多年的审议和不断的抵触审查程序,这两项专利申请一直被专利局搁置。最终,这两项专利分别于1891年11月和1892年5月获得了批准。如果对这两项专利进行广义解读,那么每项专利都有可能将竞争者排除在外。将基础专利控制期再延长15年,这对美国贝尔公司来说是无法抗拒的诱惑。当时贝尔公司的总裁是约翰·哈德森,早在1878年他就是贝尔电话公司的总法律顾问,据说他是典型的冷酷并强硬的波士顿资本巨头的代表。[29]哈德森是继续执行美国贝尔公司强硬专利政策的不二人选。但是,他做出"为贝尔公司的合法垄断而继续进行坚决斗争的决定"也不轻松。詹姆斯·斯托罗道出了其中的利害关系,"贝尔公司的垄断比任何专利产生的垄断都更有利可图、更具控制力,当然也更让人痛恨。通过柏林纳专利来延长这种垄断将给专利本身和法院都带来巨大的压力"。[30]

后来事实证明,斯托罗在细节上都猜对了,他总体悲观的情绪也不无道理。各方施加给柏林纳权利要求的压力实际上在专利颁发前就已经开始了,当时的《纽约时报》(*New York Times*)呼吁公众关注这种"对公众赋予发明人特权的滥用"。[31]美国贝尔公司这边刚刚宣布要将柏林纳的专利付诸实施,就面临政府撤销该项专利的诉讼。在政府的欺诈指控下,柏林纳的专利权于1895年1月被否决,又接着在5月份的上诉中被恢复,最终1897年5月最高法院认定欺诈指控不成立。斯托罗没能活着看到柏林纳的专利得到支持,就在最高法院判决前一个月,他在国会图书馆里悄然去世了,身边满是他的法律书籍。[32]他也无法见证随后美国贝尔公司在执行柏林纳专利过程中所付出的艰辛努力;但四年后,马萨诸塞州的联邦法院将柏林纳专利的适用范围尽可能地最小化,并判定该专利与电话无关。

贝尔公司对爱迪生专利的开发和使用尝试了一条不同的道路。爱迪生的专利说明书涵盖了碳送话器,虽然碳送话器比不上柏林纳的麦克风发明,但它仍然是实用电话的必要组成部分。从本质上说,正是爱迪生的这项专利有效控制了英国联合公司的电话业务。但是,爱迪生专利的最大弱点也在于此。根据美国法律,任何一项专利的到期时间都以先前在外国获得的专利到期时间为准,这也就意味着该专利将于1891年爱迪生英国专利到期时失效。但是,爱迪生专利的情况还比较特殊,他申请美国专利在先,只是美国专利的批准发生在国外专利批准之后。因此,法律权威机构就不确定这条"外国到期日"的规则是否适用于爱迪生的专利了。为了力挽狂澜于既倒，拯救爱迪生的专利，美国贝尔公司不得不在这一法律问题上据理力争。

这样一来，贝尔电话公司也就加入到了一场已经势不可挡的专利争夺中了。19世纪70年代和80年代，美国公司和发明人系统的国际专利申请，再加上美国专利局长时间的审查，使得几项重大专利也遭遇了同样的困境。其中包括橡胶制造的发明、电气设备的发明，当然最引人注目的是托马斯·爱迪生关键性的电灯专利，该专利现在已属于新成立的通用电气公司（General Electric Company）。据《纽约时报》估计，电话和电气发明的卷入，使得"涉及足足6亿美元资本进行研发和运营的专利"变得岌岌可危。[33]

为了使这些专利免受国外专利的羁绊，美国贝尔公司和通用电气公司从两方面采取了行动。在诉讼方面，这两家公司立刻接管了贝特制冷公司诉苏兹伯格（Bate Refrigerating Company v. Sulzberger）这起试验性诉讼案，并向美国最高法院提起诉讼。[34]与此同时，这两家公司向国会施压以修改法律。这两家公司的游说团队相当强大，并于1893年12月至1894年4月期间，成功地将他们提出的修正案写入了5项众议院法案中。[35]但结果事与愿违，法院和国会都不买账。1895年初，最高法院的大法官们公布了判决意见，拒绝以电话公司所希望的方式解读现有专利法。[36]与此同时，立法机关未能及时通过专利法修正案，直到1897年才在一项涉及范围更大的法案中废除了外国专利到期条款。这种改革对爱迪生的电话专利来说未免太晚了，最高法院作出裁决时，爱迪生已经被迫放弃了这项专利。[37]

贝尔公司仍然拥有其他专利，事实上大约有900项。[38]自1879年以来，贝尔公司设置了专利部门，由工程师、律师托马斯·洛克伍德（Thomas Lockwood）负责，其职责是确保公司内部产生的技术获得专利，并在市场上搜罗其他与电话相关的发明。洛克伍德仔细审查了来自专利局的与电气相关的专利，并审查了"公众提交审议的专利或者发明"。获得这些专利相当容易，因为贝尔公司旗下的公司是在电话垄断时期唯一可信的能够实现电话专利改进的大客户。[39]相比之下，内部发明就不那么受重视了。洛克伍德一开始就确信，"从商业角度来说，保留职业发明人的部门，其投入永远都不会得到相应回报"。实际上，他确实为贝尔公司员工的所有发明都提交了专利申请，但却并不关心"发明的价值、存续或范围"。[40]如果说，一定程度上贝尔集团内部存在一支真正有创造力的队伍，那一定是西部电气制造公司，或者说是它的工程师查尔斯·斯克里布纳（Charles E. Scribner）。斯克里布纳在整个职业生涯中累计获得了400多项专利，其中许多与多用交换机技术相关，而这种技术是早期电话行业技术成就的巅峰之作。[41]

在这种情况下,贝尔公司转而利用了其专利组合中的其他专利来抵御外来竞争,但效果差强人意,仅取得了有限的成功。其中西部电气制造公司凭借一系列交换机专利赢得了针对非贝尔公司电话交换机诉讼的胜利。[42]其他诉讼围绕后来政府调查所称的"电话设备"展开,且"起诉来势汹汹"。[43]不过,这些措施充其量只能阻碍竞争的电话公司,并不能彻底击垮他们。更糟糕的是,1897年,芝加哥联邦法院否认了托马斯·沃森的"电话交换钩"专利。随着首次专利侵权诉讼的败北,贝尔公司感到形势已经不对了。[44]贝尔公司把最大的希望放在了柏林纳和爱迪生的发明装置上,后来事实证明这是注定要失败的最后挣扎。关于其捍卫垄断权的决心和对之前采用的以专利权为中心的策略的坚持,贝尔公司讲得太多。但最终,作为市场准入条件的这两项专利都失败了。持不同态度的《西方电气工程师》(Western Electrician)指出,"总而言之,美国贝尔电话公司已不像电话技术早期时那样令人生畏了"。[45]

贝尔公司在法律上开始防守,但这并没有妨碍竞争对手进入市场的计划。恰恰相反,反对柏林纳专利的运动激起了独立电话运动先驱们的组织行动和公众的骚动。成立于1895年左右的电话保护协会(Telephone Protective Association)是非贝尔公司电话设备供应商的专利保护基金会,后来演变为美国独立电话协会(National Independent Telephone Association),并成为贝尔公司新竞争对手的主要交易组织之一。[46]尽管柏林纳和爱迪生的专利仍然令人诚惶诚恐,但是各独立电话公司已开始陆续进入电话市场。依据美国人口普查局的数据,1892年有12家新公司成立,1893年有18家,到1894年则有80家,要知道这些统计数据还是不完全的。[47]1895年3月,毁掉爱迪生送话器专利的最高法院判决成了这波新电话公司竞相涌现的发令枪。巴尔的摩的一家电话制造商曾说,"所有的独立电话公司都是因为这一判决而成立的"。[48]这一年以及接下来的一年总共出现了200多家公司,之后每年成立的电话公司数量更多。美国贝尔公司对电话的法律控制宣告结束。

§

19世纪90年代和20世纪初这段时间既展现了基础专利对贝尔公司垄断的重要性,也表明了贝尔公司垄断对电话服务的深刻影响。在贝尔专利权到期10年之后,电话业务市场面向所有企业开放,结果电话业务本身也发生了翻天覆地的变化。数千家新的电话服务供应商和数百万新电话用户的出现,恰恰显示了之前被专利权的铁腕所禁锢的业务的扩张潜力。与此同时,贝尔公司和独立电话公司之间激烈的竞争测试了专利保护期对当时电话公司产生的影响(借用一个词来说就是审查之战)。[49]

1894年,很多了解情况的评论家认为,贝尔公司的专利使其获得了电话市场的长久控制权。面对贝尔公司已经建立的城市内部和城市之间的电话网络，就连贝尔的老对手格罗夫纳·洛瑞（Grosvenor Lowrey）也"怀疑一家新涉足电话领域的公司能否取得成功"。他解释道，"我家里安装的电话的价值大小是依据电话公司的用户订购清单计算的。对我来说，一个拥有1000个用户的电话公司的价值是拥有500个用户的电话公司的两倍。"[50]这种观点与美国贝尔公司领导层的保守理念不谋而合。在这种理念下，贝尔公司只需要利用好现有设施和技术上的领先地位，并继续扩展城际电话网络——换句话说，贝尔公司只需要继续做他们已经做得很好的事情就行了。[51]这里隐含的假设是，新的市场进入者将按照贝尔公司设定的条件来参与竞争。

事实证明，来自贝尔公司波士顿管理层的这种公认的睿智判断是大错特错的。新电话服务供应商通过进入非贝尔公司控制的市场取得了蓬勃的发展，他们采用了另外的技术风格，其供应的产品与贝尔公司的电话服务大不相同。1894年至1902年间，至少有9000家独立电话公司开始了电话服务运营，其中一半以上是没有自己交换机的"农场主线路"。[52]剩余的其他公司里，大约有3000家是用来盈利的"商业"电话系统，还有1000多家是"互助"、合作或用户自有的企业。很多这样的企业经营彼此之间几乎没有什么共同点，从范围上来看，这些企业经营从孤立的农村线路，到大规模的城市电话交换系统都有。但是这些电话市场的新进入者在几个关键方面都不约而同地摒弃了贝尔公司的模式。

值得注意的是，这些独立公司在一些贝尔公司业务覆盖相对薄弱的地区取得了最快的进展，包括农村地区、小城镇，以及东北部和大西洋中部工业化地区以外的州。例如，与贝尔公司在东北部的基地相比，相对贫穷的南方地区涌现出了更多的独立电话企业。中西部地区涌现出的新电话企业是最多的。这里人口稠密，小城镇星罗棋布，再加上工业城市和日益机械化的农村经济的融合，这些都为新电话企业提供了广阔的市场前景。[53]当针对贝尔公司强硬专利政策的政治敌意进一步滋生时，中西部地区成为了"反垄断情绪的沃土"。[54]1902年，以农业为主的爱荷华州出现的独立电话公司的数量最多，超过了1500家，其次是印第安纳州、伊利诺斯州和密苏里州。[55]几乎有四分之三的新电话公司源自十二个中西部州，很多公司都萌芽于之前没有电话服务业务的社区。

这些独立电话公司还提供了一种新的服务方式，他们的一位早期公关人员称之为"自下而上"而不是"自上而下"的服务。[56]这些新公司最显著的特点是技术更简单，价格更低廉，而正是这类特点使得他们有别于贝尔公司的同类公司，也正是凭借这类特点，这些新公司才能在之前的边缘市场蓬勃发展。此外，这些独立电话公司的标志性技能在于创造电话互联的新世界。无论这些公司属于农村互助性质还是城市商业公司性质,作为新的电话服务供应商,他们都将贝尔公司电话服务从未涉足过的地区联系在了一起,从农场到附近的城镇,从城市到郊区。[57]这些独立电话公司的企业家着力于本地社区的电话网络建设,还把自己的公司叫做"家园"公司,并谴责贝尔公司是东部金钱利益集团的产物。[58]具体措施上,他们采用了更密集的网络、支线连接以及与农村小系统的电话互联来支持他们理念的宣传。通过本地化的优势,这些独立电话公司能够使那些基本上着眼于利益本地化的客户满意。

除此之外,这些独立电话公司有能力,也确实付诸行动凭实力来挑战贝尔公司。尽管未能涉足更广阔的市场是贝尔公司垄断的软肋,但市场划分并不是为独立电话公司挑战垄断创造机会的唯一因素。进入到电话服务市场与贝尔公司对抗的独立电话公司也有能力充分利用有利于竞争的电话业务结构特征。电话交换规模扩大导致的不经济是其中最有利的特征,这让当时处于垄断地位的贝尔公司在成本方面与规模较小的竞争对手相比处于劣势。尽管贝尔公司在专利权到期后降低了价格,将平均每部电话的盈利从1893年的90美元降至1900年的63美元,但即便是这样,贝尔电话公司的价格总体上也无法与独立电话公司给出的电话费率相抗衡。[59]竞争一开始,来自中等城市的贝尔公司的经理们接二连三汇报道,"我们根本无法与独立电话公司给出的电话费率竞争,也无法在现有电话交换的规模下,按目前的费率提供硬件设备升级后的电话服务"。[60]

技术变革发挥的作用也很重要。在商业电话诞生后的25年,工厂更新换代的速度如此之迅猛,以至于沉没成本很快就成了沉重的负担。密尔沃基(Milwaukee)和布法罗(Buffalo)等区域城市的经理们将电话工厂的预期寿命定为5年,他们中的许多人在19世纪80年代曾三次将电话交换所推倒重建。[61]《电气评论》在1892年声称,"在纽约,目前在用的电线,没有一英尺是六年前用过的;同样,现在在用的电话交换机,也没有一个零件是六年前用过的"。[62]进入市场的新供应商没有遗留资本成本的重担。到1902年,独立电话公司每部电话的投资估计为192美元,而相比之下,贝尔电话公司每部电话的投资为328美元。[63]与此同时,面对"创造性破坏",①贝尔公司给予了大数额的折旧补贴,有时这些折旧额能达到总交易额的三分之一,而这一措施进一步拉大了贝尔公司与独立电话服务公司之间的价格差距。[64]

---

① 译者注:"创造性破坏"源自美籍奥地利经济学家约瑟夫·熊彼特(Joseph A. Schumpeter, 1883~1950年)1912年出版的《经济发展理论》一书,他在书中指出,企业家就是"经济发展的带头人",也是能够"实现生产要素的重新组合"的创新者。他将企业家视为创新的主体,称其作用在于创造性地破坏市场的均衡(他称之为"创造性破坏")。他认为,动态失衡是健康经济的"常态"(而非古典经济学家所主张的均衡和资源的最佳配置),而企业家正是这一创新过程的组织者和始作俑者。通过创造性地打破市场均衡,才会出现企业家获取超额利润的机会。

到了世纪之交,直接竞争已经如火如荼地展开了。1897年,全美人口超过5000的城市大约有900个,其中几乎有四分之一的城市存在相互竞争的电话系统;而到1902年,存在这种竞争的城市数量已经达到了一半。[65]在这个"双轨服务"时代,电话用户拥有两部电话并不罕见,其中一部电话与本地贝尔公司的电话交换所相连,另一部与贝尔公司的竞争对手即独立电话公司的交换所相连。[66]电话网络竞争的独特性造就了这个时期在电话发展史上的特殊地位。随着企业竞相提供最全面的电话网络连接,它们引发了历史学家所称的"接入竞争"或"割喉式竞争",即一场疯狂而不稳定的网络优势竞争。[67]记性好的贝尔公司员工本应知道接下来会发生什么。根据一位贝尔公司职员的回忆,在1878年至1879年贝尔公司与西联公司竞争期间,"到处哀鸿遍野;电话线路要搭建起来,而且要干得漂亮,线路好坏不用管;电话费率是定好的,在这个定价基础上运营电话线路肯定是要赔钱的"。[68]1894年后,贝尔公司重新学习了所有这些方法,同时也从另外类似的回忆中学到了一条真理:"尽管这样的竞争对于参与者来说非常残酷,但却成为了在全国范围内广泛推广电话使用的一种方式,并且是其他任何方式都无法比拟的。"[69]

果不其然,专利期过后的竞争得到了前所未有的高速增长。1894年至1899年,美国的电话数量增加了两倍多,达到了100多万部。五年后,电话总数超过300万部;又过了五年,这个数字达到了700万部。无论是从商业角度还是社会角度来看,美国的电话业已经有了翻天覆地的变化。1907年,电话公司的员工超过了13万人,这支由电话操作员、线路员、经理人和工程师组成的队伍,规模是10年前的10倍。[70]如今,这些人提供的电话服务覆盖全国各地。到1907年,美国平均每14人就有1部电话。[71]在直接竞争已经展开的州和城市,电话持有量更高。美国中西部城市印第安纳波利斯每10人就有一部电话,克利夫兰则每8人就有1部电话,爱荷华州和加利福尼亚州更是每7人就拥有1部电话。[72]

电话服务的变革既是定量的,同时也是定性的。鉴于可以自由竞争并且可以积极开展市场营销,竞争双方的公司就都争先恐后地推出新产品,包括针对当地商人的费率打折的"厨房电话",两千户、四千户、甚至一万户家庭共用一条的且费率大幅下降的"派对线路",取代了按月缴纳电话费的每次通话投一枚硬币的"投币"电话。在世纪之交,私人住宅和公寓楼里安装了大量的投币电话,这使得电话服务走进了寻常百姓家,只要兜里有五美分,任何人都可以使用电话。[73]投币电话以及其他设备的出现与其说是技术的发展,不如说是市场的发展。20世纪第一个十年里使用的电话,其内在技术与19世纪80年代和90年代的电话设备并无二致。但是,电话的设置和使用方法的绝对多样性使得20世纪早期的电话与之前的电话区分开来。1876年至1894年间的精英电话设备——历史学家罗伯特·麦克杜格尔

(Robert MacDougall)以专利持有大师们的波士顿总部命名的"波士顿电话机"——此时已经成为逐渐消失的记忆。[74]

1894年以后的几年里,在专利制度下盛行的垄断结构不仅未获得认可,反而暴露出进入电话行业的非法律壁垒的弱点。后来事实证明,在很多地方,竞争不仅是可能的,而且是激烈的,在商业上可行并且在政治上也是受欢迎的。但即便是这样,独立电话公司的崛起也并没有将贝尔公司从电话领域扫地出门。在美国大部分地区,特别是在一些重要的城市和商业市场领域,贝尔公司仍然占据主导地位。此外,贝尔集团还成功地抢回了这些独立电话公司早期占领的市场份额。1908年,全国非贝尔电话以略高于50%的市场占有率达到峰值。在此之后,贝尔公司开始恢复市场占有率。到了20世纪20年代,作为曾经的垄断者,贝尔公司重新获得了昔日霸主的地位,大量的独立电话系统要么被收购,要么被赶出了市场,或者被贝尔公司改造成为了贝尔电话网络的附属公司。

贝尔公司战胜独立电话公司的过程是一段曲折复杂的传奇。[75]从农村城镇到大城市,电话竞争在数以千计的美国社区展开,新闻媒体上的唇枪舌战,州立法机构和市政府的擦枪走火,摩根(J. P. Morgan)等大资本家在富丽堂皇的办公室里的你争我夺(摩根财团于1907年控股了贝尔的母公司),甚至在破旧旅店的房间里贝尔公司的代理商与设想的竞争对手还达成了秘密交易。在整个过程中,作为电话行业主导力量的贝尔公司联盟,其幸存和复活是无法保证的。然而,路径依赖性在昔日的垄断者能够继续其统治地位中发挥了一定的作用。事实证明,建立在专利权基础上的市场力量产生了一些持久性的影响。

贝尔公司稳守阵地、击败了挑战者,这淋漓尽致地体现了其垄断的成果。贝尔运营公司继续在新英格兰和大西洋中部地区提供大部分电话服务。这些运营公司在主要城市也继续坐拥竞争优势。在专利权垄断期间,这些城市的吸引力造就了电话业务的最大发展,与此同时,昔日的垄断者也从城市内部和城市之间电话互联的巨大先发优势中获益。此外,不管是在实际上还是在对外印象上,贝尔公司已经在具有战略意义的城市地区牢牢地稳住了阵脚。例如,在纽约市,贝尔电话公司拥有的帝国地铁公司(Empire Subway Company)控制着城市地下电缆管道。[76]在上述例子和许多其他类似情形中,贝尔公司作为垄断者极力反对将市政特许经营权授予新的电话公司。商业垄断地位和政治运作手段的结合使得独立电话公司进入最有价值的战略市场变得极其困难。没有一家独立电话运营商能成功进入作为贝尔电话系统"基石"的纽约市场。即便在芝加哥,这块独立电话公司的中西部圣地,也只是存在象征性的非贝尔电话服务。[77]

除了以上所述的强项,垄断力量在国家层面和地方层面都有影响。竞争开始时，贝尔集团仍然是众多分散公司的组合，通过松散的协调机制联系在一起。尽管如此，建立在电话专利权基础上的贝尔公司还是证明了其有能力缓冲竞争带来的冲击，并将资源输送给受到威胁最大的公司。在竞争最惨烈的中西部地区，企业间交叉补贴的重要性展现得淋漓尽致。业务遍及俄亥俄州、印第安纳州和伊利诺斯州大部分地区的中央联合电话公司（Central Union Telephone Company）是贝尔公司的下属公司，它能在经营困境中突围主要得益于母公司的资本注入。1896年至1913年，在美国中西部的电话竞争前线冲锋陷阵的中央联合电话公司年年亏损，而波士顿母公司注入的资金高达3000万美元。[78]反对者认为贝尔公司的政策简直就是掠夺性定价，引用中央联合电话公司的一位董事的话来说，这种措施试图"造成独立电话公司投资的每一分钱都有去无回"。[79]基于贝尔集团的全国性资金和组织资源，贝尔公司能够在任何地方复制这种模式，例如，在南方，母公司承诺为激进性定价买单并承担新电话工程的费用；在纽约州北部，运营公司为了防止独立电话公司进入纽约市场而亏本经营。[80]

从经济上讲，这种反制措施改变了贝尔集团。借由这种反制措施，将不同公司联系在一起的松散纽带突然绷紧。到1913年，母公司已经拥有中央联合电话公司的所有股份；在整个运营公司中，母公司持有的专利被许可人的股票比例从1900年的45%提升到1910年的80%以上。[81]巨大的资本需求很快也影响到了母公司自身。19世纪90年代最后几年，美国贝尔公司的授权资本达到上限后，新投资的资金压力变大，这导致公司于1900年在纽约进行了重组，更名为美国电话电报公司。

因此，贝尔公司的大多数战略仍然是利用其自身规模压倒形形色色的独立电话公司。与大型电话网络的互联没有像美国贝尔公司领导层所期望的那样成为近乎排他性的优势，但也仍然是一个竞争力要素。美国电话电报公司及其运营公司投入巨资开发城际收费线路，从而提高了本地贝尔公司电话服务的价值。而独立电话公司试图通过建立地区协会和成立长途电话公司来进行反击，但贝尔公司在协调地区电话网络上保持着明显的优势。[82]在很多方面，这些独立电话公司的做法都让我们看到了没有专利支撑的电话系统搭建的情况，即大大小小运营商之间不断谈判和妥协的过程。[83]这些独立电话公司的方法是可行的，但同时也很复杂。正如一位疲于电话系统搭建的独立电话公司的经理所指出的那样，"农民公司的问题在于通常所说的'巨头'思想，他们认为自己可以独裁式地规定任何条款，并且无论怎样都不能偏离这些条款"。[84]

当贝尔公司开始收购或拉拢核心独立电话公司时，贝尔公司资本和组织规模优势的重要性得到了最大体现。1900年以后，美国电话电报公司允许运营公司对不存在竞争关系的独立电话公司进行再许可，将这些独立电话公司纳入了贝尔电话公司的网络，通过此举，这些独立电话公司实际上成为了客户公司。尤其是在1907年以后，美国电话电报公司对此策略更为钟情。[85]通过将边缘市场拱手让给次级被许可人，贝尔公司巩固了其在更有利可图的市场的控制权，同时也打乱了独立电话公司形成共同进退的竞争阵线的计划。尽管各独立电话公司慷慨激昂地呼吁团结一致、枪口对外，但事实证明，独立联盟极易倒戈。随着1905年国家独立电话协会（National Independent Telephone Association）主席把他的印第安纳公司卖给中央联合电话公司，独立联盟的声誉跌到了谷底。此事导致独立电话贸易的杂志媒体怒斥他的"卑鄙背叛"，并给他贴上"最卑鄙的叛徒"标签。[86]然而，在此后不到十年的时间里，反对与贝尔公司合作的声音已经几近消失，愤怒的反对者也已经屈指可数。在20世纪第一个十年大批独立电话公司资金链断裂的助攻下，贝尔公司通过收购和互联协议，吸纳了越来越多的电话系统。[87]

通过如上所述的这些政策，贝尔公司开始将电话业务拉回到没有竞争的单一垄断服务模式。贝尔公司战略的广泛性在相伴而生的政治运动中得到了证明。在城市里，贝尔公司获得了单一服务模式的天然支持者的赞成票。往往是商业用户对广泛电话网络连接的需求最为迫切，而大多数情况是，在双轨服务系统的模式下，他们不得不负担两部电话的维护。正如纽约商人协会（New York Merchants' Association）一份颇具影响力的报告所言，"电话服务的竞争并没有带来有利选择，相反它迫使人们做出邪恶的选择，即要么选择减半的服务，要么支付双倍的价格"。[88]这种社会情绪使目前的电话服务提供者贝尔公司能够反对个别城市的独立特许经营权，并逐渐在全国的政策层面推动单一服务的主张。特别需要指出的是，电话公司促进了20世纪前20年里新的州立公用事业委员会的出现，与市政府相比，这些委员会对扎根于当地的独立电话公司就没有那么友好了。因此，贝尔公司能够说服州监管机构，电话行业是一个"自然垄断"行业，受到强制性互联和严格质量标准的适当监管。[89]结果，监管成为促进贝尔服务理念形成的另外一种力量，并最终巩固了贝尔在电话行业的主导地位。[90]

§

目前，还没有一种理论能够解释大范围的专利权垄断是否产生了持久的市场力量以及如何产生这种力量。相反，正如经济学家和历史学家所指出的那样，暂时性垄断的持久作用取决于企业如何利用它。根据小阿尔弗雷德·钱德勒的说法，19世纪高科技产品的开创者们通过建立研究机构并利用这些机构来研究经济，以此巩固他们的统治地位。[91]其他学者指出，潜在的"技术能力"构成了专利保护期满后专利垄断前景的基础。[92]先发优势的地位取决于行业的特点，亦或是立论者的理论倾向，例如，新经销商沃尔顿·汉密尔顿（Walton Hamilton）把贝尔电话系统在专利权到期后长期保持着固若金汤的业务地位归因于压制性的"高融资技术"。[93]同样,未能维持垄断的先例似乎也有。针对专利权持有者的市场份额随着专利权到期而崩塌,史学家们已经找出了一些直接原因,从产品开发的不足(比如20世纪70年代的施乐公司),到行业开创者为了捍卫自己的专利权而在法庭上备受烦恼与疲惫(比如莱特兄弟的飞机业务),各种原因不一而足。[94]

因此,延长垄断控制权的机会取决于专利垄断者利用先发优势的意愿和能力。这意味着,在路径性依赖的行业或者对后来的市场准入有更高壁垒的行业,最大范围保护的专利权拥有更大的经济意义。网络和系统行业自然符合这一特点。[95]就制造业而言,钱德勒的观点可能是对的,他认为"公司力量更多地依赖于组织能力的发展,而不是为专利等市场机制的资源配置制造'人为'的障碍"。[96]但是,网络行业的市场垄断地位本质上是更加"人为的",因为在这种行业中,市场准入的法律和政治壁垒、技术路径依赖以及沉没成本的重要性大于约束制造业寡头的效率要求和产品迭代。

在早期的电话服务中,先发优势的经济产出也是鱼龙混杂。有些用户选择现有公司能够提供的更大的电话网络。但在其他情况下,由于电话用户选择低价服务而不选择大型的昂贵电话网络,或者由于服务不足的市场为新进入者提供了立足点,市场准入的壁垒不是特别强。因此,尽管贝尔公司作为当时的垄断电话企业在专利权期间建立了自己的技术能力,但在专利法律保护失效后,真正决定公司命运的是一系列不同的因素,包括政治、金融和意识形态。

结　　语

　　1936年11月23日，另外一个专利百年纪念活动在华盛顿举行，即美国专利局成立100周年。就像1891年纪念第一部专利法的盛大活动一样，这次纪念活动吸引了来自全国各地的内阁官员、发明家和律师。同样地，发言嘉宾对当时的主要发明不吝溢美之词，并赞扬美国专利制度"为世界树立了榜样，统一协调了人类追求更加幸福生活的进程"。[1]这次活动展出的新奇发明包括一名身穿人造丝衣服的"科学女仆"，"她"是用猪耳朵上的明胶制作的人造丝绸钱包的展示模特；此外，"著名的无线电艺术家鲁宾诺夫"（Rubinoff）正用一把可折叠的、口袋大小的专利小提琴为与会者演奏小夜曲。当天活动的最后，参加晚宴的嘉宾受邀观看了精彩的表演，收听盛况的还包括国家广播公司红网（National Broadcasting Company's Red Network）的听众。一架道格拉斯客机在华盛顿上空盘旋，下面一束聚光灯"细长的白光"投射到了客机上，"进步之声"（Voice of Progress）缓慢而庄重地宣读了美国最伟大的12位发明家的名单。在铿锵有力的军乐队鼓声中，听众们清楚地听到了第一个响亮的名字："亚历山大·格雷厄姆·贝尔，是他给我们带来了电话。"[2]

　　时至今日，公众总体上依然认同电话这项改变世界的发明源自贝尔，并且认同贝尔在美国专利制度中的地位。贝尔所取得的法律上的胜利超越了其他一切，确保了他在历史记忆中的地位。如果贝尔在美国法庭上败诉，美国学生现在可能会转而学习以利沙·格雷，甚至丹尼尔·德劳鲍夫，尽管很可能不会是德国人菲利普·赖斯。在某种程度上，各国倾向于支持本国人作为电话的发明人：德国作家迅速承认赖斯为电话发明人，而意大利人和意大利裔美国人团体则一直认为安东尼奥·梅乌奇（Antonio Meucci）是电话发明人。[3]2002年，主要由意大利裔美国人发起的运动促使美国国会承认了梅乌奇的"电话发明工作"。紧接着，加拿大议会立即通过动议，重申了贝尔养子在加拿大的优先权，而正是在加拿大，贝尔度过了他大部分的成年时光。[4]

　　如此，改写的可能就不仅仅是通俗历史了。在对电话发明的学术研究中，贝尔的生活和思想占有重要地位，这不得不细致入微地关注他的个人情况。[5]这些作者可能并不认为自己受制于一百年前的律师。然而，他们的研究很大程度上依赖于法律记录中收集的大量细节，依赖于法院所认可的贝尔致力于激进创新发明的天才地位,当然也依赖于贝尔作为发明家的声誉,而其声誉因以他的专利为基础的企业帝国而历久弥新。

最后的这项关联很重要。专利本质上是一种商业工具,而不仅仅是获得发明声誉的一种手段。专利作为技术史上里程碑式的存在,纯粹是因为经济利益驱动的商业活动参与者有意愿也有能力在特定的时间寻求特定的知识产权产品。无论是寻找英雄式的发明家还是收集统计数据,历史学家都必须不断地提醒自己,专利的历史不是发明的历史,而纯粹是试图侵占的历史。发生在美国和英国的电话专利故事就是很好的例子。不管谁是真正的发明人,首创公司和公司的律师们才是真正"制造"出基础专利的人。他们确保在与竞争对手的诉讼中取胜,并在诉讼中重塑了贝尔和爱迪生专利权的范围,包括强调那些发明人自己都认为不重要的特点。作为回报,这些专利成为了公司取得商业成功的基础,并对专利权人的历史声誉产生了可以预见的影响。1936年,专利局百年纪念活动的组织者在确定伟大发明家荣誉名单时把亚历山大·格雷厄姆·贝尔放到了第一位,这可不是什么巧合,因为那时贝尔电话系统已经成为了世界上最大的商业组织。[6]

亚历山大·格雷厄姆·贝尔没能活到1936年专利局成立百年纪念活动那一天,他于1922年去世。就像其他在百年纪念活动中受到赞扬的发明家一样,贝尔也是一位已过世的人物。著名飞机发明家奥维尔·莱特(Orville Wright)是唯一的例外,他于1948年去世。在1936年的活动中,新发明得到了应有的重视,但与1891年的情况不同,在世的科学家没有受到纪念活动组织方长篇累牍的歌颂,并且展出的尖端设备中也没有一件是以某位发明人的名字命名的。我们可以在活动当天屏幕从早到晚播放的宣传片中看出部分原因。这些展品的制造商和主要研究对象才是这次活动真正的主角,即杜邦公司(Du Pont)、通用电气(General Electric)、美国电话电报公司、雪佛兰汽车公司(Chevrolet Motor Co.)以及其他几家公司和行业协会。[7]如今站在发明和专利前沿的是公司,而不是个人。

技术社会组织的发展很少会比企业对发明的控制吸引更多的目光或关注。20世纪,大企业和科学技术的交汇成为现代化和社会富足的核心元素,而这两者的结合产生了新的商品和服务的流入,从而改变了工业社会。[8]但与此同时,企业通过取代工匠和独立发明人创新先锋的地位,积累了巨大的经济实力。1941年,美国经济学家沃尔顿·汉密尔顿(Walton Hamilton)在题为"技术取代大师"(*Technology swaps masters*)的文章中,生动地描述了这种转变。[9]与汉密尔顿同时代的人表达了伴随进步而来的焦虑。例如,社会学家罗伯特·林德(Robert Lynd)写道:"在一个越来越依赖科学和技术的时代,企业对科学的控制以及对人类需求产生的影响,使得私营企业能够有效地控制所有民主制度。"[10]即使在1936年的百年庆典上,演讲嘉宾也承认了企业垄断的如影随形并表达了相应的不满,虽然这次活动是对工业进步不加批判地庆祝。[11]

这些20世纪中期的观察家们认为专利是企业进行技术控制的关键工具。专利制度的拥护者看重其在鼓励研究方面所起到的作用,而批评者则侧重于专利的反竞争作用,认为企业颠覆了发明奖励制度。在许多方面,这种观点上的差异代表了英美专利传统中一种老生常谈的争论。自18世纪以来,合法所有权和过度垄断权之间的平衡,以及奖励发明人和相应的寻租机会之间的平衡一直处于严格的审视之中。然而,那些认为大企业改变了专利制度的人是有道理的。管理资本主义的这只看得见的手,凭借其既能组织创新又能组织市场结构的能力,改变了专利的角色和影响力。

专利和工业力量之间的关系一直处于变动之中,而电话发明的故事就是其中一个有名的插曲。它是独立发明人和后继的以创新为本的企业之间的历史分水岭,前者尽可能地从自己的专利中获得暂时的垄断,而后者通过持续研究、专利保护和统一系统管理等一系列的措施来寻求持续的市场控制。美国的电话故事正好是分水岭两边的理想典型:一方面,亚历山大·格雷厄姆·贝尔代表了英雄式的独立发明家,另一方面,继承了贝尔初创公司衣钵的美国电话电报公司成为了20世纪工业研究的先驱。[12]然而,这些对理想典型的解读并没有揭示电话故事的全部内容。既是基于贝尔的发明行为,也是基于美国电话电报公司工业实验室的建立,早期电话公司将激进的法律策略和专营公司组织结合起来,创造出了第二次工业革命中引人注目的(法律或经济上的)专利垄断。在工业研究兴起之前,企业权力和知识产权是彻头彻尾地交织在一起的。

19世纪晚期的第二次工业革命既是一个"独立发明家的黄金时代",又是有组织的商业帝国的缔造时期,而专利则有助于解释造成这种现象的原因。[13]亚历山大·格雷厄姆·贝尔和托马斯·爱迪生确实代表了黄金时代的这一代人。与同时代的古格里莫·马可尼(Guglielmo Marconi)和尼古拉·特斯拉(Nikola Tesla)一样,他们在没有现有公司的指导下,独立研发了颠覆性的全新技术。当涉及将他们的发明商业化时,对开发和垄断全国市场这一壮志雄心专利权就至关重要了。起初,持有专利的公司经历了一种与知识产权权属捆绑的"个人资本主义"形式,发明人及其亲密伙伴的影响力强大到可以控制公司的治理。但很快,对资本的需求开始占据优先地位,其表现形式为专利共享、合并和采用控股公司式的组织结构。结果,最初以专利为中心、以专利权为链接的分散商业模式得以建立。而这些相互关联的公司则构成了未来工业巨头的基础。

就电话而言,随着早期电话初创公司逐渐做大成为大型企业,基础专利一直发挥着重要作用。持续到19世纪90年代的法律垄断显然已经规范了电话供给,并对电话业的发展有强大的抑制作用。宽泛专利权的影响也远远超出了其对竞争的影响。特许经营许可证的颁发和特许经营权股票的交易为电话业的资本集聚提供了支持,协调经营和技术标准机制也体现出了宽泛专利权的影响。与电话业特有的网络和系统相伴而来的是各种各样关于集中和抑制电话公司之间竞争的争论。但这些争论成功与否,以及电话先驱们制造这些争论的动力很大程度上取决于这些专利已经创造出的垄断。

当然,电话专利的持续性行业影响取决于旨在获取首创性专利宽泛专利控制权的法律策略是否成功。从法律角度来看,电话专利的垄断并不完全是"现代化的"垄断。查尔斯·古德伊尔、托马斯·布兰查德,甚至詹姆斯·瓦特都认识到对颠覆性新技术主张宽泛权利已成为一种现象。此外,电话诉讼引发了专利法中一些老生常谈的问题,例如发明的优先权、专利说明书的详细程度以及颠覆性新技术的专利权范围。在这些案件中,公司的改革不是通过提出新的法律问题,而是通过重塑旧的法律问题来体现,这部分原因是科学证据日益复杂,但主要原因是大公司可以在诉讼中运用战略力量。

总之,电话案展示了市场及与其相伴的政治力量对尚未正式宣称要调控市场结果的法律所施加的压力。至少在理论上,专利法仅侧重将专利权的范围与详细说明的专利进行匹配。然而,当电话专利走进法庭时,有关优先权和专利范围的技术争论充斥着大量的垄断和反垄断问题。美国的专利法旨在寻找第一个真正发明人,并不出众的机械师丹尼尔·德劳鲍夫的出现代表了一种获取更大众、更原始的电话服务的愿望,而这是毫不妥协的波士顿公司所不能允许的。英国的电话专利裁决过程中出现了更多迂腐的曲折,对垄断的敌意聚焦在了爱迪生电话的膜片上。美国政府对所谓的欺诈行为提起诉讼的做法,在对贝尔和柏林纳的攻击中达到了顶峰。这种做法表明,垄断挑战了专利制度,并因此受到了法律和政治上的反击。

电话的故事是那个时代的产物。就像19世纪诸如公司法、监管和反托拉斯法等的许多其他法律领域一样,在专利法领域中,规模不断扩大的商业组织同时受到了法律支持和法律抵制。电话案中,强大的公司受益于法院支持宽泛基础专利权的趋势,尤其是在专利权人被称为"伟大发明家"的案件中。在第二次工业革命的众多技术中,也曾有过类似的企图夺取该领域控制权的技术。尽管这些尝试仍在上演,但时代已不同。19世纪末,一向罕见的首创性专利已经开始让位于其他发明了。尽管基础发明的专利可能拥有强大影响力,但从根本上来说,仅仅依赖于一项独立的知识产权是有很大风险的,尤其是在政治开始升温的时候。相比之下,将相互关联的专利组合在一起运作在法律上更加保险;如此,可以扩展到后续的专利改进,也可以在任何一项关联专利都没有极端宽泛专利权的情况下,实现对一项技术的专利控制。

随着时间的推移,19世纪末,使用专利的公司,其中包括许多建立在首创性专利基础上的公司,都倾向于扩大其知识产权战略的范围。[14]公司开展的有计划的产业研究补充并部分取代了以前从公司外部渠道购买有前景专利的做法。专利共享的做法也开始兴起。实际上,早在19世纪50年代,随着美国缝纫机制造商达成"奥尔巴尼协议"(Albany agreement),企业间就建立了大规模的合作专利结构。[15]19世纪末,这种做法已广泛应用到已经变得越来越寡头的电力行业,最引人注目的是通用电气和西屋电气于1896年创立的专利控制委员会(Board of Patent Control)。[16]与此同时,由于法院的支持,捆绑协议的使用和其他基于专利的贸易限制手段开始大规模扩张。

按照这种形势发展,20世纪的专利垄断越来越不依赖于单一专利的内容,而更多地依赖于现有资本和公司力量的发展势头。成功的专利开发一直青睐资源丰富的人,即那些与法院和最优秀的律师互有往来,并且具有在诉讼中兵不血刃就让对手丢盔卸甲的能力的人。但是在第二次工业革命后期,寡头垄断企业的崛起最终削减了专利诉讼率。随着官僚式管理的技术取代了19世纪面向公司、独立发明人和投机者的自由竞争,驱动专利诉讼的专利"不确定性"和"机会主义"也减少了。企业转向更可预测的技术竞争手段。尽管美国电话电报公司持有诸如加感线圈和真空管等基础专利发明,但在1908年之后几乎没有提起过专利诉讼。[17]20世纪20年代,无线电技术的专利之争代表了电气专利争夺的下一个阶段,而此时该领域的主要公司选择分割电气技术,而不是拿各自的专利组合来火拼"无人地带"。一系列重大的交叉专利许可协议使每个公司都确保了各自领域的安全,例如电力和照明领域的通用电气和西屋电气之间,以及无线电广播领域的美国无线电公司(Radio Corporation of America)和有线通信领域的美国电话电报公司之间的交叉专利许可协议。[18]通过司法定义专利权来控制市场的关键做法已经被积累专利并将其纳入更宽泛的技术管理计划的能力所取代。

21世纪初,专利诉讼卷土重来。[19]这种新情况一定程度上反映了20世纪初发明活动集中化的一种反转。许多高科技公司已经将他们的研究职能外包给专业的、垂直分散的公司。与此同时,即使在企业研发的时代也从未完全缺席的独立发明人已经重出江湖,重新成为技术舞台上的一员,现在还常常得到风险投资人或专门购买专利和实施专利的专业公司的支持。[20]这种诉讼的转向源于与19世纪末相呼应的几项变化,包括专利授予数量的快速增长(随之而来的是对宽松的审查标准的批评)、专利政策的大范围变化和法院组织的大规模变动,以及对基于信息技术和生物技术的"第三次工业革命"的关键技术主张基础专利权的尝试。[21]随着新的法律争论的发酵,评论家发现了日益突出的"专利黑暗面"。[22]在强有力的专利执法影响下,过于宽泛的专利保护范围和如丛林般密密麻麻的专利蓬勃发展。更糟糕的是,这些法律诉讼的赢家"有时是那些拥有最好律师的人,或者是那些幸运地获得了其本不应得的关键专利的人,而不是那些创造了最好产品或服务的人"。[23]与亚历山大·格雷厄姆·贝尔同时代的人很可能会对这些抱怨感同身受。当时的情况就像现在一样,通过法院来实现对经济影响力的广泛追求将考验专利制度本身的合理性。

参考文献

引 言

[1] The following description is drawn from "The Patent Centennial Celebration," Scientific American, April 18, 1891, 243–245; "One Hundred Years," Washington Evening Star, April 8, 1891, 1, 5–6; Celebration of the Beginning of the Second Century of the American Patent System at Washington City, D.C., April 8, 9, 10, 1891: Proceedings and Addresses (Washington, DC: Gedney & Roberts, 1892).

[2] "Many Men with Brains," Washington Post, April 9, 1891, 1.

[3] Celebration, 24. 4. Ibid., 23.

[5] Ibid., 43–127.

[6] "Many Men with Brains," 1.

[7] Ibid.

[8] Celebration, 32.

[9] Ibid., 424.

[10] "New Proofs of the Telephone Fraud," New York Times, January 21, 1887, 4.

[11] James J. Storrow to John E. Hudson, November 17, 1891, quoted in N. R. Danielian, A.T.&T.: The Story of Industrial Conquest (New York: Vanguard Press, 1939), 97.

[12] "The Top 100," Atlantic Monthly 298 (December 2006): 61–78; "The Greatest American," prod. Jason Raff and Elyse Zaccaro, Discovery Channel and NBC News Productions, June 2005.

[13] The source for this original wording is a letter Bell wrote to his father later that day; Alexander Graham Bell to Alexander Melville Bell, March 10, 1876, box 5, Bell Papers.

[14] David A. Hounshell, "Elisha Gray and the Telephone: On the Disadvantages of Being an Expert," Technology and Culture 16, no. 2 (1975): 133–161; Thomas P. Hughes, American Genesis: A Century of Invention and Technological Enthusiasm, 1870–1970 (New York: Viking, 1989), 15–16; Michael E. Gorman and W. Bernard Carlson, "Interpreting Invention as a Cognitive Process: The Case of Alexander Graham Bell, Thomas Edison, and the Telephone," Science, Technology, & Human Values 15, no. 2 (1990): 131–164; Michael E. Gorman, "Mind in the World: Cognition and Practice in the Invention of the Telephone," Social Studies of Science 27, no. 4 (1997): 583–624.

[15] See, e.g., Quentin R. Skrabec, The 100 Most Significant Events in American Business: An Encyclopedia (Santa Barbara, CA: Greenwood, 2012), 77–80.

[16] Daniel J. Boorstin, The Americans: The Democratic Experience (New York: Random House, 1973), 58.

[17] A. Edward Evenson, The Telephone Patent Conspiracy of 1876: The Elisha Gray-Alexander Bell Controversy and Its Many Players (Jefferson, NC: McFarland, 2000); Seth Shulman, The Telephone Gambit: Chasing Alexander Graham Bell's Secret (New York: Norton, 2008). Precursors in the genre include Frederick Leland Rhodes, Beginnings of Telephony (New

York: Harper, 1929); William Aitken, Who Invented the Telephone? (London: Blackie, 1939); Lewis Coe, The Telephone and Its Several Inventors (Jefferson, NC: McFarland, 1995); Burton H. Baker, The Gray Matter: The Forgotten Story of the Telephone (St. Joseph, MI: Telepress, 2000).

[18] Canonical works include James Willard Hurst, Law and the Conditions of Freedom in the Nineteenth-Century United States (Madison: University of Wisconsin Press, 1956); James Willard Hurst, Law and Economic Growth: The Legal History of the Lumber Industry in Wisconsin, 1836–1915 (Cambridge, MA: Belknap Press of Harvard University Press, 1964); Morton J. Horwitz, The Transformation of American Law, 1780–1860 (Cambridge, MA: Harvard University Press, 1977).

[19] Patent law is absent, e.g., from major studies of judge-made law such as Horwitz, Transformation of American Law; P.S. Atiyah, The Rise and Fall of Freedom of Contract (Oxford: Clarendon Press, 1979).

[20] These include Doron S. Ben-Atar, Trade Secrets: Intellectual Piracy and the Origins of American Industrial Power (New Haven, CT: Yale University Press, 2004); Oren Bracha, "Owning Ideas: A History of Intellectual Property in the United States" (SJD diss., Harvard Law School, 2005); B. Zorina Khan, The Democratization of Invention: Patents and Copyrights in American Economic Development, 1790–1920 (Cambridge: Cambridge University Press, 2005); Steven W. Usselman and Richard R. John, "Patent Politics: Intellectual Property, the Railroad Industry, and the Problem of Monopoly," Journal of Policy History 18, no. 1 (2006): 96–125; Catherine L. Fisk, Work ing Knowledge: Employee Innovation and the Rise of Corporate Intellectual Property, 1800–1930 (Chapel Hill: University of North Carolina Press, 2009); Kara W. Swanson, "The Emergence of the Professional Patent Practitioner," Technology and Culture 50, no. 3 (2009): 519–548; Alain Pottage and Brad Sherman, Figures of Invention: A History of Modern Patent Law (Oxford: Oxford University Press, 2010); Adrian Johns, Piracy: The Intellectual Property Wars from Gutenberg to Gates (Chicago: University of Chicago Press, 2010); Mario Biagioli, Peter Jaszi, and Martha Woodmansee, eds., Making and Unmaking Intellectual Property: Creative Production in Legal and Cultural Perspective (Chicago: University of Chicago Press, 2011); Naomi R. Lamoreaux, Kenneth L. Sokoloff, and Dhanoos Sutthiphisal, "Patent Alchemy: The Market for Technology in U.S. History," Business History Review 87, no. 1 (2013): 3–38.

[21] Christopher Beauchamp, "Intellectual Property and the Politics of the Telephone Industry in the United States and Britain, 1876–1900" (PhD diss., Cambridge University, 2007), 74.

[22] Dan L. Burk and Mark A. Lemley, "Policy Levers in Patent Law," Virginia Law Review 89, no. 7 (2003): 1583.

[23] "The Bell Telephone Suits," Scientific American, February 5, 1887, 80.

[24] Abraham Lincoln, "Second Lecture on Discoveries and Inventions," in The Collected Work s of Abraham Lincoln, ed. Roy P. Basler (New Brunswick, NJ: Rutgers University Press, 1953), 3:363; James Bessen and Michael J. Meurer, Patent Failure: How Judges, Bureaucrats, and Lawyers Put Innovators at Risk (Princeton, NJ: Princeton University Press, 2008).

第1章

[1] Elizabeth S. Kite, L'Enfant and Washington, 1791–1792: Published and Unpublished Documents Now Brought Together for the First Time (Baltimore: Johns Hopkins Press, 1929).

[2] Kenneth W. Dobyns, The Patent Office Pony: A History of the Early Patent Office (Fredericksburg, VA: Sergeant Kirkland's Museum and Historical Society, 1994), chap. 16.

[3] John H. Hazelton, The Declaration of Independence: Its History (New York: Dodd, Mead, 1906), 290–292; Frederick William True, ed., A History of the First Half-Century of the National Academy of Sciences, 1863–1913 (Washington, DC: National Academy of Sciences, 1913), 280–282.

[4] John Varden, A Guide for Visitors to the National Gallery, Revised in Accordance with the Instructions of the Commissioner of Patents (Washington, DC, 1857), http://www.ipmall.info/hosted_resources/patenthistory/poguide.htm.

[5] Charles J. Robertson, Temple of Invention: History of a National Landmark (Washington, DC: Smithsonian American Art Museum, 2006), 59.

[6] Brian Balogh, A Government Out of Sight: The Mystery of National Authority in Nineteenth-Century America(Cambridge: Cambridge University Press, 2009).

[7] The fee was $30 from 1793 to 1861, and then rose to $35; Patent Act of 1793, Ch. 11, 1 Stat. 318–323 (February 21, 1793); Patent Act of 1861, Ch. 88, 12 Stat. 246 (March 2, 1861).

[8] The requirement that patent owners "mark" their patented items originated with the Patent Act of 1842, Ch. 263, 6, 5 Stat. 543–545 (August 29, 1842).

[9] B. Zorina Khan, The Democratization of Invention: Patents and Copyrights in American Economic Development, 1790–1920 (New York: Cambridge University Press, 2005), 182–221.

[10] Doron S. Ben-Atar, Trade Secrets: Intellectual Piracy and the Origins of American Industrial Power (New Haven, CT: Yale University Press, 2004), 44–77, 159–164.

[11] Ibid., 39, 84–86.

[12] Christine MacLeod, Inventing the Industrial Revolution: The English Patent System, 1660–1800 (Cambridge: Cambridge University Press, 1988), 14–19.

[13] Oren Bracha, "The Commodification of Patents 1600–1836: How Patents Became Rights and Why We Should Care," Loyola of Los Angeles Law Review 38, no. 1 (2004): 202–203; Edward C. Walterscheid, The Nature of the Intellectual Property Clause: A Study in Historical Perspective (Buffalo, NY: Hein, 2002), 51–55; H. I. Dutton, The Patent System and Inventive Activity During the Industrial Revolution, 1750–1852 (Manchester: Manchester University Press, 1984), 75.

[14] Turner v. Winter, 99 Eng. Rep. 1274, 1276 (1787).

[15] Bruce W. Bugbee, Genesis of American Patent and Copyright Law (Washington, DC: Public Affairs Press, 1967), 84–103.

[16] James Madison to Thomas Jefferson, October 17, 1788, in The Republic of Letters: The Correspondence between Thomas Jefferson and James Madison, 1776–1826, ed. James Morton Smith (New York: Norton, 1995), 1:566.

[17] Dotan Oliar, "Making Sense of the Intellectual Property Clause: Promotion of Progress as a Limitation on Congress's Intellectual Property Power," Georgetown Law Journal 94 (2006): 1771–1845.

[18] U.S. Const., Art. I, Sec. 8.

[19] Edward C. Walterscheid, To Promote the Progress of Useful Arts: American Patent Law and Administration, 1798–1836 (Littleton, CO: Rothman, 1998), 109–110.

[20] Patent Act of 1790, Ch. 7, 1 Stat. 109–112 (April 10, 1790).

[21] P. J. Federico, "Operation of the Patent Act of 1790," Journal of the Patent Office Society 18 (1936): 246; Bracha, "Commodification of Patents," 223.

[22] Thomas Jefferson to Hugh Williamson, April 1, 1792, in The Work s of Thomas Jefferson, ed. Paul Leicester Ford (New York: Putnam, 1904–1905), 6:459.

[23] Thomas Jefferson to Thomas Cooper, August 25, 1814, in The Writings of Thomas Jefferson, ed. Albert E. Bergh (Washington, DC: Thomas Jefferson Memorial Association, 1907), 14:174.

[24] Patent Act of 1793, Ch. 11, 1 Stat. 318–323 (February 21, 1793).

[25] Elinor Stearns and David Yerkes, William Thornton: A Renaissance Man in the Federal City (Washington, DC: American Institute of Architects Foundation, 1976).

[26] Walterscheid, Promote the Progress, 253–304.

[27] Frank Prager, "The Steamboat Pioneers before the Founding Fathers," Journal of the Patent Office Society 37 (1955): 486–522; Frank Prager, "The Steam Boat Interference, 1787–1793," Journal of the Patent Office Society 40 (1958): 611–643.

[28] Prager, "Steamboat Pioneers," 496–497, 514. 29. Ibid., 496–497.

[30] Ibid., 517–518; John Fitch, Petition of May 13, 1789, repr. "Proceedings in Congress during the Years 1789 and 1790, Relating to the First Patent and Copyright Laws," Journal of the Patent Office Society 22 (1940): 248.

[31] Prager, "Steam Boat Interference," 631–639. 32. Ibid., 640–641.

[33] Angela Lakwete, Inventing the Cotton Gin: Machine and Myth in Antebellum America (Baltimore: Johns Hopkins University Press, 2003).

[34] Denison Olmsted, Memoir of Eli Whitney, Esq. (New Haven, CT: Durrie & Peck, 1846), 17; Lakwete, Inventing the Cotton Gin.

[35] D. A. Tompkins, The Cotton Gin: The History of Its Invention (Charlotte, NC: Author, 1901), 14.

[36] Olmsted, Memoir of Eli Whitney, 27.

[37] Patent Act of 1793, Ch. 11, 1 Stat. 318–323 (February 21, 1793), Sec. 5.

[38] Olmsted, Memoir of Eli Whitney, 26–27; Walterscheid, Promote the Progress, 234–235.

[39] Patent Act of 1800, Ch. 25, 2 Stat. 37 (April 17, 1800), Sec. 3.

[40] Olmsted, Memoir of Eli Whitney, 28–46.

[41] P. J. Federico, "The Patent Trials of Oliver Evans," pt. 1, Journal of the Patent Office Society 27 (1945): 586–589. 42. Ibid., 597.

[43] Evans v. Chambers, 8 F. Cas. 837 (C.C.D. Pa. 1807) (No. 4,555).

[44] Walterscheid, Promote the Progress, 161–163.

[45] Act for the Relief of Oliver Evans, 6 Stat. 70 (January 21, 1808); Walterscheid, Promote the Progress, 347–349.

[46] P. J. Federico, "The Patent Trials of Oliver Evans, " pt. 2, Journal of the Patent Office So-

ciety 27 (1945): 657-659, 673.
[47] Walterscheid, Promote the Progress, 350, n. 65.
[48] Khan, Democratization of Invention, 71.
[49] Federico, "Patent Trials of Oliver Evans, " pt. 2; Walterscheid, Promote the Progress, 350-354.
[50] Federico, "Patent Trials of Oliver Evans," pt. 2, 657. 51. Evans v. Eaton, 20 U.S. (7 Wheat.) 356 (1822).
[52] Susan B. Carter, Scott Sigmund Gartner, Michael R. Hanies, Alan M. Olmstead, Richard Sutch, and Gavin Wright, eds., Historical Statistics of the United States: Millennial Edition (New York: Cambridge University Press, 2006), table Cg27-37.
[53] Kenneth L. Sokoloff, "Inventive Activity in Early Industrial America: Evidence from Patent Records, 1790-1846,"
Journal of Economic History 48, no. 4 (1988): 819-820.
[54] Ibid., 828-843.
[55] Khan, Democratization of Invention, 110-117.
[56] David J. Jeremy, Transatlantic Industrial Revolution: The Diffusion of Textile Technologies between Britain and America, 1790-1830s (Cambridge, MA: MIT Press, 1981), 184-186.
[57] Kenneth L. Sokoloff and B. Zorina Khan, "The Democratization of Invention during Early Industrialization: Evidence from the United States, 1790-1846," Journal of Economic History 50, no. 2 (1990): 363-378.
[58] William Thornton to Amos Eaton, May 5, 1809, quoted in Walterscheid, Promote the Progress, 323.
[59] Walterscheid, Promote the Progress, 322-324.
[60] Thompson v. Haight, 23 F. Cas. 1040, 1041 (C.C.S.D.N.Y. 1826) (No. 13,957).
[61] Ibid., 1042.
[62] Patent Act of 1836, Ch. 357, 5 Stat. 117 (July 4, 1836); Steven Lubar, "The Transformation of Antebellum Patent Law," Technology and Culture 32, no. 4 (1991): 940-942; Walterscheid, Promote the Progress, 322-345, 421-432.
[63] B. M. Federico, "The Patent Office Fire of 1836," Journal of the Patent Office Society 19 (1937): 804-833.
[64] Sokoloff, "Inventive Activity," 818-820.
[65] Carter et al., Historical Statistics of the United States, table Cg27-37.
[66] Kara W. Swanson, "The Emergence of the Professional Patent Practitioner," Technology and Culture 50, no. 3 (2009): 519-548.
[67] Naomi R. Lamoreaux and Kenneth L. Sokoloff, "Intermediaries in the U.S. Market for Technology, 1870-1920," in Finance, Intermediaries, and Economic Development, ed. Stanley L. Engerman, Phillip T. Hoffman, Jean-Laurent Rosenthal, and Kenneth L. Sokoloff (Cambridge: Cambridge University Press, 2003), 209-246.
[68] Patent Act of 1836, Ch. 357, 5 Stat. 117 (July 4, 1836), Sec. 18.
[69] Zebulon Parker, "Sketch of the Invention of Parker's Water Wheel," Journal of the Franklin Institute 52, no.1 (1851): 48-50; Edwin T. Layton, "Scientific Technology, 1845-1900: The Hydraulic Turbine and the Origins of American Industrial Research," Technology and Culture 20, no. 1 (1979): 68-70.

[70] "Controversial—Parker's Water Wheels," Scientific American, October 6, 1849, 21.

[71] Ibid.; "Woodworth's and Parker's Renewal of Patents," Scientific American, April 24, 1852, 251; "Parker and Re-action Water Wheels," Scientific American, March 20, 1852, 211.

[72] Reporter's note in Parker v. Hatfield, 18 F. Cas. 1127 (C.C.Ohio 1845) (No. 10,736).

[73] Reporter's note in Parker v. Stiles, 1 Fish. Pat. Rep. 319 (C.C.Ohio 1849) (No. 10,749).

[74] U.S. Circuit Court for the Eastern District of Pennsylvania, Equity Case Files, box 37, NARA Philadelphia.

[75] Carolyn C. Cooper, "A Patent Transformation: Woodworking Mechanization in Philadelphia, 1830−1856," in Early American Technology: Making and Doing Things from the Colonial Era to 1850, ed. Judith A. McGaw (Chapel Hill: University of North Carolina Press, 1994), 316.

[76] "Thomas Blanchard," Report to accompany Bill H.R. 417, April 8, 1834, 23rd Cong., 1st Sess., H.Rep. 397.

[77] Carolyn C. Cooper, "Social Construction of Invention through Patent Management: Thomas Blanchard's Woodworking Machinery," Technology and Culture 32, no. 4 (1991): 982.

[78] Carolyn C. Cooper, Shaping Invention: Thomas Blanchard's Machinery and Patent Management in Nineteenth−Century America (New York: Columbia University Press, 1991), 48−54.

[79] Brooks v. Fiske, 56 U.S. 212, 224 (1853) (McLean, J., dissenting).

[80] Cooper, "Patent Transformation," 293.

[81] Report on the Woodworth Patent, July 17, 1852, 32nd Cong., 1st Sess., H.Rep. 156, 3−6.

[82] Report on the Administrator of Wm. Woodworth, March 13, 1850, 31st Cong., 1st Sess., H.Rep. 150, 4−5.

[83] Richard R. John, Network Nation: Inventing American Telecommunications (Cambridge, MA: Belknap Press of Harvard University Press, 2010), 45.

[84] Ibid., 35−51.

[85] Ibid., 66−68, 74−75.

[86] Carl B. Swisher, The Taney Period, 1836−64 (New York: Macmillan, 1974), 488−504.

[87] U.S. Patent RE79, issued to Samuel F. B. Morse for "Improvement in the mode of communicating information by the application of electro-magnetism," January 15, 1846; U.S. Patent RE117, issued to Samuel F. B. Morse for "Improvement in electric telegraphs," June 13, 1848.

[88] O'Reilly v. Morse, 56 U.S. (15 How.) 62 (1853).

[89] U.S. Patent RE117, claim 8.

[90] Cai Guise−Richardson, "Redefining Vulcanization: Charles Goodyear, Patents, and Industrial Control, 1834−1865,"Technology and Culture 51, no. 2 (2010): 361−370.

[91] This measure was a spontaneous initiative of the superintendent of patents in 1813; it received judicial approval from a lower court in 1824 and in the Supreme Court by 1832, and was adopted in the statutes of 1832 and 1836.

[92] U.S. Patent 3,633, issued to Charles Goodyear for "Improvement in India−Rubber Fabrics," June 15, 1844; Guise-Richardson, "Redefining Vulcanization," 377−378.

[93] Richard Korman, The Goodyear Story: An Inventor's Obsession and the Struggle for a Rubber Monopoly (San Francisco: Encounter Books, 2002), 105−106; Guise-Richardson,

"Redefining Vulcanization," 360, 375−376.

[94] See, e.g., R. C. Grier, Decision in the Great India Rubber Case of Charles Goodyear vs. Horace H. Day (New York, 1852).

[95] "Decision of the Hon. Joseph Holt, Commissioner of Patents, in the Matter of the Application of Charles Goodyear for the Extension of Letters Patent," quoted in "Charles Goodyear," North American Review 101 (1865): 98.

[96] David A. Hounshell, From the American System to Mass Production, 1800−1932: The Development of Manufacturing Technology in the United States (Baltimore: Johns Hopkins University Press, 1984), 154.

[97] Reuben Gold Thwaites, "Cyrus Hall McCormick and the Reaper," Proceedings of the State Historical Society of Wisconsin (1908), 247−248.

[98] Swisher, Taney Period, 505−510; Gordon M. Winder, The American Reaper: Harvesting Networks and Technology, 1830−1910 (Burlington, VT: Ashgate, 2012), 45.

[99] Adam Mossoff, "The Rise and Fall of the First American Patent Thicket: The Sewing Machine War of the 1850s," Arizona Law Review 53 (2011): 165−211.

[100] Ibid., 193.

[101] Parker v. Sears, 18 F. Cas. 1159, 1160 (C.C.E.D. Pa. 1850).

[102] Khan, Democratization of Invention, 77, 99.

[103] See, e.g., Parker v. Haworth, 18 F. Cas. 1135 (C.C.D. Ill. 1848) (on the strict liability of infringers); Parker v. Stiles, 18F. Cas. 1163 (C. C. D. Ohio 1849) (on infringement by "mechanical equivalents"); Parker v. Hulme, 18 F. Cas. 1138 (C.C.E.D. Pa. 1849) (on protecting the "principle" of an invention).

[104] Adam Mossoff, "Who Cares What Thomas Jefferson Thought about Patents? Reevaluating the Patent 'Privilege' in Historical Context," Cornell Law Review 92 (2007): 953−1012.

[105] Blanchard v. Sprague, 3 F. Cas. 648, 649−650 (C.C.D. Mass., 1839).

[106] Ibid., 650.

[107] Sloat v. Patton, 1 Fish. Pat. Cas. 154 (E.D. Pa 1852).

[108] Lubar, "Transformation of Antebellum Patent Law," 941−942; Mossoff, "Who Cares What Thomas Jefferson Thought," 1000.

[109] Brooks v. Fiske, 56 U.S. 212, 214−215 (1853).

[110] Winans v. Denmead, 56 U.S. (15 How.) 330 (1853); O'Reilly v. Morse, 56 U.S. 62 (1853).

[111] John F. Duffy, "The Festo Decision and the Return of the Supreme Court to the Bar of Patents," Supreme Court Review (2002): 289.

[112] Andrew Morriss and Craig Nard, "Institutional Choice and Interest Groups in the Development of American Patent Law: 1790−1865," Supreme Court Economic Review 19, no. 1 (2011): 143−244.

[113] "Colt Patent, &c. &c.," August 3, 1854, 33rd Cong., 1st Sess., H.Rep. 353.

[114] Ibid., 4.

[115] Ibid., 6−7.

[116] "Zebulon and Austin Parker," July 14, 1854, 33rd Cong., 1st Sess., H.Rep. 297.

[117] Cooper, "Patent Transformation," 313−315.

[118] Patent Act of 1861, Ch. 88, 12 Stat. 246 (March 2, 1861). Extensions of pre-1861 patents continued, however.

[119] Robert V. Remini, Daniel Webster: The Man and His Time (New York: Norton, 1997), 731–732.

[120] Bernard C. Steiner, Life of Reverdy Johnson (Baltimore: Norman, Remington, 1914), 36.

[121] Robert Henry Parkinson, "The Patent Case That Lifted Lincoln into a Presidential Candidate," Abraham Lincoln Quarterly 4 (September 1946): 105–122.

[122] Swanson, "Emergence of the Professional Patent Practitioner"; Mason, Fenwick & Lawrence, Patents for Profit (Washington, DC, 1907).

[123] Robert T. Swaine, The Cravath Firm and Its Predecessors (New York: Ad Press, 1946), 1: 91–92, 118–120, 152–154; Blatchford, Seward & Griswold Collection, MC 4, MIT Institute Archives and Special Collections, Cambridge, MA.

[124] Albert H. Walker, "George Harding," in Great American Lawyers, ed. William Draper Lewis (Philadelphia: John C. Winston, 1909), 8: 43–87; David McAdam, Henry Bischoff, Jr., Richard H. Clarke, Jackson O. Dykman, Joshua M. Van Cott, and George G. Reynolds, eds., History of the Bench and Bar of New York (New York: New York History Company, 1897), 2:213.

[125] Carolyn Kinder Carr, A Brush with History: Paintings from the National Portrait Gallery (Washington, DC: Smithsonian Institution, 2001), 122.

[126] The litigants were Thomas Blanchard, 1788–1864 (inventor of woodworking lathes); Elias Howe, 1819–1867 (sewing machine); William Morton, 1819–1868 (codiscoverer of anesthesia); Samuel Colt, 1814–1862 (firearms); Cyrus McCormick, 1809–1884 (mechanical reaper); Charles Goodyear, 1800–1860 (vulcanized rubber); Samuel Morse, 1791–1872 (electric telegraph); Frederick Sickels, 1819–1895 (cutoff valve crucial to stationary steam engines); Henry Burden, 1791–1871 (horseshoe-making machine and other ironworking); James Bogardus, 1800–1874 (various inventions ranging from engraving machines to cast-iron construction methods); Erastus Bigelow, 1814–1879 (power carpet looms).

[127] Carter et al., Historical Statistics of the United States, table Cg27–37.

[128] Herbert Hovenkamp, Enterprise and American Law 1836–1937 (Cambridge, MA: Harvard University Press, 1991), 109–110.

第2章

[1] James D. Reid, The Telegraph in America: Its Founders, Promoters and Noted Men (New York: Derby Brothers, 1879), 596–636; Joel A. Tarr, Thomas Finholt, and David Goodman, "The City and the Telegraph: Urban Telecommunications in the Pre-Telephone Era," Journal of Urban History 14, no. 1 (1987): 38–80.

[2] Paul Israel, Edison: A Life of Invention (New York: Wiley, 1998), 49–65; Paul Israel, From Machine Shop to Industrial Laboratory: Telegraphy and the Changing Context of American Invention, 1830–1920 (Baltimore: Johns Hopkins University Press, 1992), 124–127, 142–146; Richard R. John, Network Nation: Inventing American Telecommunications (Cambridge, MA: Belknap Press of Harvard University Press, 2010), 149–152.

[3] Israel, Machine Shop to Industrial Laboratory, 137–138.

[4] Item from the New York Sun, quoted in "Has Edison Really Accomplished Anything?,"

Manufacturer and Builder, September 1879, 207.

[5] John, Network Nation, 158–160.

[6] David A. Hounshell, "Elisha Gray and the Telephone: On the Disadvantages of Being an Expert," Technology and Culture 16, no. 2 (1975): 133–161; Israel, Edison, 109.

[7] The duplex payment amount appears in President Norvin Green's letterbook, Green to General Wager Swayne, March 19, 1881, Western Union Archives, Smithsonian Institution, Washington, DC. I am grateful to Professor David Hochfelder for supplying me with this reference. On the quadruplex sale, see Israel, Edison, 102.

[8] Robert V. Bruce, Bell: Alexander Graham Bell and the Conquest of Solitude (London: Gollancz, 1973), 92–95.

[9] Hounshell, "Elisha Gray and the Telephone"; Michael E. Gorman and W. Bernard Carlson, "Interpreting Invention as a Cognitive Process: The Case of Alexander Graham Bell, Thomas Edison, and the Telephone," Science, Technology, & Human Values 15, no. 2 (1990): 131–164.

[10] Naomi R. Lamoreaux and Kenneth L. Sokoloff, "Market Trade in Patents and the Rise of a Class of Specialized Inventors in the 19th-Century United States," American Economic Review 91, no. 2 (2001): 39–44; Naomi R. Lamoreaux and Kenneth L. Sokoloff, "Inventors, Firms, and the Market for Technology in the Late Nineteenth and Early Twentieth Centuries," in Learning by Doing in Markets, Firms, and Countries, ed. Naomi R. Lamoreaux, Daniel M. G. Raff, and Peter Temin (Chicago: University of Chicago Press, 1999), 19–60; Alfred D. Chandler, The Visible Hand: The Managerial Revolution in American Business (Cambridge, MA: Belknap Press of Harvard University Press, 1977), 374–375; L. S. Reich, The Making of American Industrial Research: Science and Business at G.E. and Bell, 1876–1926 (Cambridge: Cambridge University Press, 1985).

[11] Bruce Hunt, "'Practice vs. Theory': The British Electrical Debate, 1888–1891," Isis 74, no. 3 (1983): 341–355.

[12] See generally Israel, Machine Shop to Industrial Laboratory.

[13] Bruce, Bell, 92–94.

[14] John, Network Nation, 126–128.

[15] Rosario J. Tosiello, The Birth and Early Years of the Bell Telephone System, 1876–1880 (New York: Arno Press, 1979), 8. Thomas Watson later joined the Patent Association, receiving a 10 percent stake.

[16] George Crossette, Founders of the Cosmos Club of Washington, 1878 (Washington, DC: Cosmos Club, 1966), 20; Stanley Harrold, The Abolitionists and the South, 1831–1861 (Lexington: University Press of Kentucky, 1995), 165.

[17] Alexander Graham Bell to Alexander Melville Bell, February 29, 1876, box 5, Bell Papers.

[18] A. Edward Evenson, The Telephone Patent Conspiracy of 1876: The Elisha Gray-Alexander Bell Controversy and Its Many Players (Jefferson, NC: McFarland, 2000), 43–44.

[19] H. Howson to Congressman Thomas A. Jenckes, February 3, 1866, Thomas A. Jenckes Papers (1836–1878), Manuscript Division, Library of Congress, Washington, DC.

[20] Evenson, Telephone Patent Conspiracy, 43–45.

[21] Alexander Graham Bell to Alexander Melville Bell, Eliza Symonds Bell, Carrie Bell, November 23, 1874, box 4, Bell Papers.

[22] Gardiner Greene Hubbard to Alexander Graham Bell, August 15, 1874, box 79, Bell Papers.
[23] Bruce, Bell, 138; Evenson, Telephone Patent Conspiracy, 46–47.
[24] Tosiello, Birth and Early Years, 10; Bruce, Bell, 141.
[25] Matthew Josephson, Edison: A Biography (London: Eyre & Spottiswoode, 1961), 139–144.
[26] Alexander Graham Bell to Sarah Fuller, July 1, 1875, box 176, Bell Papers.
[27] Gardiner Greene Hubbard to Alexander Graham Bell, January 15, 1876, and Alexander Graham Bell to Gardiner Greene Hubbard, March 14, 1878, box 79, Bell Papers.
[28] Gardiner Greene Hubbard to Alexander Graham Bell, January 15, 1876, box 79, Bell Papers.
[29] Bruce, Bell, 165.
[30] The Telephone Cases, 126 U.S. 1 (1888), 567.
[31] Hounshell, "Elisha Gray and the Telephone," 148–149, 152–154.
[32] The two principal investigative histories are Evenson, Telephone Patent Conspiracy, and Seth Shulman, The Telephone Gambit: Chasing Alexander Graham Bell's Secret (New York: Norton, 2008).
[33] Evenson, Telephone Patent Conspiracy, 68–93. 34. Ibid., 80–82.
[35] Ibid., 43–47.
[36] Alexander Graham Bell, U.S. Patent 174,465, March 7, 1876, for "Improvements in telegraphy."
[37] Ibid.
[38] Patent Act of 1870, Ch. 230, 16 Stat. 198–217 (July 8, 1870), Sec. 26.
[39] Alexander Graham Bell to Mabel Hubbard Bell, January 21, 1879, box 36, Bell Papers.
[40] Evenson, Telephone Patent Conspiracy, 95–99.
[41] Bruce, Bell, 188–215.
[42] Alexander Graham Bell, U.S. Patent 186,787, January 30, 1877, for "Improvement in electric telegraphy."
[43] American Bell Telephone Company v. Overland Telephone Company of New Jersey et al., Brief for Complainants on Motion for Preliminary Injunction (Framingham, MA: Clark, 1884), 118–119; argument of J. J. Storrow in the Telephone Cases, 126 U.S. 1 (1888), 317–318.
[44] American Bell Tel. Co. v. Brown Tel. & Tel. Co., 58 F. 409 (C.C.N.D. Ill. 1893); American Bell Tel. Co. v. Western Tel. Const. Co., 58 F. 410 (C.C.N.D. Ill. 1893); American Bell Tel. Co. v. McKeesport Tel. Co., 57 F. 661 (C.C.W.D. Pa. 1893).
[45] Jeannette Mirsky and Allan Nevins, The World of Eli Whitney (New York: Macmillan, 1952), 92–110; Richard Korman, The Goodyear Story: An Inventor's Obsession and the Struggle for a Rubber Monopoly (San Francisco: Encounter Books, 2002), 104–105.
[46] Christine MacLeod, "The Paradoxes of Patenting: Invention and Its Diffusion in 18th- and 19th-Century Britain, France, and North America," Technology and Culture 32, no. 4 (1991): 887; Christine MacLeod, "Strategies for Innovation: The Diffusion of New Technology in Nineteenth-Century British Industry," Economic History Review 45, no. 2 (1992): 285–307.
[47] Carolyn C. Cooper, Shaping Invention: Thomas Blanchard's Machinery and Patent Management in Nineteenth-Century America (New York: Columbia University Press, 1991), 44; MacLeod, "Strategies for Innovation," 295–296.

[48] Steven W. Usselman, Regulating Railroad Innovation: Business, Technology, and Politics in America, 1840−1920(Cambridge: Cambridge University Press, 2002), 105−107.

[49] Harold C. Passer, The Electrical Manufacturers, 1875−1900: A Study in Competition, Entrepreneurship, Technical Change, and Economic Growth (Cambridge, MA: Harvard University Press, 1953); Steven W. Usselman, "Patents Purloined: Railroads, Inventors, and the Diffusion of Innovation in 19th-Century America," Technology and Culture 32, no. 4 (1991): 1075.

[50] John, Network Nation, 161−162. 51. Ibid., 163.

[52] Bruce, Bell, 230−231.

[53] George David Smith, The Anatomy of a Business Strategy: Bell, Western Electric and the Origins of the American Telephone Industry (Baltimore: Johns Hopkins University Press, 1985), 29−35.

[54] Hubbard summarized agency arrangements for the board of the Bell Telephone Company: "Report from Gardiner Greene Hubbard to Stockholders and Directors of the Bell Telephone Company, 1879," Bell Papers.

[55] J. J. Storrow to Russell, January 12, 1884, box 1093, AT&T Archives.

[56] United States v. United Shoe Machinery of New Jersey, 222 F. 349 (C.C.D. Mass. 1915), 359−360; Blanche Hazard, The Organization of the Boot and Shoe Industry in Massachusetts before 1875 (Cambridge, MA: Harvard University Press, 1921), 121−122; Ross Thomson, The Path to Mechanized Shoe Production in the United States (Chapel Hill: University of North Carolina Press, 1989), 160−163.

[57] Smith, Anatomy of a Business Strategy, app. C, 163−165.

[58] Scott E. Masten and Edward A. Snyder, "United States versus United Shoe Machinery Corporation: On the Merits,"Journal of Law and Economics 36, no. 1 (1993): 35−46.

[59] Frank Thomas, "The Politics of Growth: The German Telephone System," in The Development of Large Technical Systems, ed. Renate Mayntz and Thomas P. Hughes (Boulder, CO: Westview Press, 1988), 183−187; Wilfried Feldenkirchen, Werner von Siemens: Inventor and International Entrepreneur (Columbus: Ohio State University Press, 1994), 110.

[60] Israel, Machine Shop to Industrial Laboratory, 136−138; Israel, Edison, 62−65.

[61] Tosiello, Birth and Early Years, 225−228.

[62] Alexander Graham Bell to Gardiner Greene Hubbard, July 28, 1880, box 79, Bell Papers; Tosiello, Birth and Early Years, 158−159, 185.

[63] Robert W. Garnet, The Telephone Enterprise: The Evolution of the Bell System's Horizontal Structure, 1876−1909 (Baltimore: Johns Hopkins University Press, 1985), 18−20, 26−27, 38−43; Smith, Anatomy of a Business Strategy, 44−49; Robert MacDougall, The People's Network: The Political Economy of the Telephone in the Gilded Age (Philadelphia: University of Pennsylvania Press, 2013), 71−73.

[64] Tosiello, Birth and Early Years, 457.

[65] Ibid., 409; Garnet, Telephone Enterprise, 47, 52.

[66] United States v. American Bell Telephone Company, 167 U.S. 224, 243 (1897); Charles Cheever to Gardiner Greene Hubbard, February 28, 1878, box 1205, AT&T Archives; Charles H. Aldrich, The American Bell Telephone Monopoly and the Pending Legislation in Its Interest: A Memorial to the Fifty-Third Congress (Chicago: privately printed, 1894), 7.

[67] James J. Storrow and Chauncey Smith, "Briefs for Alexander Graham Bell and Francis Blake,

Jr." (1881), TI4, Edison Papers.
[68] Tosiello, Birth and Early Years, 349–353, 452–468; Garnet, Telephone Enterprise, 46–49.
[69] John, Network Nation, 164–170.
[70] David Hochfelder, "Constructing an Industrial Divide: Western Union, AT&T, and the Federal Government, 1876–1971," Business History Review 76, no. 4 (2002): 713–715; Kenneth Lipartito, The Bell System and Regional Business: The Telephone in the South, 1877–1920 (Baltimore: Johns Hopkins University Press, 1989), 49–50.
[71] Lipartito, Bell System and Regional Business, 48–51.
[72] "A List of Western Union Telephone, Etc. Patents for All Time," box 1005, AT&T Archives.
[73] Tosiello, Birth and Early Years, 486.
[74] Garnet, Telephone Enterprise, 58–61; Smith, Anatomy of a Business Strategy, 104–107.

第3章

[1] This collective term was (and still is) used for the Supreme Court's consolidated decision on all the main challenges to Bell's patent. See the Telephone Cases, 126 U.S. 1 (1888).
[2] "The Bell Telephone Suits," Scientific American, February 5, 1887, 80.
[3] Proceedings of the Bench and Bar of the Supreme Court of the United States in Memoriam Morrison R. Waite(Washington, DC: Government Printing Office, 1888), 37.
[4] The Civil Rights Cases, 109 U.S. 3 (1883); Munn v. Illinois, 94 U.S. 113 (1877).
[5] Paul David, "Heroes, Herds and Hysteresis in Technological History: Thomas Edison and 'The Battle of the Systems' Reconsidered," Industrial and Corporate Change 1, no. 1 (1992): 129–180.
[6] Joel Mokyr, The Lever of Riches: Technological Creativity and Economic Progress (Oxford: Oxford University Press, 1990), 13–14.
[7] Ibid., 292.
[8] Patent Act of 1836, Ch. 357, 5 Stat. 117 (July 4, 1836), Sec. 6.
[9] Patent Act of 1870, Ch. 230, 16 Stat. 198–217 (July 8, 1870), Sec. 26.
[10] These approaches are typically referred to respectively as "central claiming" and "peripheral claiming." Jeanne Fromer, "Claiming Intellectual Property," University of Chicago Law Review 76 (2009): 731–742.
[11] Alain Pottage and Brad Sherman, Figures of Invention: A History of Modern Patent Law (Oxford: Oxford University Press, 2010), 127–141.
[12] Warren T. Jessup, "The Doctrine of Equivalents," Journal of the Patent Office Society 54 (1972): 248; Suzanne Scotchmer, "Standing on the Shoulders of Giants: Cumulative Research and the Patent Law," Journal of Economic Perspectives 5, no.1 (1991): 30, n. 2.
[13] William K. Townsend, "Patents," in Two Centuries' Growth of American Law, 1701–1901, ed. Members of the Faculty of the Yale Law School (New York: Charles Scribner's Sons, 1901), 406; Albert H. Walker, Text-Book of the Patent Laws of the United States of America (New York: Strouse, 1883), 262–265; Simon G. Croswell, "Infringement Cases in Patent Law," Harvard Law Review 3, no. 5 (1889): 206–212.
[14] Chicago & N.W. Railway Co. v. Sayles, 97 U.S. 554, 556–557 (1878).

[15] Figures calculated from the U.S. Patent Office, Annual Report of the Commissioner of Patents for the Year 1892(Washington, DC: Government Printing Office, 1893), xii.

[16] Oren Bracha, "Geniuses and Owners: The Construction of Inventors and the Emergence of American Intellectual Property," in Transformations in American Legal History: Essays in Honor of Professor Morton J. Horwitz, ed. Daniel W. Hamilton and Alfred L. Brophy (Cambridge, MA: Harvard University Press, 2009), 369–390.

[17] Martha Woodmansee, "The Genius and the Copyright: Economic and Legal Conditions of the Emergence of the 'Author,' " Eighteenth-Century Studies 17, no. 4 (1984): 425–448; Mark Rose, Authors and Owners: The Invention of Copyright (Cambridge, MA: Harvard University Press, 1993); Oren Bracha, "The Ideology of Authorship Revisited: Authors, Markets, and Liberal Values in Early American Copyright," Yale Law Journal 118 (2008): 186–271.

[18] Brooke Hindle, Emulation and Invention (New York: Norton, 1983), 128.

[19] Thomas P. Hughes, American Genesis: A Century of Invention and Technological Enthusiasm, 1870–1970 (New York: Viking, 1989), 15–16; Merritt Roe Smith, "Technological Determinism in American Culture," in Does Technology Drive History? The Dilemma of Technological Determinism, ed. Merritt Roe Smith and Leo Marx (Cambridge, MA: MIT Press, 1994), 5–8.

[20] Catherine Fisk, Working Knowledge: Employee Innovation and the Rise of Corporate Intellectual Property, 1800–1930 (Chapel Hill: University of North Carolina Press, 2009), 109–126.

[21] Chicago & N.W. Railway Co. v. Sayles, 556.

[22] William W. Fisher, Morton J. Horwitz, and Thomas A. Reed, eds., American Legal Realism (New York: Oxford University Press, 1993).

[23] Alexander Graham Bell to Mabel Hubbard Bell, January 26, 1879, box 36, Bell Papers.

[24] "Smith, Chauncey," Dictionary of American Biography (New York: Scribner's, 1928), 17: 253–254; Robert V. Bruce, Bell: Alexander Graham Bell and the Conquest of Solitude (London: Gollancz, 1973), 268.

[25] "Storrow, James Jackson," Dictionary of American Biography, 18:99–100; Herbert Casson, The History of the Telephone (Chicago: McClurg, 1910), 101–104; Bruce, Bell, 267–268.

[26] "Colt Patent, &c. &c.," August 3, 1854, 33rd Cong., 1st Sess., H.Rep. 353, 3–5; "Death of E. N. Dickerson; Close of the Life of a Noted Lawyer," New York Times, December 13, 1889.

[27] Alexander Graham Bell to Mabel Hubbard Bell, January 22, 1879, box 36, Bell Papers. Emphasis in original.

[28] Alexander Graham Bell, U.S. Patent 174,465, March 7, 1876, for "Improvements in telegraphy."

[29] Alexander Graham Bell to Mabel Hubbard Bell, January 26, 1879, box 36, Bell Papers.

[30] Ibid.

[31] In the U.S. Circuit Court for the District of Massachusetts, Bell Telephone Company et al. v. Peter A. Dowd. Pleadings, Evidence and Exhibits (Boston, 1880).

[32] On Gray, see David A. Hounshell, "Elisha Gray and the Telephone: On the Disadvantages of Being an Expert," Technology and Culture 16, no. 2 (1975): 133–161.

[33] Rosario J. Tosiello, The Birth and Early Years of the Bell Telephone System, 1876–1880

[34] David Hochfelder, "Constructing an Industrial Divide: Western Union, AT&T, and the Federal Government, 1876—1971," Business History Review 76, no. 4 (2002): 713—715; Kenneth Lipartito, The Bell System and Regional Business: The Telephone in the South, 1877—1920 (Baltimore: Johns Hopkins University Press, 1989), 49—50.

[35] American Bell Telephone Company v. Spencer, 8 F. 509 (C.C.D. Mass. 1881); Frederick Leland Rhodes, Beginnings of Telephony (New York: Harper, 1929), 208—209.

[36] American Bell Telephone Company v. Spencer, 509—510. 37. Ibid., 511.

[38] Ibid., 512.

[39] "Important Telephone Decision," Scientific American, July 16, 1881, 32. Emphasis in original.

[40] American Bell Telephone Company v. Dolbear, 15 F. 448 (C.C.D. Mass. 1883). 41. Ibid., 453.

[42] George Carroll, "Process Patents Involving Principles of Nature," Yale Law Journal 19, no. 3 (1910): 162—179.

[43] Oren Bracha, "Owning Ideas: A History of Intellectual Property in the United States" (SJD diss., Harvard Law School, 2005), 448—488.

[44] O'Reilly v. Morse, 56 U.S. (15 How.) 62 (1854).

[45] American Bell Telephone Company v. Dolbear, 15 F. 448, 449 (C.C.D. Mass. 1883); Bracha, "Owning Ideas," 466. 46. Cochrane v. Deener, 94 U.S. 780, 787 (1876); Tilghman v. Proctor, 102 U.S. 707 (1880).

[47] Tilghman v. Proctor, 708. 48. Ibid., 723.

[49] Ibid., 726.

[50] American Bell Telephone Company v. Spencer, 511—512; American Bell Telephone Company v. Dolbear, 449. Justice Gray had not been a member of the Supreme Court at the time of the Tilghman decision.

[51] "The Reis Telephones," Scientific American, August 22, 1885, 113; "Bell Telephone Suits," 80.

[52] Lawrence M. Friedman, A History of American Law (New York: Simon and Schuster, 1973), 380; Steven W. Usselman, Regulating Railroad Innovation: Business, Technology, and Politics in America, 1840—1920 (Cambridge: Cambridge University Press, 2002), 170—171.

[53] "Bell Telephone Suits," 80. E.g., Western Union had secured reissue of the Stearns duplex twice: first just one month after purchasing it in 1873, then again in 1882. "Fighting for the Stearns Duplex," Electrical World, September 19, 1885, 118—119. See also Kendall J. Dood, "Pursuing the Essence of Inventions: Reissuing Patents in the 19th Century," Technology and Culture 32, no. 4 (1991): 1004—1008.

[54] The decisive case was Miller v. Bridgeport Brass Co., 104 U.S. 350 (1881). See also Dood, "Pursuing the Essence of Inventions," 1015—1016.

[55] Townsend, "Patents," 396.

[56] Hotchkiss v. Greenwood, 52 U.S. 248, 267 (1850); B. Zorina Khan, "Property Rights and Patent Litigation in Early Nineteenth-Century America," Journal of Economic History 55, no. 1 (1995): 72, n. 25.

[57] Atlantic Works v. Brady, 107 U.S. 192, 200 (1883).

[58] James W. Ely, The Guardian of Every Other Right: A Constitutional History of Property

[59] Arthur P. Greeley, Foreign Patent and Trademark Laws: A Comparative Study (Washington, DC: John Byrne, 1899).

[60] American Bell Telephone Company v. People's Telephone Company, 22 F. 309, 326 (C.C.S. D.N.Y. 1884).

[61] American Bell Telephone Company v. American Cushman Telephone Company, 35 F. 734 (C.C.N.D. Ill. 1888).

[62] American Bell Telephone Company v. Globe Telephone Company, 31 F. 729, 733–734 (C.C. S.D.N.Y. 1887). See also Basilio Catania, "Antonio Meucci: Telephone Pioneer," Bulletin of Science, Technology and Society 21, no. 1 (2001): 55–76; Basilio Catania, "Antonio Meucci, Inventor of the Telephone: Unearthing the Legal and Scientific Proofs," Bulletin of Science, Technology and Society 24, no. 2 (2004): 115–137.

[63] Basilio Catania, "The U.S. Government Versus Alexander Graham Bell: An Important Acknowledgment for Antonio Meucci," Bulletin of Science, Technology and Society 22, no. 6 (2002): 426–442, n. 4.

[64] Silvanus Thompson, Philipp Reis: Inventor of the Telephone (London: E. & F. N. Spon, 1883); see also the collection of articles by pro-Reis American scientists reprinted in the Telegraphic Journal and Electrical Review, January 22 and 29, 1886.

[65] Thompson, Philipp Reis, 47–48; American Bell Telephone Company v. Molecular Telephone Company, 32 F. 214, 217–218 (C.C.S.D.N.Y. 1885); A. Edward Evenson, The Telephone Patent Conspiracy of 1876: The Elisha Gray-Alexander Bell Controversy and Its Many Players (Jefferson, NC: McFarland, 2000), 158.

[66] See, e.g., "The Antecedents of the Bell Telephone," Scientific American, August 6, 1881, 83–84; In the U.S. Circuit Court for the District of New Jersey, American Bell v. Ghegan. Affidavits of Defendant, 30; Warren J. Harder, Daniel Drawbaugh: The Edison of the Cumberland Valley (Philadelphia: University of Pennsylvania Press, 1960), 70.

[67] "The Problem of the Telephone," Scientific American, February 17, 1883, 96.

[68] "The Course of Telephone Litigation," Electrical World, February 2, 1884, 36; "The Directorate of the Globe Company," Electrical World, April 5, 1884, 115; "The Telephone Cases in America," Telegraphic Journal and Electrical Review, January 24, 1885, 82; "The Telephone," Western Electrician, January 21, 1888, 35; Catania, "U.S. Government versus Alexander Graham Bell," 428.

[69] In the U.S. Circuit Court for the Southern District of New York, American Bell Telephone Company v. The People's Telephone Company et al. Evidence for Complainants (Boston, 1882), 1:85–104; In the U.S. Circuit Court for the Southern District of New York, American Bell Telephone Company v. The People's Telephone Company et al., Appendix to Complainants' Briefs (Boston, 1882), 162–165; The Telephone Cases, 126 U.S. 1, 547–552, 561 (1888).

[70] American Bell Telephone Company v. Molecular Telephone Company, 32 F. 214 (C.C.S.D. N.Y 1885); Thomas Lockwood, "Memorandum Relating to the Litigation of the Bell Patents," undated typescript, 37, 40, box 1056, AT&T Archives; Rhodes, Beginnings of Telephony, 211–213.

[71] U.S. Congress, House, Select Committee on Pan-Electric Telephone Stock, Report of the

Minority (1886), 49th Cong., 1st Sess., H. Rpt. no. 3142, 73, 84; U.S. Congress, House, Committee on Pan-Electric Telephone Company, Testimony Taken by Committee on Pan Electric Telephone Company, 49th Cong., 1st Sess., 1886, 45−51; Rhodes, Beginnings of Telephony, 217−218.

[72] "The Great Telephone Suit," Scientific American, October 4, 1884, 208−209.

[73] In the U.S. Circuit Court for the District of New Jersey, American Bell Telephone Company v. John J. Ghegan. Complainants' Moving Papers on Motion for Preliminary Injunction (Boston, 1882), 9. On the careers of Harding and Edmunds, see Albert H. Walker, "George Harding," in Great American Lawyers, ed. William Draper Lewis (Philadelphia: John C. Winston, 1909), 8:43−87; Samuel B. Hand, "Edmunds, George Franklin (1828−1919)," in American National Biography, ed. John A. Garraty and Mark C. Carnes (New York: Oxford University Press, 1999), 7:320−321.

[74] Robert Bolt, "Donald McDonald Dickinson," in Garraty and Carnes, American National Biography, 6:561−562.

[75] Donald Grier Stephenson, The Waite Court: Justices, Rulings, and Legacy (Santa Barbara, CA: ABC-CLIO, 2003),32.

[76] These details are from the following New York Times reports on the trial: "Talking About the Telephone," September 23, 1884, 8; "Fighting for the Telephone," September 24, 1884, 8; "The Telephone Claimants," September 25, 1884, 8; "Pleading for Mr. Drawbaugh," September 26, 1884, 8; "Drawbaugh's Claim," September 27, 1884, 8; "The Telephone Suits," October 1,1884, 8; "The Telephone Arguments Closed," October 3, 1884, 2.

[77] American Bell Telephone Company v. People's Telephone Company, 327.

[78] American Bell Telephone Company v. Molecular Telephone Company; American Bell Telephone Company v. National Improved Telephone Company, 27 F. 663 (C.C.E.D. La. 1886); Rhodes, Beginnings of Telephony, 212−219.

[79] "The Legal Effect of the Wallace Decision," Telegraphic Journal and Electrical Review, January 10, 1885, 34−35; Affidavit of W. Van Benthuysen, November 13, 1885, in U.S. Department of the Interior, The Telephone Case: Record (Washington, DC: Department of the Interior, 1885) (hereafter Interior Department, Telephone Case), 178; Lockwood, "Memorandum Relating to the Litigation of the Bell Patents," 44−45.

[80] Goodyear Dental Vulcanite Company v. Willis, 10 F. Cas. 754, 756 (C.C. Mich. 1874); Rhodes, Beginnings of Telephony, 212−219.

[81] U.S. Senate, "Arguments before the Committee on Patents of the Senate and House of Representatives in Support of and Suggesting Amendments to the Bills (S. no. 300 and H.R. 1620) to Amend the Statutes in Relation to Patents," 45th Cong., 2d Sess., misc. doc. no. 50, p. 140; Steven Lubar, "The Transformation of Antebellum Patent Law," Technology and Culture 32, no. 4 (1991): 954−958.

[82] Khan, "Property Rights and Patent Litigation"; Naomi R. Lamoreaux and Kenneth L. Sokoloff, "Inventors, Firms, and the Market for Technology in the Late Nineteenth and Early Twentieth Centuries," in Learning by Doing in Markets, Firms, and Countries, ed. Naomi R. Lamoreaux, Daniel M. G. Raff, and Peter Temin (Chicago: University of Chicago Press, 1999), 19−60.

[83] Edward A. Purcell, Litigation and Inequality: Federal Diversity Jurisdiction in Industrial

America, 1870–1958 (New York: Oxford University Press, 1992).

[84] American Bell Telephone Company v. Molecular Telephone Company, 216; "Another Telephone Decision," Scientific American, July 18, 1885, 32; American Bell Telephone Company v. National Improved Telephone Company, 664–665.

[85] R. L. Mahon, "The Telephone in Chicago, Brief Based on Materials Collected by Historical Committee," ms. c. 1951, box 447 04 02 / 01, AT&T Archives; Resolution of New York Board of Trade and Transportation, October 14, 1885, in Interior Department, Telephone Case, 24c–24d; "The Telephone in New England," Electrical World, May 16, 1885, 198–199.

[86] Electrical World, vols. 5 and 6, weekly listings of stock prices. Year-beginning and year-ending prices taken January 3 and December 26, 1885.

[87] W. H. Forbes to J. J. Storrow, September 13, 1884, quoted in Arthur S. Pier, Forbes: Telephone Pioneer (New York: Dodd, Mead, 1953), 149.

[88] See generally the journal Western Electrician, vols. 2 and 3, especially "The Telephone," Western Electrician, January 21, 1888, 35; R. L. Mahon, "The Telephone in Chicago."

[89] "A Million on Paper for $100 Cash," Electrical World, August 8, 1885, 59.

[90] Thomas Lockwood, "Memorandum Relating to the Litigation of the Bell Patents," 21, 40.

[91] "Bell Telephone Suits," 80; Thomas Lockwood, "Memorandum relating to the Litigation of the Bell Patents," 62.

[92] Editorial, Electrical World, March 14, 1885, 101.

[93] "Bell and the Bench," New York Herald, December 2, 1886, 3; "Remarkable Revelations," New York Herald, December 2, 1886, 6; "Hello! Hello!," New York Herald, December 3, 1886, 3; "The Bar and the Bell," New York Herald, December 3, 1886, 3.

[94] Richard White, "Information, Markets, and Corruption: Transcontinental Railroads in the Gilded Age," Journal of American History 90, no. 1 (2003): 19–43.

[95] Perkins's allegiances are far from clear. In one of his letters, he appeared to seek a quid pro quo from the attorney general in a dispute between himself and the federal court in Boston. John M. Perkins to Solicitor General Jenks, January 3, 1888, RG60.3.2, year file 1885 / 6921, box 137, folder 4, NARA. Perkins's earlier letters to Garland, dated July 1, 3, 6, and 8, 1886, are at RG60.3.2, year file 1885 / 6921, box 136, folder 2, NARA; "Hello! Hello!," 3.

[96] The proprietors and editors of the main newspapers involved gave testimony to the congressional committee investigating the Pan-Electric affair: see Committee on Pan-Electric Telephone Company, Testimony Taken by Committee, testimony of Joseph Pulitzer, Stilson Hutchins, Charles Dana, George Jones, and S. H. Clark.

[97] Ted Curtis Smythe, The Gilded Age Press, 1865–1900 (Westport, CT: Praeger, 2003).

[98] "An Odious Monopoly," New York Times, November 20, 1886, 4; John, Network Nation, 207.

[99] Committee on Pan-Electric Telephone Company, Testimony Taken by Committee, testimony of George Jones, 886.

[100] The Telephone Cases, 232–242, 246–248.

[101] Ibid., 251–257.

[102] Letters of W. C. Barney reporting on oral arguments, Letters Received, General Records of the Department of Justice, 1849–1989, RG 60.3.2, year file 1885 / 6921, box 138, folder 1,

NARA; "Bell Telephone Suits," 80.

[103] The Telephone Cases, 570.
[104] The Telephone Cases, 163–212. 105. Ibid., 329–389.
[106] Ibid., 394.
[107] Electrical World, February 19, 1887, 87; Boston Evening Transcript, quoted in "Drawbaugh Stock," Electrical World, March 5, 1887, 125.
[108] The Telephone Cases, 573 (Bradley, J., dissenting).
[109] Ibid., 576.
[110] See, e.g., Edward A. Purcell, "The Particularly Dubious Case of Hans v. Louisiana: An Essay on Law, Race, History, and 'Federal Courts,'" North Carolina Law Review 81 (2003): 1927–2059.
[111] Christopher Beauchamp, "Intellectual Property and the Politics of the Telephone Industry in the United States and Britain, 1876–1900" (PhD diss., Cambridge University, 2007), 78. Overall, Field dissented 233 times during his tenure on the Court, Harlan 380; Friedman, History of American Law, 331.
[112] Joseph Bradley, "Bell Telephone Patent Case in Supreme Court," 1887, box 13, folder 6, Joseph Bradley Papers.
[113] Steven W. Usselman and Richard R. John, "Patent Politics: Intellectual Property, the Railroad Industry, and the Problem of Monopoly," Journal of Policy History 18, no. 1 (2006): 117.
[114] Swain Turbine & Mfg. Co. v. Ladd, 102 U.S. 408, 411 (1880).
[115] Tilghman v. Proctor; see also Atlantic Works v. Brady, 107 U.S. 192 (1883).
[116] Joseph Bradley, "Bell Telephone Patent Case in Supreme Court."
[117] Webster Loom Co. v. Higgins, 105 U.S. 580, 595 (1881); Atlantic Works v. Brady, 203; Reiter v. Jones & Laughlin Ltd., 35 F. 421, 423 (C.C.W.D. Pa. 1888).
[118] Townsend, "Patents," 413; William C. Robinson, The Law of Patents for Useful Inventions, 3 vols. (Boston: Little, Brown, 1890), 1:v.

第4章

[1] Arthur P. Greeley, Foreign Patent and Trademark Laws: A Comparative Study (Washington, DC: John Byrne, 1899), 83–88.
[2] Ibid., 81; B. Zorina Khan, "Property Rights and Patent Litigation in Early Nineteenth-Century America," Journal of Economic History 55, no. 1 (1995): 73–74.
[3] A. Edward Evenson, The Telephone Patent Conspiracy of 1876: The Elisha Gray-Alexander Bell Controversy and Its Many Players (Jefferson, NC: McFarland, 2000); Seth Shulman, The Telephone Gambit: Chasing Alexander Graham Bell's Secret (New York: Norton, 2008).
[4] Watson van Benthuysen to Augustus Garland, July 12, 1885, repr. in U.S. Department of the Interior, The Telephone Case: Record (Washington, DC: Department of the Interior, 1885) (hereafter Interior Department, Telephone Case), 1–2; Memorial of McCorry, van Benthuysen, Huntington, Beckwith, and Gantt, August 26, 1885, in Interior Department, Telephone Case, 7–15.

[5] Wilber's affidavit is reproduced at Evenson, Telephone Patent Conspiracy, 167–171. 6. The Telephone Cases, 126 U.S. 1, 232–243 (1888).

[7] U.S. House of Representatives, Select Committee on Pan-Electric Telephone Stock, Report of the Minority (1886), 49th Cong., 1st Sess., H.Rep. 3142, 90.

[8] Ibid., 73–80; Richard John, Network Nation: Inventing American Telecommunications (Cambridge, MA: Harvard University Press, 2010), 205–207.

[9] John Brooks, Telephone: The First Hundred Years (New York: Harper & Row, 1976), 88–89; Kenneth Lipartito, The Bell System and Regional Business: The Telephone in the South, 1877–1920 (Baltimore: Johns Hopkins University Press, 1989), 82–84.

[10] Mowry v. Whitney, 81 U.S. 434 (1871).

[11] United States v. American Bell Telephone Company, 128 U.S. 315, 337–339 (1888).

[12] Mowry v. Whitney, 441.

[13] Attorney General v. Rumford Chemical Works, 32 F. 608 (C.C.D.R.I. 1876); United States v. Frazer, 22 F. 106 (N.D. Ill. 1884); Opinion of Judge Baxter in United States v. Curry (1879), not reported but discussed in a letter from Richards, U.S. attorney for the Southern District of Ohio, to Attorney General Charles Devens, July 25, 1879, RG60.3.2, year file 1885 / 6921, box 135, NARA.

[14] United States v. Gunning, 18 F. 511 (C.C.S.D.N.Y 1883).

[15] United States v. Colgate, 32 F. 624, 624 (C.C.S.D.N.Y 1884).

[16] United States v. Frazer, 107.

[17] Report of the Commissioner of Patents on proceedings relating to Hecker v. Rumford Chemical Works, April 1875, and briefs in the case of Attorney General v. Rumford Chemical Works, RG60.3.2, year file 1885 / 6921, box 136, NARA; Attorney General v. Rumford Chemical Works.

[18] The circumstances of the cases and of the lumbermen's response are described in "The Woodbury Patent," Scientific American, January 9, 1875, 16; "The Woodbury Patent," Scientific American, September 18, 1875, 176. Details of the government's involvement appear in the letter of J. Drew (counsel for L. Gould) to Attorney General Pierrepont, May 29, 1875, RG60.3.2, year file 1885 / 6921, box 136, NARA. The Supreme Court decided against Woodbury in Woodbury Patent Planing-Machine Company v. Keith, 101 U.S. 479 (1879).

[19] John J. McLaurin, Sketches in Crude Oil: Some Accidents and Incidents of the Petroleum Development in All Parts of the Globe (Harrisburg, PA: Author, 1896), 333–336.

[20] "Statement of General Duncan Walker in reference to the 'Roberts Torpedo' and 'Barbed Wire' cases," in Interior Department, Telephone Case, 406–420.

[21] Earl W. Hayter, "An Iowa Farmers' Protective Association: A Barbed Wire Patent Protest Movement," Iowa Journal of History and Politics 37, no. 4 (1939): 352; J. M. McFadden, "Monopoly in Barbed Wire: The Formation of the American Steel and Wire Company," Business History Review 52, no. 4 (1978): 466–470.

[22] Hans L. Trefousse, "Benjamin Franklin Butler," in American National Biography, ed. John A. Garraty and Mark C. Carnes (New York: Oxford University Press, 1999), 4:91–93; Hayter, "Iowa Farmers' Protective Association," 346.

[23] "Statement of General Duncan Walker in reference to the 'Roberts Torpedo' and 'Barbed Wire' cases," in Interior Department, Telephone Case, 418–420; Mr. Humphreys to Solicitor General Jenks, January 14, 1887, RG60.3.2, year file 1885 / 6921, box 137, NARA.

[24] Earl W. Hayter, "The Patent System and Agrarian Discontent, 1875–1888," Mississippi Valley Historical Review 34, no. 1 (1947): 59–82; Steven W. Usselman, Regulating Railroad Innovation: Business, Technology, and Politics in America, 1840–1920 (Cambridge: Cambridge University Press, 2002), 147–148.

[25] See U.S. Senate, Committee on Patents, Patent Infringements and Practice in Patent Suits (unpublished hearing, 1884), 48th Cong., 1st Sess., SPat–T.1; Usselman, Regulating Railroad Innovation, 148–149.

[26] Usselman, Regulating Railroad Innovation, 146–153.

[27] Chauncey Smith, "A Century of Patent Law," Quarterly Journal of Economics 5, no. 1 (1890): 58–59.

[28] C. A. Brown, "Revision of the Patent Law," Western Electrician, January 21, 1888, 31; "Convention of the National Electric Light Association at Pittsburgh," Western Electrician, February 25, 1888, 89–92; "Reform of the Patent System," Electrical World, April 14, 1888, 186.

[29] The three patent-cancellation bills were H.R. 6456 reported in 1880, H.R. 6512 reported 1882, and H.R. 3036 reported 1884: all copied in U.S. House of Representatives, Committee on Pan-Electric Telephone Company, Testimony Taken by Committee on Pan Electric Telephone Company (published hearing, 1886), 49th Cong., 1st Sess., H. Misc. Doc. v. 19, no. 355, 694–697.

[30] Richard Korman, The Goodyear Story: An Inventor's Obsession and the Struggle for a Rubber Monopoly (San Francisco: Encounter Books, 2002), 122.

[31] Resolution of New York Board of Trade and Transportation, October 14, 1885, Interior Department, Telephone Case, 24c–24d.

[32] Secretary of the Interior L. Q. C. Lamar to Solicitor General John Goode, January 14, 1886, RG60.3.2, year file 1885 / 6921, box 136, NARA.

[33] Committee on Pan-Electric Telephone Company, Testimony Taken by Committee, 697–699.

[34] "The Bell Telephone before the Supreme Court," Scientific American, February 19, 1887, 113.

[35] Grosvenor P. Lowrey to Allen G. Thurman, April 9, 1886, RG60.3.2, year file 1885 / 6921, box 135, NARA.

[36] "Affidavit Wilbur Dies in Denver," Electrical World, September 7, 1889, 175.

[37] Eppa Hunton and Jeff. Chandler to Solicitor General John Goode, undated 1886, RG60.3.2, year file 1885 / 6921, box 136, NARA.

[38] Grosvenor P. Lowrey to Solicitor General John Goode, June 23, 1886, RG60.3.2, year file 1885 / 6921, box 135, NARA.

[39] Grosvenor P. Lowrey to Solicitor General John Goode, February 9, 1886, RG60.3.2, year file 1885 / 6921, box 136, NARA.

[40] H. P. McIntosh to Solicitor General John Goode, February 11, 1886, RG60.3.2, year file 1885 / 6921, box 135, NARA.

[41] United States Attorney Richards to Attorney General Charles Devens, July 25, 1879, RG60.3.2, year file 1885 / 6921, box 135, NARA; Committee on Pan-Electric Telephone Company, Testimony Tak en by Committee, 458−459.

[42] United States v. American Bell Telephone Company, 29 F. 17 (C.C.S.D. Ohio 1886).

[43] United States v. American Bell Telephone Company, 32 F. 591 (C.C.D. Mass. 1887).

[44] United States v. American Bell Telephone Company, 128 U.S. 315, 335 (1888).

[45] Ibid., 367.

[46] See also Mahn v. Harwood, 112 U.S. 354, 364−365 (1884) (Miller, J., dissenting).

[47] Grosvenor P. Lowrey to Attorney General William Miller, January 26, 1890, RG60.3.2, year file 1885 / 6921, box 138, NARA.

[48] Homer Cummings and Carl McFarland, Federal Justice: Chapters in the History of Justice and the Federal Executive (New York: Macmillan, 1937), 304−305.

[49] Parker C. Chandler to unidentified government attorney, January 20, 1890, RG60.3.2, year file 1885 / 6921, box 138, NARA.

[50] Memorandum from Charles S. Whitman to Attorney General William Miller, September 26, 1893; Printed motion for extension to collect evidence, filed December 11, 1895: both in RG60.3.2, year file 1885 / 6921, box 139, NARA.

[51] Timothy R. DeWitt, "Does Supreme Court Precedent Sink Submarine Patents?," IDEA: The Journal of Law and Technology 38 (1998): 601; Steve Blount, "The Use of Delaying Tactics to Obtain Submarine Patents and Amend Around a Patent That a Competitor Has Designed Around," Journal of the Patent and Trademark Office Society 81 (1999): 13−14.

[52] Woodbury Patent Planing-Machine Company v. Keith, 482−484 (1879).

[53] Robert C. Post, Physics, Patents and Politics: A Biography of Charles Grafton Page (New York: Science History Publications, 1976), 173−180.

[54] William Greenleaf, Monopoly on Wheels: Henry Ford and the Selden Automobile Patent (Detroit: Wayne State University Press, 1961).

[55] Lemelson received his patents between 1978 and 1994, beginning a worldwide campaign of litigation in 1989. The Lemelson patents were struck down in January 2004. Hiawatha Bray, "Cognex Wins Long-Running Patent Suit," Boston Globe, January 27, 2004, F3.

[56] "A Strange Delay in the Patent Office," New York Times, March 28, 1888, 4; Kevin G. Rivette and David Kline, Rembrandts in the Attic: Unlocking the Hidden Value of Patents (Boston: Harvard Business School Press, 2000).

[57] United States of America v. American Bell Telephone Company and Emile Berliner. Brief for Appellees (no printing details given: 1896), 112−116.

[58] Drawbaugh's patent application had already been rejected once by the Patent Office, but his attorneys refused to treat the ruling as final.

[59] United States v. American Bell and Emile Berliner. Brief for Appellees, 120−143; United States of America v. American Bell Telephone Company and Emile Berliner. Brief for Appellants (Boston: Addison C. Getchell, 1896), 48−61; American Bell Telephone Company and Emile Berliner v. United States, 68 F. 542, 558 (1st Cir. 1895).

[60] United States v. American Bell and Emile Berliner. Brief for Appellees, 145−147, 151−155; United States v. American Bell and Emile Berliner. Brief for Appellants, 85−90.

[61] George David Smith, The Anatomy of a Business Strategy: Bell, Western Electric and the

Origins of the American Telephone Industry (Baltimore: Johns Hopkins University Press, 1985), 111−113; Report of Commissioner of Patents William Simonds on Kellogg's "condensed brief," December 13, 1892, RG60.3.2, year file 1892 / 11437, box 659, NARA.

[62] Solicitor General Charles H. Aldrich to Attorney General William Miller, January 31, 1893, RG60.3.2, year file 1892 / 11437, file 1381, NARA.

[63] Robert S. Taylor to Attorney General Judson Harmon, October 1, 1896, RG60.3.2, year file 1892 / 11437, file 15264, NARA.

[64] Solicitor General Charles H. Aldrich to Attorney General William Miller, January 31, 1893, RG60.3.2, year file 1892 / 11437, file 1381, NARA.

[65] Cummings and McFarland, Federal Justice, 308−309.

[66] Robert S. Taylor to Attorney General William Miller, January 26, 1893, RG60.3.2, year file 1892 / 11437, file 1062, NARA.

[67] U.S. Patent Office, Annual Report of the Commissioner of Patents for the Year 1887 (Washington, DC: Government Printing Office, 1888); "Defects in the Patent Laws," New York Times, March 30, 1888, 2.

[68] American Bell Telephone Company v. Dolbear, 15 F. 448, 453 (C.C.D. Mass. 1883).

[69] American Bell Telephone Company, Circuit Court of the United States for the First Circuit. United States of America v. American Bell Telephone Company and Emile Berliner. Brief for Defendants (Boston: Alfred Mudge, 1894), 18.

[70] United States v. American Bell Telephone Company and Emile Berliner, 65 F. 86, 88 (C.C.D. Mass. 1894).

[71] Ibid., 91.

[72] Robert S. Taylor to Attorney General Richard Olney, May 1, 1895, RG60.3.2, year file 1892 / 11437, file 6707, NARA.

[73] American Bell Telephone Company and Emile Berliner v. United States, 546.

[74] United States v. American Bell Telephone Company and Emile Berliner, 167 U.S. 224, 250 (1897). Justice Harlan dissented from the decision without writing an opinion; Justice Gray recused himself again, and Justice Wood also took no part in the case.

[75] Ibid.

[76] Herbert Hovenkamp, Mark D. Janis, and Mark A. Lemley, I.P. and Antitrust: An Analysis of Antitrust Principles Applied to Intellectual Property Law (New York: Aspen Law & Business, 2003), § 1.3c, n. 11.

[77] Henry v. A. B. Dick Company, 224 U.S. 1 (1912).

[78] Victor Talking Machine Company v. The Fair, 123 F. 424, 426 (7th Cir. 1903).

[79] See, e.g., Continental Paper Bag Company v. Eastern Paper Bag Company, 210 U.S. 405, 424−425 (1908); United States v. United Shoe Machinery Company of New Jersey, 247 U.S. 32, 57 (1918); Hartford-Empire Company v. United States, 323 U.S. 386, 433 (1945).

[80] See James McNaught, counsel for Standard Telephone Company of Madison, Wisconsin, to Attorney General Judson Harmon, September 4, 1896, RG60.3.2, year file 1892 / 11437, file 14504, NARA; Causten Browne to James McNaught, September 16, 1896, RG60.3.2, year file 1892 / 11437, file 14602, NARA; "Independent Telephone Companies Organizing," Western Electrician, May 29, 1897, 306.

[81] See, e.g., "The Effect of the Berliner Decision," Electrical World, May 15, 1897, 611−613,

"Communications," Western Electrician, May 22, 1897, 291. Other electrical authorities concurred in this view: American Electrical Engineering Association, Patented Telephony: A Review of the Patents Pertaining to Telephones and Telephonic Apparatus (Chicago: 1897), 30.

[82] Sherman Hoar to Attorney General, undated, RG60.3.2, year file 1892 / 11437, file 2270, NARA. The case in question was Miller v. Eagle Manufacturing Company, 151 U.S. 186 (1894).

[83] American Bell Telephone Company v. National Telephone Manufacturing Company, 109 F. 976 (C.C.D. Mass. 1901); American Bell Telephone Company v. National Telephone Manufacturing Company, 119 F. 893 (1st Cir. 1903).

[84] Stephen Skowronek, Building a New American State: The Expansion of National Administrative Capacities, 1877–1920 (Cambridge: Cambridge University Press, 1982).

[85] Usselman, Regulating Railroad Innovation, chap. 1; Richard R. John, "Farewell to the 'Party Period': Political Economy in Nineteenth-Century America," Journal of Policy History 16, no. 2 (2004): 117–125; Richard R. John, "Ruling Passions: Political Economy in Nineteenth-Century America," Journal of Policy History 18, no. 1 (2006).

[86] Albert H. Walker, Text-Book of the Patent Laws of the United States of America, 2nd ed. (New York: L. K. Strouse, 1889), 135–136; H. E. Weisberger, "State Control over Patent Rights and Patented Articles," Journal of the Patent Office Society 20 (1938): 246–248.

[87] Bement v. National Harrow Company, 186 U.S. 70, 91 (1902); A. Andrew Hauk, "Antitrust, Patents and Industrial Control: A Concretized Study in Public Regulation of Business" (JSD diss., Yale University School of Law, 1942), 116–142; Floyd L. Vaughan, The United States Patent System: Legal and Economic Conflicts in American Patent History (Norman: University of Oklahoma Press, 1956), 39–43.

[88] Vaughan, United States Patent System, 46–49, 177–182.

第5章

[1] U.S. Patent Office, Annual Report of the Commissioner of Patents for the Year 1877 (Washington, DC: Government Printing Office, 1878).

[2] The 1865 Patent Law Commission found that foreigners were responsible for approximately one-fifth of all applications—not issued patents—in 1852–1863. Stephen Van Dulken, British Patents of Invention, 1617–1977: A Guide for Researchers (London: The British Library, 1999), 87–88. The 1867–1869 data come from the Report of the Select Committee on Letters Patent, PP 1871 (368) X 603, 203. The 1884 data come from the Annual Report of the Commissioner of Patents for 1887, 5.

[3] Robert H. Rines, "Some Areas of Basic Difference between United States Patent Law and That of the Rest of the World—and Why," IDEA: The Journal of Law and Technology 28, no. 1 (1987): 5–7.

[4] Affidavit of J. Gordon Brown, undated, included in folder "Letters from James J. Storrow to Edward B. Brown, from May 12, 1887, to November 10, 1888," box 272, Bell Papers.

[5] Robert V. Bruce, Bell: Alexander Graham Bell and the Conquest of Solitude (London:

Gollancz, 1973), 162–166; A. Edward Evenson, The Telephone Patent Conspiracy of 1876: The Elisha Gray-Alexander Bell Controversy and Its Many Players (Jefferson, NC: McFarland, 2000), 59–64.

[6] British Patent 4,765 of 1876, issued to William Morgan-Brown for "Electric telephony." The numbering of British patents began again at the beginning of each year, rather than forming a continuous numbered series as in the United States. As a communication from abroad, the first British telephone patent was issued in Morgan Brown's name rather than in Bell's.

[7] Martin Daunton, Royal Mail: The Post Office Since 1840 (London: Athlone Press, 1985), 319.

[8] "The Quadruplex System in England," Telegraphic Journal and Electrical Review, September 1, 1878, 363.

[9] E. C. Baker, Sir William Preece, F. R. S.: Victorian Engineer Extraordinary (London: Hutchinson, 1976), 162–171, 176.

[10] Chief Engineer to Secretary of the Post Office, October 2, 1877, POST 30 / 330 / 2, BT Archives.

[11] William Preece to Edward Graves, September 19, 1877, and memorandum by Graves, September 19, 1877, POST 30 / 330 / 3, BT Archives.

[12] "The Inventor and the Official," Telegraphic Journal and Electrical Review, February 15, 1879, 68–69.

[13] Memorandum by Graves, September 19, 1877, BT Archives, POST 30 / 330 / 3.

[14] Chief Engineer to Secretary of the Post Office, December 5, 1877, BT Archives, POST 30 / 330 / 2; "Proposed arrangement with Colonel Reynolds for supply. Treasury withhold sanction pending expression of opinion by Law Officers," February–March 1878, BT Archives, POST 30 / 330 / 9.

[15] F. G. C. Baldwin, The History of the Telephone in the United Kingdom (London: Chapman & Hall, 1925), 14–15; Bruce, Bell, 241–242.

[16] Sir William Thomson to Alexander Graham Bell, August 30, 1877, box 128, Bell Papers.

[17] Bruce, Bell, 243–244.

[18] This agreement stated that until the second payment the balance of ownership should stand at 55 percent for Bell and Reynolds, 45 percent for the investors. It seems that the second installment may not have been paid, since in October 1879 the patentees' stake stood at 55 percent. Alexander Graham Bell to Gardiner Greene Hubbard, July 28, 1880, box 79, Bell Papers.

[19] F. Warner to Alexander Melville Bell, March 23, box 5, 1878, Bell Papers.

[20] "Summary of Capital and Shares in the Telephone Company Limited, 23 December 1878," BT 31 / 2433 / 12331, UKNA. Some details of the directorate in 1879 appear in Gardiner Greene Hubbard to Alexander Graham Bell and Mabel Hubbard Bell, August 11, 1879, box 79, Bell Papers and Gardiner Greene Hubbard to Alexander Graham Bell and Mabel Hubbard Bell, October 28, 1879, box 79, Bell Papers.

[21] Charles A. Jones, "Great Capitalists and the Direction of British Overseas Investment in the Late Nineteenth Century: The Case of Argentina," Business History 22, no. 2 (1980): 154–156.

[22] Gardiner Greene Hubbard to Alexander Graham Bell and Mabel Hubbard Bell, October 28, 1879, box 79, Bell Papers.

[23] Gardiner Greene Hubbard to Alexander Graham Bell and Mabel Hubbard Bell, August 11, 1879, box 79, Bell Papers.
[24] Alexander Graham Bell to the Directors of the Telephone Company, Limited, July 25, 1878, box 271, Bell Papers.
[25] Ibid.
[26] Gardiner Greene Hubbard to Alexander Graham Bell and Mabel Hubbard Bell, August 11, 1879, box 79, Bell Papers; Gardiner Greene Hubbard to Alexander Graham Bell and Mabel Hubbard Bell, October 28, 1879, box 79, Bell Papers; Alexander Graham Bell to the Directors of the Telephone Company, Limited, October 15, 1878, quoted in Bruce, Bell, 245.
[27] Gardiner Greene Hubbard to Alexander Graham Bell, April 18, 1879, box 79, Bell Papers.
[28] Gardiner Greene Hubbard to Alexander Graham Bell and Mabel Hubbard Bell, August 11, 1879, box 79, Bell Papers.
[29] Ibid.
[30] Gardiner Greene Hubbard to Alexander Graham Bell and Mabel Hubbard Bell, October 28, 1879, box 79, Bell Papers.
[31] George Bernard Shaw, The Irrational Knot (London: Archibald Constable, 1905), ix–x.
[32] Agreement between Western Union and Thomas Edison, May 31, 1878, HM 78, Edison Papers.
[33] Menlo Park was the location of Edison's laboratory in New Jersey. He gained the moniker "the Wizard of Menlo Park" in 1878 during publicity surrounding the invention of the phonograph. See Paul Israel, Edison: A Life of Invention (New York: Wiley, 1998), 147.
[34] Israel, Edison, 148–149, 185.
[35] Thomas Edison to George Gouraud, June 24, 1878, LB003, Edison Papers.
[36] George Gouraud to Thomas Edison, January 18, 1879, D7941, Edison Papers.
[37] Arnold White to Thomas Edison, May 13, 1879, D7941, Edison Papers.
[38] "Edison Telephone Company of London, Ltd., List of Stockholders," June 28, 1879, D7941, Edison Papers; George Gouraud to Thomas Edison, June 28, 1879, D7941, Edison Papers.
[39] Edison Telephone Company of London, Ltd., Memorandum and Articles of Association, August 2, 1879, D7941, Edison Papers.
[40] "Edison's Patents for Loud-Speaking Telephones. Agreement between Thomas Edison and Edward Pleydell Bouverie et al., July 14, 1879," D7941, Edison Papers.
[41] George Gouraud to Thomas Edison, June 27, 1879, D7941, Edison Papers; Edward Johnson to Thomas Edison, July 20, 1879, D7941, Edison Papers.
[42] "Agreement between Edison and Edison Telephone Company of London on Provincial Development," July 2, 1879, D7941, Edison Papers; George Gouraud to Thomas Edison, July 4, 1879, D7941, Edison Papers.
[43] George Gouraud to Thomas Edison, July 8, 1879, D7941, Edison Papers.
[44] "Edison's Patents for Loud-speaking Telephones. Agreement between Thomas Edison and Edward Pleydell Bouverie et al."
[45] George Gouraud to Thomas Edison, July 14, 1879, Edison Papers, D7941, Edison Papers; Thomas Edison to George Gouraud, July 21, 1879, HM79, Edison Papers.
[46] Edward Johnson to Charles Batchelor, October 21, 1879, D7941, Edison Papers.
[47] Edward Johnson to Thomas Edison, December 28, 1879, D7941, Edison Papers; Edward

Johnson to Thomas Edison, February 27, 1880, D8049, Edison Papers.

[48] Baldwin, History of the Telephone, 32–34.

[49] Gardiner Greene Hubbard to Alexander Graham Bell and Mabel Hubbard Bell, August 11, 1879, box 79, Bell Papers; Edward Johnson to Thomas Edison, September 30, 1879, D7941, Edison Papers.

[50] George Gouraud to Thomas Edison, April 9 and 10, 1879, D7941, Edison Papers; Baldwin, History of the Telephone, 27, 33–35, 119.

[51] Edward Johnson to Thomas Edison, March 22, 1880, D8049, Edison Papers.

[52] Shaw, Irrational Knot, ix–x.

[53] The progress of this case is detailed in "Attorney General v. Edison Telephone Company. Notes and Statements of Proceedings," POST 30 / 398, BT Archives.

[54] Arnold White to Edward Johnson, December 21, 1879, D7941, Edison Papers.

[55] Edward Johnson to Thomas Edison, December 28, 1879, D7941, Edison Papers.

[56] Edward Johnson to Thomas Edison, November 17 and December 23, 1879, Edison Papers, D7941.

[57] DeLancey Horton Louderback to Thomas Edison, December 18, 1879, D7941, Edison Papers.

[58] "Mr Sanford or Hanford"—possibly the patent agent T. H. Handford. Thomas Edison to George Gouraud, December 24, 1879, D7941, Edison Papers.

[59] Edison's marginalia on DeLancey Horton Louderback to Thomas Edison, December 18, 1879, D7941, Edison Papers.

[60] Edward Johnson to Thomas Edison, February 19, 1880, D8049, Edison Papers.

[61] Ibid.

[62] Edward Johnson to Thomas Edison, February 19 and 27, 1880, D8049, Edison Papers.

[63] "Edison Telephone Company—Memorandum," undated (February 1880), D8049, Edison Papers; Edward Johnson to Thomas Edison, April 5, 1880, D8049, Edison Papers.

[64] Edward Johnson to Charles Batchelor, October 19, 1879, D7941, Edison Papers; Edward Johnson to Thomas Edison, February 21 and 27, March 4, 1880, D8049, Edison Papers.

[65] Arnold White to Edward Johnson, April 1, 1880, D8049, Edison Papers; Edward Johnson to Thomas Edison, April 1, 1880, D8049, Edison Papers.

[66] List of United Telephone Company shareholders, August 23, 1881, BT 31 / 2661 / 14163, UKNA.

[67] See W. Bernard Carlson, "Entrepreneurship in the Early Development of the Telephone: How Did William Orton and Gardiner Hubbard Conceptualize This New Technology?," Business and Economic History 23, no. 2 (1994): 161–192.

[68] For a review of the "electrical toy" theme in the American literature, see David Hochfelder, "Constructing an Industrial Divide: Western Union, AT&T, and the Federal Government, 1876–1971," Business History Review 76, no. 4 (2002): 708–710. On the attitude of the Post Office, see Charles R. Perry, The Victorian Post Office: The Growth of a Bureaucracy (Woodbridge, UK: Boydell Press for the Royal Historical Society, 1992).

[69] Naomi R. Lamoreaux and Kenneth L. Sokoloff, "Inventors, Firms, and the Market for Technology in the Late Nineteenth and Early Twentieth Centuries," in Learning by Doing in Markets, Firms, and Countries, ed. Naomi R. Lamoreaux, Daniel M. G. Raff, and Peter Temin (Chicago: University of Chicago Press, 1999), 35–37, table 1.7.

[70] See for example Nathan Rosenberg and Claudio Frischtak, eds., International Technology Transfer: Concepts, Measures, and Comparisons (New York: Praeger, 1985); David J. Jeremy, ed., The Transfer of International Technology: Europe, Japan and the USA in the Twentieth Century (Aldershot, UK: Edward Elgar, 1992).

[71] For studies describing the international diffusion of telephone technology without reference to national patent situations, see James Foreman-Peck, "International Technology Transfer in Telephony, 1876–1914," in International Technology Transfer: Europe, Japan and the USA, 1700–1914, ed. David J. Jeremy (Aldershot, UK: Edward Elgar, 1991), 122–152; Helge Kragh, "Transatlantic Technology Transfer: The Reception and Early Use of the Telephone in the USA and Europe," in European Historiography of Technology, ed. Dan Ch. Christensen (Odense, Denmark: Odense University Press, 1993), 68–90.

[72] Pierre Aulas, Les Origines du Téléphone en France, 1876–1914 (Paris: Association pour le Développement de l'Histoire-conomique, 1999); Robert D. MacDougall, The People's Network: The Political Economy of the Telephone in the Gilded Age (Philadelphia: University of Pennsylvania Press, 2013).

[73] Wilfried Feldenkirchen, Werner von Siemens: Inventor and International Entrepreneur (Columbus: Ohio State University Press, 1994), 149–150; Werner Siemens to Alexander Graham Bell, November 29, 1877, quoted in Wolfgang Mache, "Reis-Telefon (1861/64) und Bell-Telefon (1875/77): Ein Vergleich," Hessische Bl-tter für Volks- und Kulturforschung 24 (1989): 49–50.

[74] E. Feyerabend, 50 Jahre Fernsprecher in Deutschland 1877–1927 (Berlin: Reichspostministerium, 1927).

[75] Artur Attman, Jan Kuuse, and Ulf Olsson, L. M. Ericsson 100 Years, vol. 1, The Pioneering Years, Struggle for Concessions, Crisis, 1876–1932 (Stockholm: L. M. Ericsson, 1977), 47–109; Christian Jacobaeus, L. M. Ericsson 100 Years, vol. 3, Evolution of the Technology, 1876–1976 (Stockholm: L. M. Ericsson, 1977), 417; Claes-Fredrik Helgesson, Making a Natural Monopoly: The Configuration of a Techno-Economic Order in Swedish Telecommunications (Stockholm: Stockholm School of Economics and the Economic Research Institute, 1999).

[76] Herbert Laws Webb, The Development of the Telephone in Europe (London: Electrical Press, 1911); Foreman-Peck, "International Technology Transfer"; Kragh, "Transatlantic Technology Transfer." On the absence of patent protections in the Netherlands and Switzerland, see E. Schiff, Industrialization without National Patents: The Netherlands, 1869–1912, Switzerland, 1850–1907 (Princeton, NJ: Princeton University Press, 1971).

[77] Alexander Graham Bell to Gardiner Greene Hubbard, July 28, 1880, box 79, Bell Papers; Foreman-Peck, "International Technology Transfer," 133–134.

[78] Gardiner Greene Hubbard to Alexander Graham Bell, January 8, 1881, box 79, Bell Papers; "The Oriental Telephone Company (Limited)," Telegraphic Journal and Electrical Review, January 7, 1882, 16.

第6章

[1] J. E. Kingsbury, The Telephone and Telephone Exchanges: Their Invention and Development (London: Longmans, Green, 1915), 191, n. 2.

[2] Ibid., 517.

[3] On contemporary regard for Manzetti, see "Monument to 'The Inventor of the Telephone,'" Telegraphic Journal and Electrical Review, July 16, 1886, 68.

[4] "Telephonic Litigation in America," Telegraphic Journal and Electrical Review, June 20, 1885, 558.

[5] Hullet v. Hague, 2 B. & Ad. 370, 377 (1831), quoted in William M. Hindmarch, A Treatise on the Law Relative to Patent Privileges for the Sole Use of Inventions (London: Stevens, Norton and Benning, 1846), 120; Robert Frost, A Treatise on the Law and Practice Relating to Letters Patent for Inventions (London: Stevens & Haynes, 1891), 217–218, 395; H. I. Dutton, The Patent System and Inventive Activity During the Industrial Revolution, 1750–1852 (Manchester: Manchester University Press, 1984), 77–80.

[6] Charles Dickens, "A Poor Man's Tale of a Patent," Household Words, October 19, 1850, repr. in The Works of Charles Dickens, vol. 34 (New York: Scribner's, 1900), 113–119.

[7] Adrian Johns, Piracy: The Intellectual Property Wars from Gutenberg to Gates (Chicago: University of Chicago Press, 2010), 260–261.

[8] Klaus Boehm and Aubrey Silberston, The British Patent System, vol. 1: Administration (Cambridge: Cambridge University Press, 1967), 19–20, 29–30; Christine MacLeod, Jennifer Tann, James Andrew, and Jeremy Stein, "Evaluating Inventive Activity: The Cost of Nineteenth-Century UK Patents and the Fallibility of Renewal Data," Economic History Review 56, no. 3 (2003): 537–562.

[9] John Hewish, Rooms Near Chancery Lane: The Patent Office under the Commissioners, 1852–1883 (London: British Library, 2000).

[10] Victor M. Batzel, "Legal Monopoly in Liberal England: The Patent Controversy in the Mid-Nineteenth Century," Business History 22, no. 2 (1980): 189–202; Moureen Coulter, Property in Ideas: The Patent Question in Mid-Victorian Britain (Kirksville, MO: Thomas Jefferson University Press, 1991); Johns, Piracy, 262–264.

[11] Isambard Kingdom Brunel, "Memorandum for Evidence before the Select Committee of the House of Lords on the Patent Laws, 1851," quoted in Christine MacLeod, Heroes of Invention: Technology, Liberalism and British Identity, 1750–1914 (Cambridge: Cambridge University Press, 2007), 265; Batzel, "Legal Monopoly," 191.

[12] Johns, Piracy, 263–264.

[13] Fritz Machlup and Edith Penrose, "The Patent Controversy in the Nineteenth Century," Journal of Economic History 10, no. 1 (1950): 4–5; Johns, Piracy, 267.

[14] Johns, Piracy, 270–271.

[15] MacLeod, Heroes of Invention, 251–264. 16. Ibid., 1–3, 91–131.

[17] Christine MacLeod, "Concepts of Invention and the Patent Controversy in Victorian Britain," in Technological Change: Methods and Themes in the History of Technology, ed. Robert

[18] Fox (Amsterdam: Harwood Academic Press, 1996), 137–153.
[18] Ibid., 141–147; Johns, Piracy, 272–273.
[19] Johns, Piracy, 283.
[20] Annual Report of the Commissioner of Patents for 1906 (London: 1907).
[21] W. R. Cornish, Intellectual Property: Patents, Copyright, Trade Marks and Allied Rights (London: Sweet & Maxwell, 1981), 83.
[22] Brian Abel-Smith and Robert Stevens, Lawyers and the Courts: A Sociological Study of the English Legal System 1750–1965 (Cambridge, MA: Harvard University Press, 1967), 51, 85–89; A. H. Manchester, A Modern Legal History of England and Wales, 1750–1950 (London: Butterworths, 1980), 149–150.
[23] House of Commons, Report from the Select Committee on Letters Patent, PP 1871 (368) X 603 (hereafter "Select Committee on Patents, 1871"), app. 3, 202.
[24] Ibid., 97.
[25] Frederick J. Bramwell, "The Society of Arts Patent Bill," Journal of the Society of Arts, September 30, 1881, p. 811.
[26] Reports of Patent Cases, vols. 1–18 (London: Patent Office, 1884–1902).
[27] Dirk Van Zyl Smit, "Professional Patent Agents and the Development of the English Patent System," International Journal of the Sociology of Law 13 (1985): 88–89.
[28] Richard Webster (Lord Alverstone), Recollections of Bar and Bench (London: Edward Arnold, 1914), 186.
[29] Hugh Fletcher Moulton, The Life of Lord Moulton (London: Nisbet, 1922); A. B. Schofield, Dictionary of Legal Biography, 1845–1945 (Chichester, UK: Barry Rose, 1998), 48, 72; Nathan Wells, "Davey, Horace, Baron Davey (1833–1907)," Oxford Dictionary of National Biography (Oxford: Oxford University Press, 2004) (hereafter ODNB); T. M. Goodeve, Abstract of Reported Cases Relating to Letters Patent for Inventions (London: Henry Sweet, 1876), title page.
[30] F. D. Mackinnon, "Webster, Richard Everard, Viscount Alverstone (1842–1915)," rev. N. G. Jones, ODNB.
[31] "The Edison and Brush Appeal," Telegraphic Journal and Electrical Review, February 22, 1889, 198.
[32] Thomas Terrell, The Law and Practice relating to Letters Patent for Inventions, 2nd ed. (London: Sweet & Maxwell, 1889), vii; Webster, Recollections of Bar and Bench, 186–187.
[33] Moulton, Life of Lord Moulton, 46.
[34] Terrell, Law and Practice relating to Letters Patent, vii; Stathis Arapostathis and Graeme Gooday, Patently Contestable: Electrical Technologies and Inventor Identities on Trial in Britain (Cambridge, MA: MIT University Press, 2013), 78.
[35] Westinghouse v. Lancashire and Yorkshire Railway Company, 1 R. P. C. 98, 103 (1884).
[36] "J. A. S.," "Patent Law," Telegraphic Journal and Electrical Review, September 24, 1886, 320; Henry Trueman Wood, "Sir Frederick Bramwell," in Dictionary of National Biography, 2nd supp. (New York: Macmillan, 1913), 213–216; Moulton, Life of Lord Moulton, 47; B. P. Cronin, "Bramwell, Sir Frederick Joseph, Baronet (1818–1903)," ODNB.
[37] Arapostathis and Gooday, Patently Contestable, 69–71.
[38] J. M. Rigg, "Jessel, Sir George (1824–1883)," Dictionary of National Biography, ed. Sidney

Lee (New York: Macmillan, 1892), 29:368.

[39] Terrell, Law and Practice relating to Letters Patent, vii; Iwan Rhys Morus, "Grove, Sir William Robert (1811–1896)," ODNB.

[40] Alexander Graham Bell to Eliza Simmons Bell, October 25, 1876, box 27, Bell Papers.

[41] British Patent 4,765 of 1876, issued to William Morgan-Brown for "Electric telephony," 13.

[42] Alexander Graham Bell to Eliza Simmons Bell, October 25, 1876, box 27, Bell Papers.

[43] "The British Association," Engineering, September 15, 1876, 242.

[44] "Experiments in Telephony," English Mechanic, August 11, 1876, 551.

[45] Morgan-Brown's Disclaimer and Memorandum of Alteration, February 13, 1878 (British Patent 4,765* of 1876).

[46] British Patent 2,909 of 1877, issued to Thomas Edison for "Controlling by sound the transmission of electric currents and the reproduction of corresponding sounds at a distance."

[47] British Patent 2,396 of 1878, issued to Thomas Edison for "Telephones and apparatus employed in electric circuits."

[48] Edward Johnson to Thomas Edison, September 19, 1879, D7941, Edison Papers.

[49] Edward Johnson to Thomas Edison, October 30, 1879, D7941, Edison Papers.

[50] Disclaimer and Memorandum of Alteration of Thomas Edison, February 10, 1880 (British Patent 2,909* of 1877).

[51] The Edison interests began, but did not complete, infringement proceedings over the Blake instrument, manufactured for the Telephone Company by the India Rubber, Gutta Percha and Telegraph Works Company. Edison Telephone Company of London v. India Rubber Co., L. R. 17 Ch. D. 137 (1881).

[52] Disclaimer and Memorandum of Alteration of the United Telephone Company, June 13, 1881 (British Patent 2,909** of 1877).

[53] Disclaimer and Memorandum of Alteration of the United Telephone Company, August 17, 1882 (British Patent 2,909*** of 1877). Justice Fry's opinion holding the Edison patent invalid is at United Telephone Company v. Harrison, Cox-Walker & Co., L. R. 21 Ch. D. 720, 745–747 (1882).

[54] This point holds despite the fact that Edison's patent was later voided. Bell's problems of prior publication were well known and potentially fatal. The flaw in Edison's grant could be and was removed by disclaimer.

[55] Edward Johnson to Thomas Edison, November 17, 1879, D7941, Edison Papers.

[56] "Professor D. E. Hughes's Telephone, Microphone and Thermopile," Engineer, May 17, 1878, 343.

[57] See, e.g., the letter signed "Right v. Might," Telegraphic Journal and Electrical Review, February 25, 1882, 143. For critical commentary on the proliferation of electrical patents and attendant litigation, see "The Infringement of Patent Rights," Telegraphic Journal and Electrical Review, November 1, 1879, 347–348; "Patents," Telegraphic Journal and Electrical Review, March 15, 1880, 95.

[58] E. C. Baker, Sir William Preece, F. R. S.: Victorian Engineer Extraordinary (London: Hutchinson, 1976), 196.

[59] F. G. C. Baldwin, The History of the Telephone in the United Kingdom (London: Chapman & Hall, 1925), 447.

[60] Ibid., 102–103.

[61] For the full record of the Maclean case, see Telegraphic Journal and Electrical Review, January 28, 1882, 65–70; February 4, 1882, 74–82; February 11, 1882, 98–106; February 18, 1882, 117–122; February 25, 1882, 136–139; March 4, 1882, 154–157. The Harrison, Cox-Walker case appears at ibid., May 6, 1882, 327–332; May 13, 1882, 350–352; May 20, 1882, 368–370; May 27, 1882, 377–386.

[62] "United Telephone Company v. D. & G. Graham," Telegraphic Journal and Electrical Review, March 15, 1881, 103; "Agreement and Indenture between D. & G. Graham and David Graham Junior and the Provincial Telephone Company (Limited) and the National Telephone Company (Limited), May 1881," BT31 / 2765 / 15066, UKNA; "United Telephone Company v. Moseley & Sons," Telegraphic Journal and Electrical Review, August 1, 1881, 295; Telegraphic Journal and Electrical Review, November 5, 1881, 454.

[63] "The United Telephone Company v. Alexander Maclean, Edinburgh," Telegraphic Journal and Electrical Review, January 7, 1882, 12. The first infringement suit under the Bell patent began in March 1878, but appears to have been settled after the denial of a motion for preliminary injunction. "The Bell Telephone," Telegraphic Journal and Electrical Review, March 15, 1878, 109.

[64] "The United Telephone Company v. Alexander Maclean, Edinburgh," Telegraphic Journal and Electrical Review, January 7, 1882, 12; Letter Signed "Anti-Humbug," Telegraphic Journal and Electrical Review, January 21, 1882, 46–47.

[65] "The Telephone Case," Telegraphic Journal and Electrical Review, January 28, 1882, 66.

[66] "United Telephone Company v. Maclean," Telegraphic Journal and Electrical Review, February 11, 1882, 93.

[67] Edward Johnson to Thomas Edison, July 20, 1879, D7941, Edison Papers.

[68] Testimony of Sir Frederick Bramwell, "The Telephone Case," Telegraphic Journal and Electrical Review, January 28, 1882, 68; Opinion of Lord McLaren in ibid., March 4, 1882, 155.

[69] "The Telephone Case," Telegraphic Journal and Electrical Review, March 4, 1882, 155.

[70] Ibid., 155–156.

[71] Argument of Mr. Mackintosh, "The Telephone Case," Telegraphic Journal and Electrical Review, February 18, 1882, 121.

[72] See, e.g., "Recent Improvements in Telephones," Engineering, May 9, 1879, 387–388; J. Munro, "New Telephone Transmitters," Electrician, March 17, 1883, 425–428; Shelford Bidwell, "On Microphonic Contacts," Journal of the Society of Telegraph Engineers and Electricians 12, no. 48 (1883): 173–204, with discussion 208–240.

[73] "The Telephone Case," Telegraphic Journal and Electrical Review, March 4, 1882, 155–156.

[74] Ibid., 157.

[75] Ibid.

[76] "United Telephone Company v. Maclean," Telegraphic Journal and Electrical Review, February 11, 1882, 93.

[77] Telegraphic Journal and Electrical Review, May 27, 1882, 386.

[78] London and Globe Telephone and Maintenance Company, Ltd., Memorandum and Articles of Association; Additional Agreements to Purchase Patents in May, June and August 1882, BT31 / 2928 / 16324, UKNA; "City Notes—London and Globe Telephone Company,"

Telegraphic Journal and Electrical Review, July 7, 1883, 15-16.

[79] On the London and Globe's acquisition of the Hunnings patent, see "Telephonic Litigation," Telegraphic Journal and Electrical Review, June 24, 1882, 464-465; Baldwin, History of the Telephone, 73-74.

[80] Baldwin, History of the Telephone, 449-450; M. D. Fagen, ed., A History of Engineering and Science in the Bell System: The Early Years, 1875-1925 (New York: Bell Telephone Laboratories, 1975), 74-78.

[81] "The Telephone Case," Telegraphic Journal and Electrical Review, May 27, 1882, 382.

[82] Ibid., 384.

[83] Ibid., 384-385.

[84] Baldwin, History of the Telephone, 72.

[85] "The United Telephone Co. v. Harrison, Cox-Walker & Co.," Telegraphic Journal and Electrical Review, February 10, 1883, 115.

[86] Arguments in the case appear in the Telegraphic Journal and Electrical Review, July 18, 1885, 48-56; July 25, 1885, 72-79; August 1, 1885, 97-102; August 8, 1885, 121-124; August 15, 1885, 146-150. Although Mr. Justice North rendered a verdict on August 12, 1885, he did not make the reasons for his judgment available until March 27, 1886; see Telegraphic Journal and Electrical Review, April 2, 1886, 302-305.

[87] "United Telephone Company, Ltd. v. Bassano and Slater," Telegraphic Journal and Electrical Review, July 2, 1886, 13-14.

[88] J. Munro, "Some Thoughts about the Telephone," Telegraphic Journal and Electrical Review, October 3, 1885, 290-291.

[89] Times, July 6, 1886, 7; July 7, 1886, 6; July 17, 1886, 7; July 22, 1886, 4; August 17, 1886, 10.

[90] Arapostathis and Gooday, Patently Contestable, 185-191.

[91] "The Edison and Brush Appeal," Telegraphic Journal and Electrical Review, February 22, 1889, 198-199.

[92] Times editorial, July 7, 1886, 11.

[93] "English Telephone Patents," Telegraphic Journal and Electrical Review, July 2, 1886, 1.

[94] Pall Mall Gazette, March 30, 1886, 3.

[95] Letter of S. P. Thompson, Times, August 17, 1886, 10.

[96] Telegraphic Journal and Electrical Review, May 27, 1882, 383; "The United Telephone Company v. Harrison, Cox-Walker & Co.," Telegraphic Journal and Electrical Review, February 10, 1883, 114.

[97] Telegraphic Journal and Electrical Review, May 27, 1882, 383; "The United Telephone Company v. Harrison, Cox-Walker & Co.," Telegraphic Journal and Electrical Review, February 10, 1883, 113.

[98] "Important Telephone Patent Case," Telegraphic Journal and Electrical Review, August 15, 1885, 147.

[99] Ibid.

[100] Otto v. Linford, 46 L. T. 35, 39 (1881).

[101] "What Is a Filament?," Telegraphic Journal and Electrical Review, February 11, 1887, 121. See also James Roberts, The Grant and Validity of British Patents for Inventions (London:

[102] Proctor v. Bennis, 4 R. P. C. 333 (1887), esp. the opinion of Lord Bowen at 359; Robert Frost, A Treatise on the Law and Practice Relating to Letters Patent for Inventions, 2nd ed. (London: Stevens & Haynes, 1898), 490.

[103] James Johnson, The Patentee's Manual: A Treatise on the Law and Practice of Patents for Inventions, 6th ed. (London: Longmans, Green, 1890), 241–247.

[104] Opinion of Lord Chelmsford in Harrison v. Anderston Foundry Co., L. R. 1 App. Cas. 574, 580 (1876).

[105] W. R. Cornish and G. de N. Clark, Law and Society in England, 1750–1950 (London: Sweet & Maxwell, 1989), 282.

[106] P. S. Atiyah, The Rise and Fall of Freedom of Contract (Oxford: Clarendon Press, 1979), 388–389, 660–662; Steve Hedley, "Words, Words, Words: Making Sense of Legal Judgments, 1875–1940," in Law Reporting in Britain, ed. Chantal Stebbings (London: Hambledon Press, 1995), 169–186.

[107] Lister v. Norton, 3 R. P. C. 199, 203 (1886).

[108] "Patent Law Amendment Bill," Journal of the Society of Arts, December 9, 1881, 78.

[109] Clark v. Adie, L. R. 2 App. Cas. 315, 320 (1873).

[110] MacLeod, "Concepts of Invention," 140–141.

[111] H. G. Fox, Monopolies and Patents: A Study of the History and Future of the Patent Monopoly (Toronto: University of Toronto Press, 1947), 238.

[112] Clare Pettitt, Patent Inventions: Intellectual Property and the Victorian Novel (Oxford: Oxford University Press, 2004), 31–33; MacLeod, Heroes of Invention.

[113] "The Edison and Brush Appeal," Telegraphic Journal and Electrical Review, February 22, 1889, 198.

[114] Edward Manson, The Builders of Our Law during the Reign of Queen Victoria (London: Horace Cox, 1895), 161.

[115] "The Telephone Case," Telegraphic Journal and Electrical Review, April 2, 1886, 302–303.

[116] Letter of S. P. Thompson, Times, July 6, 1886, 7.

[117] Select Committee on Patents, 1871, 16.

[118] Speech of Mr. Samuelson, Parliamentary Debates, 3rd series, vol. 278, col. 370, April 16, 1883.

[119] Letter of Prof. George Forbes, Times, July 22, 1886, 4. See also James Swinburne, "The Edison Filament Case," Telegraphic Journal and Electrical Review, August 6, 1886, 129.

第7章

[1] The Telephone Cases, 126 U.S. 1, 276 (1888).

[2] Tim Wu, The Master Switch: The Rise and Fall of Information Empires (New York: Vintage, 2011).

[3] Jonas Warren Stehman, The Financial History of the American Telephone and Telegraph Company (Boston: Houghton Mifflin, 1925), 51.

[4] Richard R. John, Network Nation: Inventing American Telecommunications (Cambridge,

MA: Belknap Press of Harvard University Press, 2010), 272, 386−395; Robert D. MacDougall, The People's Network: The Political Economy of the Telephone in the Gilded Age (Philadelphia: University of Pennsylvania Press, 2013), 231−245.

[5] Alexander Graham Bell to "The Capitalists of the Electric Telephone Company," March 25, 1878, repr. in J. E. Kingsbury, The Telephone and Telephone Exchanges: Their Invention and Development (London: Longmans, Green, 1915), 89−92.

[6] James D. Reid, The Telegraph in America: Its Founders, Promoters and Noted Men (New York: Derby Brothers, 1879), 634−636.

[7] Kingsbury, Telephone and Telephone Exchanges, 90.

[8] Thomas P. Hughes, Networks of Power: Electrification in Western Society, 1880−1930 (Baltimore: Johns Hopkins University Press, 1983); Renate Mayntz and Thomas P. Hughes, eds., The Development of Large Technical Systems (Boulder, CO: Westview Press, 1988).

[9] Alfred D. Chandler Jr. and James W. Cortada, "The Information Age: Continuities and Differences," in A Nation Transformed by Information: How Information Has Shaped the United States from Colonial Times to the Present, ed. Alfred D. Chandler Jr. and James W. Cortada (Oxford: Oxford University Press, 2000), 288.

[10] Milton Mueller, Universal Service: Competition, Interconnection, and Monopoly in the Making of the American Telephone System (Cambridge, MA: MIT Press, 1997), 12−20.

[11] Michael L. Katz and Carl Shapiro, "Network Externalities, Competition, and Compatibility," American Economic Review 75, no. 3 (1985): 424−440.

[12] Alan Stone, Public Service Liberalism: Telecommunications and Transitions in Public Policy (Princeton, NJ: Princeton University Press, 1991), 126.

[13] James Foreman−Peck and Robert Millward, Public and Private Ownership of British Industry 1820−1990 (Oxford: Clarendon Press, 1994); Kenneth Lipartito, "'Cutthroat' Competition, Corporate Strategy, and the Growth of Network Industries," Research on Technological Innovation, Management and Policy 6 (1997): 1−53; Charles D. Jacobson, Ties That Bind: Economic and Political Dilemmas of Urban Utility Networks, 1800−1990 (Pittsburgh, PA: University of Pittsburgh Press, 2000).

[14] On the development of both theory and regulatory practice, see William W. Sharkey, The Theory of Natural Monopoly (Cambridge: Cambridge University Press, 1982); Thomas K. McCraw, Prophets of Regulation: Charles Francis Adams, Louis D. Brandeis, James M. Landis, Alfred E. Kahn (Cambridge, MA: Belknap Press of Harvard University Press, 1984); Thomas Hazlett, "The Curious Evolution of Natural Monopoly Theory," in Unnatural Monopolies: The Case for Deregulating Public Utilities, ed. R. W. Poole (Lexington, MA: Lexington Books, 1985); Herbert Hovenkamp, Enterprise and American Law 1836−1937 (Cambridge, MA: Harvard University Press, 1991).

[15] Foreman-Peck and Millward, Public and Private Ownership; Daniel T. Rodgers, Atlantic Crossings: Social Politics in a Progressive Age (Cambridge, MA: Belknap Press of Harvard University Press, 1998), chap. 4; Barbara Fried, The Progressive Assault on Laissez Faire: Robert Hale and the First Law and Economics Movement (Cambridge, MA: Harvard University Press, 1998), chap. 5.

[16] Hughes, Networks of Power, chap. 2.

[17] Kenneth Lipartito, "Culture and the Practice of Business History," Business and Economic

History 24, no. 2 (1995): 26.

[18] See, e.g., Steven W. Usselman, Regulating Railroad Innovation: Business, Technology, and Politics in America, 1840–1920 (Cambridge: Cambridge University Press, 2002), pt. 2; Robert D. MacDougall, "The People's Telephone: The Politics of Telephony in the United States and Canada, 1876–1926" (PhD diss., Harvard University, 2004), 19–29.

[19] Stehman, Financial History; J. H. Robertson, The Story of the Telephone: A History of the Telecommunications Industry of Britain (London: Isaac Pitman and Sons, 1947), 84.

[20] James P. Baughman, "Written testimony on Bell System history," in Selected Testimony, United States v. American Telephone & Telegraph Co. et al. (552 F. Supp. 137: civil action no. 74–1698 [D.D.C.], 1982), vol. 1; Alfred E. Kahn, The Economics of Regulation: Principles and Institutions (New York: Wiley, 1971), 2:127.

[21] Robert Bornholz and David S. Evans, "The Early History of Competition in the Telephone Industry," in Breaking Up Bell: Essays on Industrial Organization and Regulation, ed. David S. Evans (New York: North-Holland, 1983), 7–39.

[22] Wiebe Bijker, Thomas P. Hughes, and Trevor J. Pinch, eds., The Social Construction of Technological Systems (Cambridge, MA: MIT Press, 1987); Merritt Roe Smith and Leo Marx, Does Technology Drive History? The Dilemma of Technological Determinism (Cambridge, MA: MIT Press, 1994); Trevor J. Pinch, "The Social Construction of Technology: A Review," in Technological Change: Methods and Themes in the History of Technology, ed. Robert Fox (Australia: Harwood Academic, 1996), 17–35.

[23] Gerald Berk, Alternative Tracks: The Constitution of American Industrial Order, 1865–1917 (Baltimore: Johns Hopkins University Press, 1994); Frank Dobbin, Forging Industrial Policy: The United States, Britain, and France in the Railway Age (Cambridge: Cambridge University Press, 1994); Richard R. John, "Elaborations, Revisions, Dissents: Alfred D. Chandler, Jr.'s The Visible Hand after Twenty Years," Business History Review 71, no. 2 (1997): 151–200; Lipartito, "Culture and the Practice of Business History"; Naomi R. Lamoreaux, Daniel M. G. Raff, and Peter Temin, "Beyond Markets and Hierarchies: Toward a New Synthesis of American Business History," American Historical Review 108, no. 2 (2003): 404–433.

[24] Hughes, Networks of Power; Thomas P. Hughes, "The Evolution of Large Technical Systems," in Bijker, Hughes, and Pinch, Social Construction of Technological Systems, 51–82; Mayntz and Hughes, Development of Large Technical Systems; Berk, Alternative Tracks; Dobbin, Forging Industrial Policy.

[25] Lipartito, "'Cutthroat' competition"; Mueller, Universal Service.

[26] Lipartito, "Culture and the Practice of Business History"; Dan Schiller, "Social Movement in Telecommunications: Rethinking the Public Service History of U.S. Telecommunications, 1894–1919," Telecommunications Policy 22, nos. 4–5 (1998): 397–408; Richard R. John, "Theodore N. Vail and the Civic Origins of Universal Service," Business and Economic History 28, no. 2 (1999): 71–81; John, Network Nation; MacDougall, People's Network.

[27] Kenneth Lipartito, "System Building at the Margin: The Problem of Public Choice in the Telephone Industry," Journal of Economic History 49, no. 2 (1989): 323–336; Lipartito, "'Cutthroat' Competition"; MacDougall, People's Network, 93.

[28] Timothy W. Guinnane, William A. Sundstrom, and Warren Whatley, eds., History Matters: Essays on Economic Growth, Technology, and Demographic Change (Stanford, CA: Stan-

ford University Press, 2004).

[29] Andrew B. Jack, "The Channels of Distribution for an Innovation: The Sewing-Machine Industry in America, 1860–1865," Explorations in Entrepreneurial History 9 (1957): 113–141; Alfred D. Chandler Jr., The Visible Hand: The Managerial Revolution in American Business (Cambridge, MA: Belknap Press of Harvard University Press, 1977), 302–306.

[30] Chandler, Visible Hand, 302–314.

[31] Ibid., 374–375.

[32] On exchange costs, see Kenneth Lipartito, The Bell System and Regional Business: The Telephone in the South, 1877–1920 (Baltimore: Johns Hopkins University Press, 1989), 33–36, 39.

[33] See, e.g., "National Telephone Company," Electrician, July 15, 1892; Lipartito, Bell System and Regional Business, 3.

[34] John, Network Nation, 217–226; MacDougall, People's Network, 25–35.

[35] W. Bernard Carlson, Innovation as a Social Process: Elihu Thomson and the Rise of General Electric, 1870–1900 (Cambridge: Cambridge University Press, 1991), 9.

[36] Robert W. Garnet, The Telephone Enterprise: The Evolution of the Bell System's Horizontal Structure, 1876–1909 (Baltimore: Johns Hopkins University Press, 1985), 61.

[37] Rosario J. Tosiello, The Birth and Early Years of the Bell Telephone System, 1876–1880 (New York: Arno Press, 1979), 363–366; Garnet, Telephone Enterprise, 34–35; George David Smith, The Anatomy of a Business Strategy: Bell, Western Electric and the Origins of the American Telephone Industry (Baltimore: Johns Hopkins University Press, 1985), 44–45, 49–51.

[38] Stehman, Financial History, 22; Garnet, Telephone Enterprise, 182, n. 49, quoting Henry L. Storke in 1909 testimony.

[39] American Bell Telephone Company, Annual Report for 1883 (Boston: 1884), 3.

[40] Garnet, Telephone Enterprise, 62–66; Smith, Anatomy of a Business Strategy, 101–103. Few permanent licenses were issued before 1882.

[41] American Bell, Annual Report for 1881 (Boston: 1882), 2.

[42] Dividends on the stock granted to Bell were usually suspended until the expiry dates of the original five-year contracts. Garnet, Telephone Enterprise, 70.

[43] Federal Communications Commission (FCC), Investigation of the Telephone Industry in the United States (1939), 76th Cong., 1st Sess., H.Doc. 340, 149–150.

[44] On the stock policies of electrical manufacturers, see Arthur A. Bright, The Electric-Lamp Industry: Technological Change and Economic Development from 1800 to 1947 (New York: Macmillan, 1949), 94; Harold C. Passer, The Electrical Manufacturers, 1875–1900: A Study in Competition, Entrepreneurship, Technical Change, and Economic Growth (Cambridge, MA: Harvard University Press, 1953), 28–29, 69, 118–120, 155; Carlson, Innovation as a Social Process, 212–214.

[45] Lipartito, Bell System and Regional Business, 55–60.

[46] American Bell, Annual Report for 1883, 4.

[47] Garnet, Telephone Enterprise, 68–69.

[48] American Bell, Annual Report for 1888 (Boston: 1889), 1; Garnet, Telephone Enterprise, 147.

[49] FCC, Investigation of the Telephone Industry, 22.

[50] American Bell, Annual Reports (Boston: 1883−1895); Stehman, Financial History, 39; Federal Communications Commission, Proposed Report of the Telephone Investigation. Pursuant to Public Resolution No. 8, 74th Congress (Washington, DC: U.S. Government Printing Office, 1938), 55.

[51] FCC, Investigation of the Telephone Industry, 19, 55, 60.

[52] Garnet, Telephone Enterprise, chap. 5.

[53] American Bell, Annual Report for 1885 (Boston: 1886), 24.

[54] Theodore Vail to W. H. Forbes, March 28, 1881, repr. as Appendix B in Federal Communications Commission, Report on the Engineering and Research Departments of the Bell System, vol. 1 (Telephone investigation, special investigation docket No. 1) (Washington, DC: 1937).

[55] Garnet, Telephone Enterprise, 62−63.

[56] Smith, Anatomy of a Business Strategy, 59−60, 86−88.

[57] FCC, Report on the Engineering and Research Departments, 1:9−10.

[58] Ibid., 1:14−16, 22−27.

[59] Smith, Anatomy of a Business Strategy, 113−117.

[60] Leonard S. Reich, The Making of American Industrial Research: Science and Business at G.E. and Bell, 1876−1926 (Cambridge: Cambridge University Press, 1985), chaps. 7−8.

[61] Garnet, Telephone Enterprise, 85; American Bell, Annual Report for 1885, 5.

[62] "Bell Telephone Conference," Electrical World, May 23, 1885, and June 13, 1885.

[63] American Bell, Annual Report for 1885, 5−6.

[64] Ibid., 5.

[65] Kingsbury, Telephone and Telephone Exchanges, 420−421; Garnet, Telephone Enterprise, 80−81; David Gabel, "Divestiture, Spin-Offs, and Technological Change in the Telecommunications Industry: A Property Rights Analysis," Harvard Journal of Law and Technology 3 (1990): 78−79.

[66] John, Network Nation, 214; MacDougall, People's Network, 82−83.

[67] American Bell, Annual Report for 1892 (Boston: 1893), 5−6; David F. Weiman, "Building Universal Service in the Early Bell System: The Co-Evolution of Regional Urban Systems and Long Distance Telephone Networks," in Guinnane, Sundstrom, and Whatley, History Matters, 328−363.

[68] Lipartito, Bell System and Regional Business, chap. 4.

[69] Garnet, Telephone Enterprise, 89, 92−93; Milton Mueller, "The Switchboard Problem: Scale, Signaling, and Organization in Manual Telephone Switching, 1877−1897," Technology and Culture 30, no. 3 (1989): 543−544; Stephen B. Adams and Orville R. Butler, Manufacturing the Future: A History of Western Electric (Cambridge: Cambridge University Press, 1999), 57; John, Network Nation, 221; MacDougall, People's Network, 82.

[70] American Bell, Annual Report for 1893 (Boston: 1894), 14.

[71] George David Smith, The Anatomy of a Business Strategy: Bell, Western Electric and the Origins of the American Telephone Industry (Baltimore: Johns Hopkins University Press, 1985), 73.

[72] On the combination of patents with other forms of intellectual property and with other proprietary strategies, see Mira Wilkins, "The Neglected Intangible Asset: The Influence of the

Trade Mark on the Rise of the Modern Corporation," Business History 34, no. 1 (1992): 66–95; Gideon Parchomovsky and Peter Siegelman, "Towards an Integrated Theory of Intellectual Property," Virginia Law Review 88, no. 7 (2002): 1455–1528.

[73] Victor S. Clark, History of Manufactures in the United States, vol. 2, 1860–1893 (New York: McGraw-Hill, 1929), 381.

[74] Ronald Coase, "The Nature of the Firm," Economica 4, no. 16 (1937): 386–405; Oliver Williamson, Markets and Hierarchies, Analysis and Antitrust Implications: A Study in the Economics of Internal Organization (New York: Free Press, 1975); Naomi R. Lamoreaux, Daniel M. G. Raff, and Peter Temin, "Beyond Markets and Hierarchies: Toward a New Synthesis of American Business History," American Historical Review 108, no. 2 (2003).

第8章

[1] Many contemporary sources counted each subscriber station as two instruments or "telephones" (transmitter and receiver). I follow the modern usage and consider each station a single telephone.

[2] American Bell Telephone Company, Annual Reports (Boston: 1881–1895).

[3] American Bell, Annual Report for 1893 (Boston: 1894), 10.

[4] Robert Bornholz and David S. Evans, "The Early History of Competition in the Telephone Industry," in Breaking Up Bell: Essays on Industrial Organization and Regulation, ed. David S. Evans (New York: North-Holland, 1983), 25.

[5] Jonas Warren Stehman, The Financial History of the American Telephone and Telegraph Company (Boston: Houghton Mifflin, 1925), 72; Richard Gabel, "The Early Competitive Era in Telephone Communication, 1893–1920," Law and Contemporary Problems 34, no. 2 (1969): 343.

[6] Robert W. Garnet, The Telephone Enterprise: The Evolution of the Bell System's Horizontal Structure, 1876–1909 (Baltimore: Johns Hopkins University Press, 1985), 88; David Gabel, "The Evolution of a Market: The Emergence of Regulation in the Telephone Industry of Wisconsin, 1893–1917" (PhD diss., University of Wisconsin, 1987), 51–52.

[7] American Bell, Annual Report for 1884 (Boston: 1885), 4; Gabel, "Evolution of a Market," chap. 4; Robert D. MacDougall, The People's Network: The Political Economy of the Telephone in the Gilded Age (Philadelphia: University of Pennsylvania Press, 2013), 83–84.

[8] MacDougall, People's Network, 90.

[9] American Bell, Annual Report for 1893, 10.

[10] Remarks by Mr. Gifford of the Ohio Valley Telephone Company in Louisville, Kentucky, National Telephone Exchange Association (NTEA), Eighth Annual Meeting of the National Telephone Exchange Association, September 7–10, 1886 (Brooklyn, NY: 1886), 127–128.

[11] "The Crowning Achievements of the Telephone," Scientific American, February 18, 1893, 98.

[12] "The Wires Must Be Buried," New York Times, September 14, 1886, 4; Frederick Leland Rhodes, "How the Telephone Wires Were First Put Underground," Bell Telephone Quarterly 2 (1923): 240–254; Richard R. John, Network Nation: Inventing American Telecommunications (Cambridge, MA: Belknap Press of Harvard University Press, 2010), 222–

226; MacDougall, People's Network, 31.
- [13] American Bell, Annual Report for 1893, 9.
- [14] Ibid., 11.
- [15] Milton Mueller, Universal Service: Competition, Interconnection, and Monopoly in the Making of the American Telephone System (Cambridge, MA: MIT Press, 1997), 57; MacDougall, People's Network, 29–30.
- [16] House of Commons, Report from the Select Committee on the Telephone Service, PP 1895 (350) XIII 21, app. 2, 300, figs. at January 1, 1895; MacDougall, People's Network, 90.
- [17] John, Network Nation, 238–268; MacDougall, People's Network, 95–101.
- [18] MacDougall, People's Network, 95; John, Network Nation, 241; Basilio Catania, "The U.S. Government versus Alexander Graham Bell: An Important Acknowledgment for Antonio Meucci," Bulletin of Science, Technology and Society 22, no. 6 (2002): 428.
- [19] Milton Mueller, "The Switchboard Problem: Scale, Signaling, and Organization in Manual Telephone Switching, 1877–1897," Technology and Culture 30, no. 3 (1989); Kenneth Lipartito, "When Women Were Switches: Technology, Work, and Gender in the Telephone Industry, 1890–1920," American Historical Review 99, no. 4 (1994): 1082.
- [20] "The Telephone," Western Electrician, October 15, 1887, 193; John, Network Nation, 241–244; MacDougall, People's Network, 96–98.
- [21] John, Network Nation, 250–253; MacDougall, People's Network, 37–41.
- [22] American Bell, Annual Report for 1885 (Boston: 1886), 14.
- [23] The federal census of electrical industries in 1902 turned up eighty-nine non-Bell telephone systems claiming to have existed before 1894—including thirty-three claiming origins in the 1880s—but it is unclear whether these had operated continuously out of sight of the patentee or had been shut down by lawsuits and revived after the patent expired. U.S. Bureau of the Census, Telephones and Telegraphs, 1902 (Washington, DC: U.S. Government Printing Office, 1906), tables 10 and 12.
- [24] NTEA, Sixth Annual Meeting of the National Telephone Exchange Association, September 16–17, 1884 (Brooklyn, NY: 1884), 145.
- [25] Harry B. MacMeal, The Story of Independent Telephony (Chicago: Independent Pioneer Telephone Association, 1934), 26–33; Kenneth Lipartito, The Bell System and Regional Business: The Telephone in the South, 1877–1920 (Baltimore: Johns Hopkins University Press, 1989), 83; MacDougall, People's Network, 40–41.
- [26] American Bell's leading patent expert at the time had "no doubt that Philadelphia has borne the brunt" of infringement nationwide: NTEA, Sixth Annual Meeting, 145.
- [27] Catania, "U.S. Government versus Alexander Graham Bell," 428; "The Telephone," Western Electrician, January 21, 1888, 35; John, Network Nation, 246, 254.
- [28] "The Awakening Telephone Business," Electrical Review, January 24, 1894, 42.
- [29] John Brooks, Telephone: The First Hundred Years (New York: Harper & Row, 1976), 99.
- [30] James J. Storrow to John E. Hudson, November 17, 1891, quoted in N. R. Danielian, A.T.&T.: The Story of Industrial Conquest (New York: Vanguard Press, 1939), 97.
- [31] "The Bell Company in the Patent Office," New York Times, April 18, 1891, 4.
- [32] "James J. Storrow," Western Electrician, April 24, 1897, 228.
- [33] "Important Decisions Expected," New York Times, March 4, 1895, 15.

[34] "The Telephone Patent Situation," Electrical Engineer, January 17, 1894, 44–46; "Many Patents Are at Stake," New York Times, November 16, 1894, 7.
[35] Charles H. Aldrich, The American Bell Telephone Monopoly and the Pending Legislation in Its Interest: A Memorial to the Fifty-Third Congress (Chicago: 1894), 3.
[36] Bate Refrigerating Co. v. Sulzberger, 157 U.S. 1 (1895).
[37] American Bell, Annual Report for 1894 (Boston: 1895), 13.
[38] Federal Communications Commission (FCC), Investigation of the Telephone Industry in the United States (1939), 76th Cong., 1st Sess., H.Doc. 340, 216.
[39] Naomi R. Lamoreaux and Kenneth L. Sokoloff, "Inventors, Firms, and the Market for Technology in the Late Nineteenth and Early Twentieth Centuries," in Learning by Doing in Markets, Firms, and Countries, ed. Naomi R. Lamoreaux, Daniel M. G. Raff, and Peter Temin (Chicago: University of Chicago Press, 1999), 41–42.
[40] Lamoreaux and Sokoloff, "Inventors, Firms, and the Market," 41 n. 27, 42.
[41] John, Network Nation, 280–281.
[42] Western Electric Co. v. Home Telephone Co., 85 F. 649 (C.C.S.D. Ala. 1898); Capital Telephone & Telegraph Co., 86 F. 769 (C.C.N.D. Cal. 1898).
[43] FCC, Investigation of the Telephone Industry, 217.
[44] Western Electric Co. v. Western Telephone Construction Co., 81 F. 572 (C.C.N.D. Ill. 1897); John, Network Nation, 316–317.
[45] Editorial, Western Electrician, May 15, 1897, 274.
[46] John, Network Nation, 315–316.
[47] U.S. Bureau of the Census, Telephones and Telegraphs, 1902, table 10.
[48] Electrical World, May 22, 1897, 651.
[49] Correlli Barnett, The Audit of War: The Illusion and Reality of Britain as a Great Nation (London: Macmillan, 1986).
[50] Grosvenor Lowrey, "The Telephone," Electrical Review, January 25, 1893, 7–8.
[51] Joan Nix and David Gabel, "AT&T's Strategic Response to Competition: Why Not Preempt Entry?," Journal of Economic History 53, no. 2 (1993): 377–387.
[52] U.S. Bureau of the Census, Telephones: 1907 (Washington, DC: U.S. Government Printing Office, 1910), tables 8 and 9. The average number of telephones on each farmer line was just eleven. Ibid., 23.
[53] Lipartito, Bell System and Regional Business, 108–109; MacDougall, People's Network, 47.
[54] "The Story of Indiana," Telephony, February 1907, 106.
[55] U.S. Bureau of the Census, Telephones: 1907, table 5.
[56] MacMeal, Story of Independent Telephony, 26.
[57] Mueller, Universal Service, 57–59.
[58] MacDougall, People's Network, 112.
[59] FCC, Investigation of the Telephone Industry, 133–135.
[60] W. A. Jackson, President of the Central Union Telephone Company, to J. E. Hudson, President of American Bell, 1899, quoted in Mueller, Universal Service, 70, n. 43.
[61] "New York Notes," Western Electrician, October 29, 1887, 216; Editorial, Western Electrician, May 24, 1890, 286.
[62] "How New Yorkers Communicate with Each Other and with the World at Large," Electrical

[63] Review, October 22, 1892, 100.

[63] Mueller, Universal Service, 67.

[64] LeRoy W. Stanton, "How the Bell Lost Its Grip," in Telephone Development: Scope and Effect of Competition, ed. Vinton A. Sears (Boston: Barta Press, 1905), 103–106; MacDougall, People's Network, 145.

[65] Mueller, Universal Service, 60–61.

[66] The percentage of "duplicate" subscriptions in competitive cities was typically between 10 and 20 percent, although it reached almost 40 percent in at least one outlier (Saginaw, Michigan). New York Telephone Company, Telephone Competition from the Standpoint of the Public (New York: 1906), 14.

[67] Kenneth Lipartito, " 'Cutthroat' Competition, Corporate Strategy, and the Growth of Network Industries," Research on Technological Innovation, Management and Policy 6 (1997); Mueller, Universal Service.

[68] Thomas Lockwood, "Ten Years of Progress in Practical Telephony," in Ninth Annual Meeting of the National Telephone Exchange Association, September 26–27, 1887 (Brooklyn, NY: 1887), 53.

[69] Ibid.

[70] U.S. Bureau of the Census, Telephones and Telegraphs, 1912 (Washington, DC: U.S. Government Printing Office, 1914), table 13.

[71] U.S. Bureau of the Census, Telephones and Telegraphs, 1912, table 2.

[72] Chicago City Council, Telephone Service and Rates: Report of the Committee on Gas, Oil and Electric Light to the City Council of Chicago (Chicago: 1907), 180–181, 191–192; U.S. Bureau of the Census, Telephones and Telegraphs, 1912, table 2.

[73] John, Network Nation, 295–299; MacDougall, People's Network, 117–118; Claude S. Fischer, America Calling: A Social History of the Telephone to 1940 (Berkeley, CA: University of California Press, 1992), 50.

[74] Robert D. MacDougall, "The People's Telephone: The Politics of Telephony in the United States and Canada, 1876–1926" (PhD diss., Harvard University, 2004), 101.

[75] The full story is told in John, Network Nation, chaps. 8–11; MacDougall, People's Network, 194–218.

[76] Editorial, New York Times, February 18, 1890, 4; Stehman, Financial History, 80.

[77] Chicago City Council and William J. Hagenah, Report on the Investigation of the Chicago Telephone Company (Chicago: 1911); Mueller, Universal Service, 56–62; David Gabel, "Competition in a Network Industry: The Telephone Industry, 1894–1910," Journal of Economic History 54, no. 3 (1994): 560–564; John, Network Nation, 323–327; MacDougall, People's Network, 201–202.

[78] Gabel, "Competition in a Network Industry," 553; MacDougall, "People's Telephone," 198.

[79] Quoted in Gabel, "Competition in a Network Industry," 550.

[80] David F. Weiman and Richard C. Levin, "Preying for Monopoly? The Case of Southern Bell Telephone Company, 1894–1912," Journal of Political Economy 102, no. 1 (1994): 103–126; Gabel, "Competition in a Network Industry," 548.

[81] FCC, Investigation of the Telephone Industry, 21.

[82] Lipartito, Bell System and Regional Business, 105; Gabel, "Competition in a Network Indus-

[83] MacDougall, People's Network, 140.
[84] "Our Rural Friends," Telephony, May 1907, 304−305.
[85] FCC, Investigation of the Telephone Industry, 137−138; Lipartito, Bell System and Regional Business, 134−140.
[86] "Hugh Dougherty, Traitor," American Telephone Journal, June 3, 1905, 358.
[87] John, Network Nation, 318−322; MacDougall, People's Network, 199−205.
[88] New York Telephone, Telephone Competition, title page.
[89] Kenneth Lipartito, "System Building at the Margin: The Problem of Public Choice in the Telephone Industry," Journal of Economic History 49, no. 2 (1989); Mueller, Universal Service, chaps. 9−11.
[90] MacDougall, People's Network, 195−199.
[91] Alfred D. Chandler Jr., Scale and Scope: The Dynamics of Industrial Capitalism (Cambridge, MA: Belknap Press of Harvard University Press, 1990), 227−228.
[92] Johann Peter Murmann, Knowledge and Competitive Advantage: The Coevolution of Firms, Technology, and National Institutions (Cambridge: Cambridge University Press, 2003).
[93] Walton H. Hamilton, Patents and Free Enterprise (Washington, DC: U.S. Government Printing Office, 1941), 93.
[94] Gary Jacobson and John Hillkirk, Xerox: American Samurai (New York: Macmillan, 1987), 75−80; Herbert A. Johnson, "The Wright Patent Wars and Early American Aviation," Journal of Air Law and Commerce 69, no. 1 (2004): 43−48.
[95] Douglas J. Puffert, "Path Dependence, Network Form, and Technological Change," in History Matters: Essays on Economic Growth, Technology, and Demographic Change, ed. Timothy W. Guinnane, William A. Sundstrom, and Warren Whatley (Stanford, CA: Stanford University Press, 2004), 63−95.
[96] Chandler, Scale and Scope, 227; Alfred D. Chandler Jr., The Visible Hand: The Managerial Revolution in American Business (Cambridge, MA: Belknap Press of Harvard University Press, 1977), 374−375.

结 语

[1] C. F. Kettering, ed., Centennial Celebration of the American Patent System (Washington, DC: U.S. Government Printing Office, 1936), 58.
[2] Ibid., 51−62.
[3] Wolfgang Mache, "Reis-Telefon (1861/64) und Bell-Telefon (1875/77): Ein Vergleich," Hessische Blätter für Volks- und Kulturforschung 24 (1989): 45−62.
[4] U.S. House of Representatives, H. Res. 269, 107th Congress (2002); House of Commons of Canada, Journals, 37th Parliament, 1st Sess., no. 211, June 21, 2002.
[5] David A. Hounshell, "Elisha Gray and the Telephone: On the Disadvantages of Being an Expert," Technology and Culture 16, no. 2 (1975): 133−161; Thomas P. Hughes, American Genesis: A Century of Invention and Technological Enthusiasm, 1870−1970 (New York: Viking, 1989), 15−16; Michael E. Gorman and W. Bernard Carlson, "Interpreting Invention as

[ ] a Cognitive Process: The Case of Alexander Graham Bell, Thomas Edison, and the Telephone," Science, Technology, & Human Values 15, no. 2 (1990): 131–164; Michael E. Gorman, "Mind in the World: Cognition and Practice in the Invention of the Telephone," Social Studies of Science 27, no. 4 (1997): 583–624.

[6] N. R. Danielian, A.T.&T.: The Story of Industrial Conquest (New York: Vanguard Press, 1939), 3–4.

[7] Kettering, Centennial Celebration, 66.

[8] Hughes, American Genesis; Alfred D. Chandler, Shaping the Industrial Century: The Remarkable Story of the Evolution of the Modern Chemical and Pharmaceutical Industries (Cambridge, MA: Harvard University Press, 2005).

[9] Walton H. Hamilton, Patents and Free Enterprise (Washington, DC: U.S. Government Printing Office, 1941), 7.

[10] Robert Lynd, quoted in David F. Noble, America by Design: Science, Technology, and the Rise of Corporate Capitalism (New York: Knopf, 1977), 109.

[11] Kettering, Centennial Celebration, 6–7.

[12] Lillian Hoddeson, "The Emergence of Basic Research in the Bell Telephone System, 1875–1915," Technology and Culture 22 (1981): 529–537; Leonard S. Reich, The Making of American Industrial Research: Science and Business at G.E. and Bell, 1876–1926 (Cambridge: Cambridge University Press, 1985).

[13] Hughes, American Genesis, 15.

[14] See, e.g., Reese Jenkins, Images and Enterprise: Technology and the American Photographic Industry, 1839 to 1925 (Baltimore: Johns Hopkins University Press, 1975), 184; Alfred D. Chandler, The Visible Hand: The Managerial Revolution in American Business (Cambridge, MA: Belknap Press of Harvard University Press, 1977), 374–375.

[15] Ruth Brandon, A Capitalist Romance: Singer and the Sewing Machine (Philadelphia: J. B. Lippincott, 1977), 95–99.

[16] Reich, Making of American Industrial Research, 53.

[17] Federal Communications Commission (FCC), Investigation of the Telephone Industry in the United States (1939), 76th Cong., 1st Sess., H.Doc. 340, 213–214.

[18] Danielian, A. T.&T., 126–133; FCC, Investigation of the Telephone Industry, 224–231; Reich, Making of American Industrial Research, 235–238.

[19] The number of patent suits filed each year doubled during the 1990s, and has since continued to rise sharply, from around 2,500 in the year 2000 to over 4,000 in 2011 and over 5,000 in 2012. http://www.uscourts.gov/Statistics/StatisticalTablesForTheFederalJudiciary/StatisticalT-ables_Archive.aspx.

[20] Richard N. Langlois, "The Vanishing Hand: The Changing Dynamics of Industrial Capitalism," Industrial and Corporate Change 12, no. 2 (2003): 351–385; Naomi R. Lamoreaux, Daniel M. G. Raff, and Peter Temin, "Beyond Markets and Hierarchies: Toward a New Synthesis of American Business History," American Historical Review 108, no. 2 (2003): 405; Eric Hintz, "The Post-Heroic Generation: American Independent Inventors, 1900–1950," Enterprise and Society 12, no. 4 (2011): 732–748; Naomi R. Lamoreaux, Kenneth L. Sokoloff, and Dhanoos Sutthiphisal, "Patent Alchemy: The Market for Technology in U.S. History," Business History Review 87 (2013): 34–38.

[21] Samuel Kortum and Josh Lerner, "Stronger Protection or Technological Revolution: What Is Behind the Recent Surge in Patenting?," NBER Working Paper 6204 (1997); Adam B. Jaffe and Josh Lerner, Innovation and Its Discontents: How Our Broken Patent System Is Endangering Innovation and Progress, and What to Do about It (Princeton, NJ: Princeton University Press, 2004).

[22] Jaffe and Lerner, Innovation and Its Discontents, 56.

[23] Ibid., 19.

档案资料及来源

AT&T Archives	美国电话电报公司档案	美国电话电报公司企业档案馆（American Telephone & Telegraph Company Corporate Archives），新泽西州沃伦
Bell Papers	贝尔相关文件	亚历山大·格雷厄姆·贝尔家族文件，国会图书馆（Library of Congress）手稿处，哥伦比亚特区华盛顿
BT Archives	英国电信档案	英国电信档案馆（British Telecom Archives），伦敦霍尔本
Edison Papers	爱迪生相关文件	托马斯·爱迪生文件档案网站，罗格斯大学（Rutgers University），新泽西州皮斯卡塔韦。电子档案见 http://edison.rutgers.edu
Joseph Bradley Papers	约瑟夫·布拉德利文件	约瑟夫·布拉德利文件档案，新泽西州历史学会（New Jersey Historical Society），新泽西州纽瓦克
NARA	美国国家档案和记录管理局档案	美国国家档案和记录管理局（U.S. National Archives and Records Administration），马里兰州College Park市
NARA Philadelphia	美国国家档案和记录管理局费城档案	美国国家档案和记录管理局，宾夕法尼亚州费城
UKNA	英国国家档案局档案	英国国家档案局（U.K. National Archives），伦敦邱园

致　　谢

就像专利一样,一本书的写作也参考了很多人的想法,并获得了很多人的支持。而由于形式上的特殊要求,这些对本书付梓有贡献的人并没有出现在书名的下方。因此,我衷心地感谢那些帮助我完成本书写作的朋友、同事和家人。

来自很多机构的学生、导师和朋友都对本书的写作提供过帮助。剑桥大学的 Martin Daunton 为人极为慷慨,并且学识渊博,他对我最初的电话专利史研究给予了指导。在学术上,纽约大学法学院(NYU Law School)的 Bill Nelson 和宾夕法尼亚大学法学院(University of Pennsylvania Law School)的 Sally Gordon 让我感到宾至如归,不管是在知识层面还是个人交往层面,这经年累月欠下的人情,我深信无法还清了。在普林斯顿大学执教法律与公共事务专业的一年里,与同事 Dirk Hartog 的探讨对我影响深远。在布鲁克林法学院(Brooklyn Law School)的同事和学生为本书的写作营造了一个充满知识活力和极具学术氛围的环境。在本书的写作过程中,很多人与我分享了他们的想法和真知灼见,其中我特别感谢 Lionel Bently, Richard Bernstein, Fred Bloom, Oren Bracha, Bill Cornish, Rochelle Dreyfuss, David Edgerton, Catherine Fisk, Lawrence Friedman, David Gabel, Graeme Gooday, Robert Gordon, David Hochfelder, Daniel Hulsebosch, Paul Israel, Herb Johnson, Zorina Khan, Naomi Lamoreaux, Sophia Lee, Kenneth Lipartito, Christine MacLeod, Peter Martland, Nick Parrillo, Pedro Ramos Pinto, Gautham Rao, Kim Scheppele, Chris Serkin, Jonathan Silberstein-Loeb, Katherine Strandburg, Karen Tani, Adam Tooze, Steven Usselman, Polk Wagner,以及 Tess Wilkinson-Ryan。在此,我还要特别感谢 Robert MacDougall 和 Richard John 两位学者,他们向我展示了该如何下笔描述电话的社会历史。

我要感谢 Ray Martin 和英国电信档案馆的工作人员,以及 Steven van Dulken、Neil Johannessen 和 Bill Caughlin,是他们对本书的研究提供了指导或者有益的资源。我尤其要感谢 Sheldon Hochheiser 在美国电话电报公司档案出现重大变故的时候提供了专业的建议和帮助。

艺术及人文研究委员会(Arts and Humanities Research Boardand)、剑桥大学三一学堂(Trinity Hall, Cambridge),以及经济历史学会(Economic History

Society)的纪念人才资助计划(Anniversary Fellowship)资助了本次研究和写作的经费。此外,我关于专利历史的研究工作还获得了威廉·纳尔逊·克伦威尔基金会(William Nelson Cromwell Foundation)、普林斯顿大学(Princeton University)法律与公共事务项目,以及布鲁克林法学院的经费支持。在此,对他们的支持表示由衷的感激。

哈佛大学出版社(Harvard University Press)的编辑 Joyce Seltzer 和 Brian Distelberg 为本书的出版付出了巨大的耐心和细致的工作。Joyce 的编辑意见,以及出版社的两位匿名读者的精心点评使得本书在各个方面得到了提升。本书第三章的大部分内容来源于《技术与文化》第 51 期《"谁发明了电话?"——律师、专利与历史的判决》一文(No. 4(2010):854-878;版权©2010年-技术历史协会;由约翰·霍普金斯大学出版社授权转载)。因此,第三章受益于该期刊编辑 John Staudenmaier 的真知灼见和和四位匿名审稿人的见解。

下面的感谢与本书有关,但又远超出本书。我将永远感谢我的家人的一贯支持,特别是我的父母 Sue Beauchamp 和 Tony Beauchamp。这些年来,对我而言,他们的帮助和鼓励对我的影响比他们想象的还要大。

"我讨厌电话,也讨厌专利,"身心俱疲的亚历山大·格雷厄姆·贝尔(Alexander Graham Bell)在获得美国的专利所有权仅仅两年后就这么对外宣称。贝尔觉得自己变得"易怒、爱发火、厌恶生活",而我却避免了类似的命运。这一切都要归功于 Anisha Dasgupta,她对我的爱、支持和精神上的陪伴,让我每天都有意外之喜。我向她表示最深的感激。我也很感激我的两个儿子 Nathaniel 和 Arthur,虽然感激的具体原因还有待探索。